# Cześć, jak się masz?
## część II: Spotkajmy się w Europie

**A POLISH LANGUAGE TEXTBOOK**

# JĘZYK POLSKI DLA CUDZOZIEMCÓW

## SERIA POD REDAKCJĄ
## WŁADYSŁAWA MIODUNKI

KATEDRA JĘZYKA POLSKIEGO JAKO OBCEGO
UNIWERSYTETU JAGIELLOŃSKIEGO

Władysław Miodunka

# Cześć, jak się masz?

level
waystage
**A2**

część II:
Spotkajmy się w Europie

Kraków

ISBN 83-242-0582-9
TAiWPN UNIVERSITAS

Tłumaczenie
*Andrzej Kurtyka*
*Marek Wójcikiewicz*

Ilustracje
*Andrzej Piątkowski*

Redaktor
*Wanda Lohman*

Projekt okładki
*Ewa Gray*


Przy nagrywaniu płyty swoich głosów użyczyli:
*Rafał Dziwisz, Marcin Huet, Agnieszka Krzemień, Andrzej Młynarczyk, Wojciech Skibiński,*
*Natalia Strzelecka, Marta Waldera*

Nagranie
Radio Kraków Małopolska

Realizator dźwięku
*Piotr Korbiel*


Serdeczne podziękowania za użyczenie fotografii zechcą przyjąć:
*Beata Cisło, Magdalena Grzech, Agnieszka Olczyk, Marta Olszewska, Edyta Podolska-Frey,*
*Jerzy Sawicz, Maria Sedlak*

Fotografie na s. 7, 26, 42, 43, 59, 61, 75, 90, 92, 112, 113, 126, 132, 133,
149, 150, 151, 170, 171, 183, 189, 214, 216, 217, 239, 258, 259, 278, 283, 284
wykonał *Mirosław Krzyszkowski*, **www.meles-design.pl**

# Introduction

In the introduction to the first volume of the coursebook "Cześć, jak się masz?," entitled "Spotykamy się w Polsce," a new development in teaching Polish as a foreign language was emphasized, namely European standards and state certificates in Polish as a foreign language. Because the state examinations also include tests in listening and reading comprehension, the second volume of the courseboook now contains a new set of tasks. They are exercises in listening and reading comprehension, usually based on passages taken from popular magazines, and at times also more difficult excerpts, e.g. about Poland and the European Union.

The second volume is entitled "Spotkajmy się w Europie" because to a greater extent than the first one it emphasizes the fact that on May 1, 2004 Poland became a member state of the European Union. Nowadays both Poland and Poles function within the European Union. The new, European context can be found in the passages about Poles studying in EU countries, foreigners working in Poland, as well as Poles working abroad. Information about particular countries also appears in exercises, where it is used for various comparisons. This volume of "Cześć, jak się masz?" is **the first coursebook for foreigners that accounts for the changes in Poland after accession into the European Union**.

Following the European standards, this coursebook presents the Polish language at proficiency level A2. For this reason, the learner will find here information on the use of the Dative and Vocative to supplement the presentation of the Polish inflection system, the singular and plural number as well as new sections on the Nominative, Genitive and Accusative plural. The sections devoted to Polish **grammar and syntax** include the comparison of adjectives and adverbs, the syntactic use of adjectives and adverbs, the form and use of ordinal numbers, prepositions and grammatical cases that govern their use, and the inflection of Polish and foreign proper names and surnames. In verb conjugation the book focuses on the use of two grammatical moods (imperative and conditional) and modal verbs with their syntactic features.

**Intentions** comprise requesting and giving assistance; promises; greetings and wishes; requesting and giving advice; expressing positive and negative feelings; requesting and giving permission; expressing possibility, necessity, orders, anxiety and hope; conducting conversations face to face and over the phone; writing formal and informal letters as well as greeting cards; last but not least, expressions needed for travel.

**General notions** given prominence here include expressing time (the hour, minute, and the phrases *rok temu* and *za rok*), degrees of intensity (*lepszy student, coraz lepszy student*), and relations in space (by means of prepositions and prefixes).

The syllabus concerning **Polish culture** includes the name-day, furnishing an apartment, means of transport, Polish and European geography, the origins of the European Union, Polish writers and translations of their works into foreign languages, vacationing, as well as information about small Polish towns.

The coursebook requires about seven weeks of intensive study in Poland, where Polish is taught about twenty hours per week. This means that each lesson takes about ten hours. For courses conducted outside Poland, studying the entire book material takes one semester.

The new layout of the book was prepared by the editorial team of the publisher Universitas: editor Wanda Lohmanowa, Edyta Podolska, and Mirosław Krzyszkowski. The language commentary was translated into English by Andrzej Kurtyka. To all of them I extend my heartfelt thanks for their work on the coursebook.

Exercises include several ideas by Iwona Janowska, Ph.D. (13.6.6), and Przemysław Gębal, Ph.D. (test A2, I 1-3, II 3), which deserve a separate note of thanks to them.

To all users of "Spotkajmy się w Europie" I wish every success in mastering Polish, which is one of the official languages of the European Union.

*Prof. dr hab. Władysław Miodunka*
Kraków, March 2006

# Lekcja 1

It is autumn. Cold evening. It is cold, but it is not raining. Agnieszka and Michel went to the cinema to see Kieślowski's "Blue". Agnieszka had already watched the film, but Michel saw it for the first time. Now they are talking about the film. "Blue" is one of the three colors of the French flag. It corresponds to the word "freedom" from the French Revolution slogan, "Freedom, Equality, Brotherhood." Michel thinks that the main theme of the film, that is freedom to love, is an interesting idea.

4th December Agnieszka meets Basia at the university. Today is Basia's nameday. Agnieszka gives her her best wishes; she wishes her success in her studies. Basia invites her to her nameday party at her place. Agnieszka is going to come with Robert.

In this lesson you will learn how to give people best wishes on holidays and namedays. You will also learn the imperative mood, which is indispensable for expressing requests and commands, and giving advice.

Uniwersytet Jagielloński w zimie

# Lekcja 1

## 1.1. Wszystkiego najlepszego

**1.1.1.** Kraków. Kino Apollo. Agnieszka wychodzi z Michelem. Byli na filmie Kieślowskiego „Niebieski".

Michel: Jaki zimny wieczór!

Agnieszka: Rzeczywiście. W jesieni wieczory są zimne. Ale w zimie będzie jeszcze zimniej.

Michel: Dobrze, że nie pada.

Agnieszka: W listopadzie często pada, czasami nawet deszcz ze śniegiem.

Michel: A kiedy będzie pierwszy śnieg?

Agnieszka: Czy ja wiem? Może na Barbarę?…

Michel: Ale powiedz mi wreszcie, co myślisz o „Niebieskim".

Agnieszka: Z przyjemnością zobaczyłam ten film jeszcze raz. To, co mówi Kieślowski o wolności, jest zaskakujące, ale warto o tym myśleć.

Michel: Wolność do miłości — to ciekawy pomysł!

---

### Vocabulary

**budynek** (m G **budynku**) *building*
**deszcz** (m G **deszczu**) *rain*
**dla** + G *for*
**listopad** (m G **listopada**) *November*

**miłość** (f G **miłości**) *love* → **wolność do miłości** *free to love*
**niebieski**, **-a**, **-e** Adj. *blue*
**padać** → (only) **pada** *it rains, it snows*

**1.1.2.** Collegium Novum, główny budynek Uniwersytetu Jagiellońskiego. Studenci wychodzą z wykładu. Agnieszka spotkała tu Basię.

Agnieszka: Ślicznie wyglądasz, Basiu! A z okazji imienin wszystkiego najlepszego, sukcesów na studiach i... szczęścia w miłości.

Basia: Dziękuję, dziękuję ci bardzo. I zapraszam was na sobotę do domu. Będzie małe przyjęcie. Przyjdziesz z Robertem?

## Vocabulary

**przyjęcie** (n G **przyjęcia**) *reception, party*
**przyjść** (**przyjdę, przyjdziesz** Perf.) *to come, to arrive*
**sobota** (f G **soboty**) *Saturday*
**szczęście** (n G **szczęścia**) *good luck, happiness*
**ślicznie** Adv. *lovely*
**śnieg** (m G **śniegu**) *snow*
**warto** (irregular verb) *it is worth*

**wolność** (f G **wolności**) *freedom*
**wszystkiego najlepszego** *all the best*
**wychodzić** (**wychodzę, wychodzisz** Imperf.) *to go out*
**wykład** (m G **wykładu**) *lecture*
**zapraszać** + Ac. **na** + Ac. (**zapraszam, zapraszasz** Imperf.) *to invite*
**zimno** (n G **zimna**) *cold*
**zimny, -a, -e** Adj. *cold*

## *Warto zapamiętać te słowa!*

# IMIENINY

**solenizant** (sg.), **goście** (pl.)

1. składać życzenia
2. kwiaty
3. prezent
4. kanapki
5. ciasto
6. wino
7. kiełbaski

8. piwo
9. woda mineralna
10. baloniki
11. wieża stereo
12. CD
13. tańczyć
14. rozmawiać

# 1.2. *Gramatyka jest ważna*

## GRAMMATICAL COMMENTARY

### 1.2.1.
### The imperative mood: forms and functions

**A. FORMS OF THE IMPERATIVE**

The imperative mood is derived from the present-tense stem of perfective and imperfective verbs. The imperative form in the 1st person singular does not exist. In the 1st person plural and the 2nd person singular and plural the imperative is expressed by simple forms; in the 3rd person singular and plural – by compound forms, which consist of the word *niech* and the appropriate present tense forms of the verb.

How to form the imperative is demonstrated below with the verb *powiedzieć*. The verb can be used in the following forms of the present tense (with future meaning): *powiem, powiesz, powie; powiemy, powiecie, powiedzą* In the case of the *-m, -sz* conjugation, the imperative is formed from the 3rd person plural stem *powiedz-* without the ending *-ą*.

The imperative forms of the verb *powiedzieć* are as follows:

| | Singular | | Plural |
|---|---|---|---|
| 1. | . . . . . . . . . . | 1. | *powiedz- my* |
| 2. | *powiedz-ø* | 2. | *powiedz- cie* |
| 3. | *niech powie* | 3. | *niech powiedzą* |

As can be seen, to the present tense stem in the 3rd person plural we add the endings *-ø, -my, -cie*, to obtain simple imperative forms in the 2nd person singular and plural and the 1st person plural of the verb *powiedzieć*.

Imperative forms of the verb *życzyć* (the *-ę, -isz/-ysz* conjugation) and *pić* (the *-ę, -esz* conjugation) look as follows:

The imperative mood of the verb *życzyć*

| | Singular | | Plural |
|---|---|---|---|
| 1. | . . . . . . . . . | 1. | życzmy |
| 2. | życz | 2. | życzcie |
| 3. | niech życzy | 3. | niech życzą |

The imperative mood of the verb *pić*

|     | Singular     |     | Plural     |
| --- | ------------ | --- | ---------- |
| 1.  | . . . . . . . . . . | 1. | pijmy   |
| 2.  | pij          | 2.  | pijcie     |
| 3.  | niech pije   | 3.  | niech piją |

Note the forms of the imperative in the case of the perfective verb *nazwać*:

|     | Singular     |     | Plural       |
| --- | ------------ | --- | ------------ |
| 1.  | . . . . . . . . . . | 1. | nazw- ijmy |
| 2.  | nazw- ij     | 2.  | nazw- ijcie  |
| 3.  | niech nazwie | 3.  | niech nazwą  |

As can be seen, to obtain simple forms of this verb we use different endings, i.e. *-ij, -ijmy, -ijcie*.

Bear in mind that the endings *-ø, -my, -cie* are used when the verb stem ends in one consonant (including *-j-*) or in consonant clusters *-ść-, -źdź-, -szcz-, -żdż-*. The endings *-ij, -ijmy, -ijcie* are used when the stem ends in a different consonant cluster (for example, *-zw-, -rw-*).

Remember the irregular imperative forms of the following verbs:

| | | | |
| --- | --- | --- | --- |
| być (*to be*)      | bądź  | bądźmy  | bądźcie  |
| mieć (*to have*)   | miej  | miejmy  | miejcie  |
| chcieć (*to want*) | chciej | chciejmy | chciejcie |
| wziąć (*to take*)  | weź   | weźmy   | weźcie   |
| stać (*to stand*)  | stój  | stójmy  | stójcie  |
| chodzić (*to walk*) | chodź | chodźmy | chodźcie |
| jeść (*to eat*)    | jedz  | jedzmy  | jedzcie  |

## B. THE USE OF IMPERATIVE FORMS

1. Imperative forms are used in requests and commands in informal contexts, i.e. between family members and friends:

    a) *Powiedz mi wreszcie, co myślisz o „Niebieskim".*
      Tell me what you think of "Blue".

b) *Zapraszam was na sobotę do domu. Przyjdź z Robertem.*
   Come to my place on Saturday. Take Robert with you.

c) *Andrzej, kup bilety na film Kieślowskiego.*
   Andrzej, get the tickets for the Kieslowski film.

d) *Nie gadaj głupstw.*
   Don't talk nonsense.

Since imperative forms are commands, it is difficult to say which sentence is a command and which one is a request. The meaning can also be expressed by intonation. Sentences a, b and c are to be interpreted as requests, whereas sentence d as a command.

2. The contrast between a command and a request differs slightly in the case of formal contacts, when the 3rd person singular and plural forms are used in the imperative. Compare the following sentences:

e) *Niech pan przyniesie zdjęcie do legitymacji studenckiej.*
   Please bring a photograph for your student card.

f) *Proszę, niech pan przyniesie zdjęcie do legitymacji.*
   Please bring a photograph for your student card.

g) *Proszę przynieść zdjęcie do legitymacji.*
   Please bring a photograph for your student card.

In these examples, sentence e is a command, whereas sentences f and g are requests because of the verb *proszę*. Although each sentence has the same meaning, they differ in the degree of politeness: sentence e is the least polite, and sentence g the most polite. Note that sentence g is also the easiest to form because the verb *proszę* is followed by the infinitive of the verb. In Lesson 8 Michel is seeing a doctor who uses such polite commands:

*Proszę siadać.*
Please take a seat.

*Proszę się rozebrać.*
Undress please.

*Proszę nie lekceważyć grypy.*
Please do not disregard the flu.

Remember, however, that every formal request from a superior or a person representing a higher social status is in fact a command.

It needs to be pointed out that sentence e is an example of fixed word order in Polish: the sentence subject *pan* appears after the word *niech* but before the verb:

*Niech państwo to zapamiętają.*
Please remember it.

*Niech państwo często słuchają radia.*
Please often listen to the radio.

3. Imperative forms in the 1st person plural are used as encouragement to do something by the group that includes the speaker. For instance:

*Chodźmy już.*
Let's go.

*Nie dyskutujmy, ale zróbmy to.*
Let's not talk about it, but do it.

*Dajmy mu to.*
Let's give it to him.

*Wiecie co, zróbmy mu niespodziankę.*
You know, let's take him by surprise.

4. Imperative forms are frequently used in advertising slogans. For instance:

*Słuchaj tylko mamy i radia Z.*
Listen only to your mum and Radio Z.

TVP1    MISIE RATUJĄ DZIECI

# Zwolnij.
# Szkoda życia.

Dlaczego w Polsce każdego roku 12 000
dzieci ulega wypadkom drogowym. Około 400 z nich
ginie na drodze, a przecież...

K.d. Art.4. Uczestnik ruchu i inna osoba znajdująca się na
drodze mają prawo liczyć, że inni uczestnicy tego ruchu
przestrzegają przepisów ruchu drogowego...

Nie czytaj GAZET = BĄDŹ głupszy!

Bądź mądry – czytaj prasę

Gazeta Wyborcza, 30–31 lipca 2005

## 1.2.2.
### The present tense of the verb *życzyć*

The verb *życzyć* belongs to a subgroup of the *-ę, -isz* conjugation, i.e. to those verbs which instead of the *-i* ending take *-y*. The present tense of the verb *życzyć* is as follows:

| ŻYCZYĆ | | | | | |
|---|---|---|---|---|---|
| 1. | *(ja)* | **życz-ę** | 1. | *(my)* | **życz -ymy** |
| 2. | *(ty)* | **życz-ysz** | 2. | *(wy)* | **życz -ycie** |
| 3. | *on, pan* | | 3. | *oni, państwo,* | |
| | *ona, pani* | **życz-y** | | *panowie* | **życz -ą** |
| | *ono* | | | *one, panie* | |

The syntax of the verb *życzyć* is as follows:

| życzyć | komu? | czego? | z jakiej okazji? |
|---|---|---|---|
| | Dat. of the personal pronoun, | Gen. of the noun, | *z okazji* + Gen., |
| **życzę** | e.g. **ci** | e.g. **zdrowia** | e.g. **z okazji świąt** |

Thus the whole sentence should read as follows:

> *Z okazji świąt życzę ci zdrowia.*
> (I wish you good health for Christmas/Easter.)

## 1.3. Jak to powiedzieć?

COMMUNICATIVE COMMENTARY

### 1.3.1.
### Conveying your good wishes

At Christmas and Easter, and on birthdays and patron saints' feast days (name-days) Poles wish each other well and exchange small gifts.

Wishes are usually fixed phrases. Perhaps the most popular formula is *wszystkiego najlepszego*. It appears in the genitive, because it is combined with the verb *życzyć* which requires an object in the genitive. The whole sentence should read as follows:

*Życzę ci wszystkiego najlepszego.*
I wish you all the best.

Even if the verb *życzyć* does not appear in a given utterance, the whole phrase should read as if this verb was present.

When sending our greeting in writing, we may use one of the following expressions:

*Wszystkiego najlepszego z okazji Świąt Bożego Narodzenia i Nowego Roku*
All the best for Christmas and the New Year from [lit.: wishes]

*życzy*
*Agnieszka Nowak*

*Wesołych Świąt, dużo wspaniałych prezentów i szczęśliwego Nowego Roku*
Merry Christmas, lots of lovely presents and a happy New Year from
[lit.: wishes]

*życzy*
*Agnieszka*

Wishes expressed orally vary and their contents depends on the speaker's ingenuity:

*I życzę wesołych świąt!*
And I wish you Merry Christmas!

*Panu też życzymy wszystkiego najlepszego z okazji świąt!*
And we also wish you all the best for Christmas/Easter!

*Życzę ci wszystkiego, co tylko sobie wymarzysz...*
I wish you everything you dream of...

*Życzę ci dobrych stopni, miłych koleżanek i wspaniałych prezentów.*
I wish you good grades, nice friends and wonderful presents.

*Życzę ci, kochanie, wszystkiego najlepszego. Pociechy z dzieci, sukcesów w pracy i zdrowia.*
Darling, I wish you all the best, ... good children, success in your job, and health.

17

## 1.3.2.
### Popular names and name day dates

In Lesson 1 Michel asks Agnieszka when the first snow will fall, and she replies it may fall "na Barbarę" (on St. Barbara's day). It means that it may be snowing at the beginning of December, because the popular name Barbara has its name day on the 4th December. Poles know the dates of popular name days and they can refer to them when thinking of particular dates. Here is a list of the most popular Polish name days:

| | | | |
|---|---|---|---|
| Józef | 19 March | Krystyna | 13 March |
| Stanisław | 8 May | Zofia | 15 May |
| Jan | 24 June | Anna | 26 July |
| Piotr i Paweł | 29 June | Maria | 15 August |
| Andrzej | 30 November | Danuta | 1 October |
| Adam | 24 December | Ewa | 24 December |

## 1.4. *Powiedz to poprawnie!*

### EXERCISES IN GRAMMAR

#### 1.4.1.
**In each of the sentences below, use the verb *życzyć* in the proper form.**

**Example:**
Profesor *życzy* nam wesołych świąt.

(ja) . . . . . . . . . . . . . . . . . ci wszystkiego najlepszego.
(my) . . . . . . . . . . . . . . . . wam wesołych świąt.
Agnieszka . . . . . . . . . . . . . . . Basi sukcesów na studiach.
(ty) . . . . . . . . . . . . . . . . mi szybkiego powrotu do zdrowia.
(wy) . . . . . . . . . . . . . . . nam szczęśliwej podróży.
Państwo . . . . . . . . . . . . . . . nam miłych wrażeń z Gdańska

#### 1.4.2.
**Change the sentences from exercise 1.4.1 using the past tense.**

**Example:**
Profesor *życzył* nam wesołych świąt.

. . . . . . . . . . . . . . . . . . . . . . . . . . . . . . . . . . . . . . . . . . . . . . . . . . .
. . . . . . . . . . . . . . . . . . . . . . . . . . . . . . . . . . . . . . . . . . . . . . . . . . .
. . . . . . . . . . . . . . . . . . . . . . . . . . . . . . . . . . . . . . . . . . . . . . . . . . .
. . . . . . . . . . . . . . . . . . . . . . . . . . . . . . . . . . . . . . . . . . . . . . . . . . .
. . . . . . . . . . . . . . . . . . . . . . . . . . . . . . . . . . . . . . . . . . . . . . . . . . .
. . . . . . . . . . . . . . . . . . . . . . . . . . . . . . . . . . . . . . . . . . . . . . . . . . .

**1.4.3.**

**Use imperative forms as in the example.**

**Example:**

Chcecie być zdrowe? *Pijcie wodę mineralną.*

Chcesz być zdrowy? . . . . . . . . . . . . . . . . . . . . . . . . . . . . . . . . . . . . . .
Chce pani być zdrowa? . . . . . . . . . . . . . . . . . . . . . . . . . . . . . . . . . . . .
Chcemy być zdrowe? . . . . . . . . . . . . . . . . . . . . . . . . . . . . . . . . . . . . .
Chcecie być zdrowi? . . . . . . . . . . . . . . . . . . . . . . . . . . . . . . . . . . . . . .
Chcą państwo być zdrowi? . . . . . . . . . . . . . . . . . . . . . . . . . . . . . . . . . .
Chce pan być zdrowy? . . . . . . . . . . . . . . . . . . . . . . . . . . . . . . . . . . . . .

**1.4.4.**

**Use imperative forms as in the example.**

**Example:**

Chcesz być zdrowy? *Jedz owoce.*

Chcesz być zdrowa? . . . . . . . . . . . . . . . . . . . . . . . . . . . . . . . . . . . . . .
Chcecie być zdrowe? . . . . . . . . . . . . . . . . . . . . . . . . . . . . . . . . . . . . . .
Chce pan być zdrowy? . . . . . . . . . . . . . . . . . . . . . . . . . . . . . . . . . . . . .
Chcemy być zdrowi? . . . . . . . . . . . . . . . . . . . . . . . . . . . . . . . . . . . . . .
Chcą panowie być zdrowi? . . . . . . . . . . . . . . . . . . . . . . . . . . . . . . . . . .
Chcą panie być zdrowe? . . . . . . . . . . . . . . . . . . . . . . . . . . . . . . . . . . . .

**1.4.5.**

**Use imperative forms in the 2nd person singular as in the example.**

**Example:**

Proszę napić się herbaty. *Napij się herbaty.*

Proszę uczyć się polskiego. . . . . . . . . . . . . . . . . . . . . . . . . . . . . . . . . . .
Proszę mówić po polsku. . . . . . . . . . . . . . . . . . . . . . . . . . . . . . . . . . . . .
Proszę być jutro w domu. . . . . . . . . . . . . . . . . . . . . . . . . . . . . . . . . . . . .
Proszę zjeść trochę sałatki. . . . . . . . . . . . . . . . . . . . . . . . . . . . . . . . . . . .

Proszę wypić kawę. . . . . . . . . . . . . . . . . . . . . . . . . . . . . . . . . . . . .
Proszę przyjść na imprezę. . . . . . . . . . . . . . . . . . . . . . . . . . . . . . . .
Proszę odpowiedzieć na pytanie. . . . . . . . . . . . . . . . . . . . . . . . . . . .
Proszę pomyśleć o tym. . . . . . . . . . . . . . . . . . . . . . . . . . . . . . . . . . .

**1.4.6.**
**Change the sentences from exercise 1.4.5 using imperative forms in the 2nd person plural as in the example.**

**Example:**
Proszę napić się herbaty. *Napijcie się herbaty.*

. . . . . . . . . . . . . . . . . . . . . . . . . . . . . . . . . . . . . . . . . . . . . . . . . . . . . .
. . . . . . . . . . . . . . . . . . . . . . . . . . . . . . . . . . . . . . . . . . . . . . . . . . . . . .
. . . . . . . . . . . . . . . . . . . . . . . . . . . . . . . . . . . . . . . . . . . . . . . . . . . . . .
. . . . . . . . . . . . . . . . . . . . . . . . . . . . . . . . . . . . . . . . . . . . . . . . . . . . . .
. . . . . . . . . . . . . . . . . . . . . . . . . . . . . . . . . . . . . . . . . . . . . . . . . . . . . .
. . . . . . . . . . . . . . . . . . . . . . . . . . . . . . . . . . . . . . . . . . . . . . . . . . . . . .
. . . . . . . . . . . . . . . . . . . . . . . . . . . . . . . . . . . . . . . . . . . . . . . . . . . . . .
. . . . . . . . . . . . . . . . . . . . . . . . . . . . . . . . . . . . . . . . . . . . . . . . . . . . . .

**1.4.7.**
**Use imperative forms in the 2nd person singular as in the example.**

**Example:**
Dlaczego nie piszesz? *Pisz!*

Dlaczego nie czytasz? . . . . . . . . . . . . . . . . . . . .
Dlaczego nic nie mówisz? . . . . . . . . . . . . . . .
Dlaczego nie odpowiadasz? . . . . . . . . . . . . . .
Dlaczego nic nie jesz? . . . . . . . . . . . . . . . . . .
Dlaczego nic nie robisz? . . . . . . . . . . . . . . . .
Dlaczego nie kończysz pisać? . . . . . . . . . . . . .
Dlaczego nie zaczynasz pisać? . . . . . . . . . . . . .
Dlaczego nie słuchasz radia? . . . . . . . . . . . . .

**1.4.8.**
**Put the words in proper order to form correct sentences.**

dużo, pan, po, niech, polsku, mówi
. . . . . . . . . . . . . . . . . . . . . . . . . . . . . . . . . . . . . . . . . . . . . . . . . . . . . .

pani, tylko, niech, po, rozmawia, polsku
. . . . . . . . . . . . . . . . . . . . . . . . . . . . . . . . . . . . . . . . . . . . . . . . . . . . . .

często, niech, z, państwo, spotykają się, Polakami

. . . . . . . . . . . . . . . . . . . . . . . . . . . . . . . . . . . . . . . . . . . . . .

często, panie, wiadomości, oglądają, niech, telewizyjne

. . . . . . . . . . . . . . . . . . . . . . . . . . . . . . . . . . . . . . . . . . . . . .

### 1.4.9.

**In each sentence underline the form which is appropriate in context.**

**Example:**

Proszę (jeść, <u>zjeść</u>) to ciastko.

Proszę szybko (pić, wypić) tę herbatę.
Proszę (kończyć, skończyć) pisać za 10 minut.
Proszę szybko (zrobić, robić) to ćwiczenie.
Proszę szybko (przeczytać, czytać) ten tekst.
Proszę szybko (pisać, napisać) odpowiedź.
Proszę szybko (wyjść, iść) z sali.

## 1.5. *Muszę to zrozumieć!*

### COMPREHENSION EXERCISES

### 1.5.1.

**Check whether you understand the dialogues 1.1.1 oraz 1.1.2.**

|  | *prawda* | *fałsz* |
|---|---|---|
| *Agnieszka i Michel byli na filmie Wajdy.* |  |  |
| *Teraz jest jesień, ale wieczory są ciepłe.* |  |  |
| *Basia ma imieniny.* |  |  |
| *Ona zaprasza Agnieszkę z Michelem na przyjęcie.* |  |  |

### 1.5.2.

**Fill the blanks with the appropriate words corresponding to the dialogue 1.1.1.:**

Już jest . . . . . . . . . . . . Wieczory są . . . . . . . . . . . . . . Dzisiaj wieczorem
nie . . . . . . . . . . . deszcz. Agnieszka i Michel byli na . . . . . . . . . . .

Kieślowskiego. Agnieszka zobaczyła ten film . . . . . . . . . . . . . . . . .
a Michel pierwszy raz. Michel myśli, że „Niebieski" to . . . . . . . . . . . film.
Oni . . . . . . . . . . . . . . o tym filmie.

### 1.5.3.

**Fill the blanks with the appropriate words corresponding to the dialogue 1.1.2.:**

Studenci są w Collegium Novum, . . . . . . . . . . . . . . . . . . . . . . . . . . . . .
Uniwersytetu Jagiellońskiego. Agnieszka . . . . . . . . . . . . tu Basię.
Agnieszka . . . . . . . . . . . jej wszystkiego . . . . . . . . . . . . . . . . . . . . . Basia
. . . . . . . . . . . . . . . i zaprasza ją na . . . . . . . . . . . . . . . ..

### 1.5.4.

**You will hear a short dialog twice. Choose the correct answer by circling the appropriate letter A, B or C.**

Rodzice Petera przyjadą do Krakowa:
A) w grudniu,
B) w kwietniu,
C) w maju.

### 1.5.5.

**Read the text below twice and choose the correct answer by circling the appropriate letter A, B or C.**

---

## 5 KROKÓW DO SUKCESU W NAUCE

1. **Poznaj siebie** – przede wszystkim swój cel. Uświadom sobie własne mocne i słabe strony oraz przezwycięż lenistwo.

2. **Wybierz strategię** powtarzania, która wydaje Ci się najwłaściwsza – zgodnie z własnym charakterem lub cechami osobowości. Trzymaj się jej i nie zmieniaj taktyki.

3. **Bądź systematyczna** – codziennie powtarzaj materiał zgodnie z planem. Nie martw się, że być może postępujesz chaotycznie. Z czasem wszystko ułoży się w logiczną całość.

4. **W czasie nauki** co jakiś czas rób kilka głębokich wdechów i wydechów, aby odpowiednio dotlenić cały organizm.

5. **Znajdź czas na odpoczynek**, a zwłaszcza na ruch na świeżym powietrzu oraz sen. Podczas nauki powinnaś przesypiać 8 godzin na dobę. Odżywiaj się racjonalnie i opanuj stres.

### SPECJALNA DIETA
Posiłki powinny obfitować w magnez, cynk, fosfor oraz witaminy A i B. Trzeba też dużo pić, najlepiej niegazowanej wody mineralnej, a unikać kawy i coli.

---

Filipinka, styczeń 2002

Ten tekst mówi o:
A) sukcesie.
B) drodze do sukcesu.
C) krokach.

Zdaniem autora najważniejsze jest:
A) powtarzanie.
B) poznanie siebie.
C) lenistwo.

Odpowiedni odpoczynek to na przykład:
A) krótki sen.
B) dobra impreza.
C) długi sen.

W czasie nauki trzeba pić dużo:
A) wody mineralnej.
B) kawy.
C) coli.

**1.5.6.**
**Listen to the text twice and choose the correct answer by circling the appropriate letter A, B or C.**

Agnieszka i Michel zobaczyli film Kieślowskiego:
A) „Biały".
B) „Czerwony".
C) „Niebieski".

Hasło rewolucji francuskiej, to:
A) Wolność, równość, solidarność.
B) Wolność, równość, braterstwo.
C) Wolność, miłość, braterstwo.

Tematem filmu Kieślowskiego jest:
A) wolność do miłości.
B) wolność od miłości.
C) wolność bez miłości.

## 1.6. *Czy umiesz to powiedzieć?*

### COMMUNICATIVE ACTIVITIES

**1.6.1.**

**Do you remember what happened in the last lesson? Say it in Polish.**

**1.6.2.**

**Give your New Year's wishes to your mother.**

. . . . . . . . . . . . . . . . . . . . . . . . . . . . . . . . . . . . . . . . . . . . . . . . . . . .
. . . . . . . . . . . . . . . . . . . . . . . . . . . . . . . . . . . . . . . . . . . . . . . . . . . .

**1.6.3.**

**Give your New Year's wishes to your Polish teacher.**

. . . . . . . . . . . . . . . . . . . . . . . . . . . . . . . . . . . . . . . . . . . . . . . . . . . .
. . . . . . . . . . . . . . . . . . . . . . . . . . . . . . . . . . . . . . . . . . . . . . . . . . . .

**1.6.4.**

**Give your New Year's wishes to your friend.**

. . . . . . . . . . . . . . . . . . . . . . . . . . . . . . . . . . . . . . . . . . . . . . . . . . . .
. . . . . . . . . . . . . . . . . . . . . . . . . . . . . . . . . . . . . . . . . . . . . . . . . . . .

**1.6.5.**

**You give your good wishes to the Nowak family and Robert. What do you say to:**

a) Agnieszka . . . . . . . . . . . . . . . . . . . . . . . . . . . . . . . . . . . . . . . . . . . . .
b) pan Nowak . . . . . . . . . . . . . . . . . . . . . . . . . . . . . . . . . . . . . . . . . . . .
c) pani Nowak . . . . . . . . . . . . . . . . . . . . . . . . . . . . . . . . . . . . . . . . . . . .
d) Robert . . . . . . . . . . . . . . . . . . . . . . . . . . . . . . . . . . . . . . . . . . . . . . .

**1.6.6.**

**Give your best wishes to your Polish friend on her name day.**

. . . . . . . . . . . . . . . . . . . . . . . . . . . . . . . . . . . . . . . . . . . . . . . . . . . .
. . . . . . . . . . . . . . . . . . . . . . . . . . . . . . . . . . . . . . . . . . . . . . . . . . . .

**1.6.7.**

**Give your best wishes to your Polish friend on his birth day.**

. . . . . . . . . . . . . . . . . . . . . . . . . . . . . . . . . . . . . . . . . . . . . . . . .

. . . . . . . . . . . . . . . . . . . . . . . . . . . . . . . . . . . . . . . . . . . . . . . . .

**1.6.8.**

**Project**

Think of a slogan advertising the study of Polish or tourist trips to Poland and design a poster with this slogan. Your group will then select the best poster, and the teacher will make copies for every student.

*M. Krzyszkowski*

25

# Lekcja 2

Michel is worried, because he received a fax message that his mother had a heart attack and is now in hospital. He knows he has to go home to France, but he very much wants to complete the course in Kraków. Peter advises him to talk to Director of the Institute.

Michel talks to Director's secretary. He wants to make an appointment with him. The secretary arranges the meeting at 3 p.m. Director will be available then.

In this lesson you will learn ordinal numbers. They are indispensable for answering questions in Polish, such as "Która godzina?", "O której godzinie jest film?", etc.

Centrum Języka i Kultury Polskiej w Świecie UJ

CD

# Lekcja 2

## 2.1. Nie wiem, co robić

**2.1.1.** Dom studencki. Pokój 207. Peter wchodzi do pokoju i widzi, że Michel jest bardzo zmartwiony.

Peter: Przepraszam, czy coś się stało?

Michel: Tak. Dostałem faks, że mama miała atak serca i jest w szpitalu.

Peter: To rzeczywiście zmartwienie. Musisz chyba pojechać do domu.

Michel: Muszę pojechać do Francji, a tak chciałbym skończyć ten kurs. Nie wiem, co mam robić…

Peter: Dlaczego nie porozmawiasz z dyrektorem?

**2.1.2.** Instytut Polonijny Uniwersytetu Jagiellońskiego. Sekretariat dyrektora Instytutu. Wchodzi Michel.

Michel: Przepraszam, czy mogę rozmawiać z panem dyrektorem?

Pani: Dzisiaj będzie trudno, bo jest już pierwsza, a dyrektor jest bardzo zajęty. Czy to coś ważnego?

Michel: Tak, to bardzo ważne dla mnie. Muszę wyjechać z Polski.

Pani: Radzę panu przyjść o trzeciej. Dyrektor kończy zebranie za piętnaście trzecia. Może pana przyjmie.

**2.1.3.** Kolegium Polonijne w Prze-
gorzałach. Michel spieszy się na
spotkanie.

John: Cześć, Michel. Co słychać?
Michel: Cześć! Spieszę się, bo
za dziesięć minut mam
spotkanie z dyrekto-
rem.

## Vocabulary

**atak** (m G **ataku**) *attack*; → **atak serca**
*heart attack*
**dyrektor** (m G **dyrektora**) *director*
**faks** (m G faksu) *fax*
**kolegium** (n, sg. invariable) *college*
**kończyć** + Ac. (**kończę, kończysz** Imperf.) *to end, to finish*
**kurs** (m G **kursu**) *course, studies program*
**minuta** (f G **minuty**) *minute*
**polonijny, -a, -e** Adj. *Polonia (foreigners
of Polish origin)*
**porozmawiać** + **z** + I, **o** + L (**porozmawiam, -sz** Perf.) *to talk with sb, to have
a talk, to chat*

**przyjść** (**przyjdę, przyjdziesz** Perf.) *to
come*
**sekretariat** (m G **sekretariatu**) *secretary's office*
**serce** (n G **serca**) *heart*
**stać się** (past: **stało się**) *to happen*; → **co
się stało?** *what's wrong? what is the
matter?*
**ważny, -a, -e** Adj. *important*
**zebranie** (n G **zebrania**) *meeting, assem-
bly*
**zmartwienie** (n G **zmartwienia**) *worry,
grief*
**zmartwiony, -a, -e** Adj. *unhappy, worried*

## *Warto zapamiętać te słowa!*

## MIESZKANIE

**A. Pokój:**

1. stół
2. krzesło
3. obrazy
4. kredens
5. okno
6. drzwi
7. wazon na kwiaty
8. kwiaty
9. telewizor
10. magnetowid
11. regał na kiążki
12. fotel

**B. Sypialnia:**

1. tapczan
2. szafa
3. szafka nocna
4. lampka
5. radio
6. fotografie
7. lustro

## 2.2. Gramatyka jest ważna

### GRAMMATICAL COMMENTARY

**2.2.1.**

**Forming ordinal numbers from cardinal numbers**

At level A1 you learned cardinal numbers, which we use in Polish to express prices of goods and in calculations such as addition, subtraction, multiplication and division.

Since ordinal numbers are used in Polish to express time in hours, you will now learn how to form them from cardinal numbers. First of all, it needs to be remembered that ordinal numbers have several features in common with adjectives: they have three genders, masculine (e.g. *drugi rok*), feminine (e.g. *druga godzina*) and neuter (e.g. *drugie dziecko*), and they use the endings of adjectives when they are declined by cases.

The ordinal numbers from 1 to 10 are best learned by heart, remembering that the cardinal numbers with the ending *-ęć* change it into *-ąty*.

In the case of the numerals 11 to 19, the ending *-ście* changes into *-sty*, whereas in the numerals 20 to 90 the ending *-ści* changes into *-sty* and the ending *-ąt* into *-ąty*.

| Cardinal numbers | Ordinal numbers |
| --- | --- |
| 1. jeden | pierwszy , pierwsza, pierwsze |
| 2. dwa | drugi |
| 3. trzy | trzeci |
| 4. cztery | czwarty |
| 5. pięć | piąty |
| 6. sześć | szósty |
| 7. siedem | siódmy |
| 8. osiem | ósmy |
| 9. dziewięć | dziewiąty |
| 10. dziesięć | dziesiąty |
| 11. jedenaście | jedenasty |
| 12. dwanaście | dwunasty |
| 14. czternaście | czternasty |
| 16. szesnaście | szesnasty |
| 18. osiemnaście | osiemnasty |
| 19. dziewiętnaście | dziewiętnasty |

| 20. | dwadzieścia | dwudziesty |
|-----|-------------|------------|
| 40. | czterdzieści | czterdziesty |
| 60. | sześćdziesiąt | sześćdziesiąty |
| 80. | osiemdziesiąt | osiemdziesiąty |
| 100. | sto | setny |

### 2.2.2.
## The use of ordinal numbers

**A.** Ordinal numbers are used to indicate the place in a row or group. For instance:

> *Robert Antas jest pierwszy na liście.*
> *Ewa pierwsza powiedziała mi o tym.*
> *Peter jest pierwszym studentem w grupie z pisania po polsku.*

**B.** Ordinal numbers are used to tell the time. For instance:

> *Jest [godzina] ósma.*
> *Biuro otwiera się o [godzinie] ósmej.*
> *Zajęcia zaczynamy o [godzinie] ósmej trzydzieści.*

**C.** Ordinal numbers are used in dates to indicate particular days and years. For instance:

> *Urodziłem się czternastego lipca tysiąc dziewięćset osiemdziesiątego szóstego roku [9 lipca 1986].*
> *Dzisiaj jest piąty października dwa tysiące piątego roku [5 października 2005]*
> *To było w tysiąc dziewięćset dziewięćdziesiątym piątym roku [1995].*

**Note:**
When you give the year in dates, remember that only numbers indicating decades and units are expressed in the form of ordinal numbers.

# 2.3. Jak to powiedzieć?

## COMMUNICATIVE COMMENTARY

**2.3.1.**

**Expressing time and hour**

**A.** Asking for time

> *Która jest godzina?*
> *O której (godzinie) jest pociąg do Warszawy?*
> *Za ile (minut/godzin) jest pociąg do Warszawy?*

**Information on exact time**

*Która godzina?*

| formal | Time: | informal |
|---|---|---|
| *Jest godzina piąta.* | (5 A.M.) | *Jest piąta.* |
| *Jest piąta piętnaście.* | (5:15 A.M.) | *Jest piętnaście po piątej.* |
| *Jest piąta trzydzieści.* | (5:30 A.M.) | *Jest wpół do szóstej.* |
| *Jest piąta czterdzieści pięć.* | (5:45 A.M.) | *(Jest) za piętnaście szósta.* |
| *Jest godzina czternasta.* | (2 P.M.) | *(Jest) druga (po południu).* |
| *Jest czternasta dwadzieścia.* | (2:20 P.M.) | *(Jest) dwadzieścia po drugiej.* |
| *Jest czternasta trzydzieści.* | (2:30 P.M.) | *(Jest) wpół do trzeciej (po południu).* |
| *Jest czternasta czterdzieści.* | (2:40 P.M.) | *(Jest) za dwadzieścia trzecia.* |

Thus, the rules are as follows:

1. one to twenty nine minutes past the hour is denoted by the preposition *po* with the locative of the ordinal numeral in the feminine gender;
2. half to the next hour is denoted by the preposition *do* with the ordinal numeral in the genitive form, feminine gender;
3. one to twenty nine minutes to the hour is denoted by the preposition *za* used with cardinal numeral in the accusative form;
4. in Polish the 24-hour-clock is used for special formal purposes in public life. That is why the information provided at the railroad stations, on the radio, TV, etc. has the following form:

*Pociąg do Warszawy odjedzie o godzinie szesnastej dziesięć* (4:10 P.M.)

**za** x *(minut)*    x *(minut)*
*(godzina)*      **po** *(godzinie)*
ord. num. **-a**    ord. num. **-ej**

**B.** Information on the time of events

*O której (godzinie) jest wykład?*

| formal | Time: | informal |
|---|---|---|
| *O (godzinie) dziesiątej.* | (10.00 A.M.) | *O dziesiątej.* |
| *O dziesiątej pięć.* | (10:05 A.M.) | *Pięć po dziesiątej.* |
| *O dziesiątej trzydzieści.* | (10:30 A.M.) | *O wpół do jedenastej.* |
| *O dziesiątej pięćdziesiąt.* | (10:50 A.M.) | *Za dziesięć jedenasta.* |

## 2.4. *Powiedz to poprawnie!*

### EXERCISES IN GRAMMAR

**2.4.1.**
**Write the ordinal numerals in full as in the example.**

**Example:**
1 – *pierwszy*

3 – . . . . . . . . . . . . . .     5 – . . . . . . . . . . . . . . . . .
6 – . . . . . . . . . . . . . .     2 – . . . . . . . . . . . . . . . . .
9 – . . . . . . . . . . . . . .     7 – . . . . . . . . . . . . . . . . .

**2.4.2.**

**Write the ordinal numerals in full as in the example.**

Example:

10 – *dziesiąty*

| | |
|---|---|
| 11 – ................... | 12 – ..................... |
| 13 – ................... | 20 – ..................... |
| 17 – ................... | 22 – ..................... |
| 19 – ................... | 24 – ..................... |

**2.4.3.**

**Write the ordinal numerals in full as in the example.**

Example:

30 – *trzydziesty*

| | |
|---|---|
| 50 – .................. | 53 – ..................... |
| 70 – .................. | 77 – ..................... |
| 90 – .................. | 99 – ..................... |
| 60 – .................. | 65 – ..................... |

**2.4.4.**

**Write the ordinal numerals in full as in the example.**

Example:

104 – *sto czwarty*

132 – ...............................................

258 – ...............................................

322 – ...............................................

568 – ...............................................

745 – ...............................................

874 – ...............................................

**2.4.5.**

**Write the ordinal numerals in full as in the example.**

Example:

1945 – *tysiąc dziewięćset czterdziesty piąty*

1364 – ...............................................

1511 – ...............................................

1628 – ...............................................

1792 – ...............................................

1815 – ...............................................

1914 – ...............................................

## 2.4.6.

**Five years from the most recent history of Poland are given below. Match each year with the appropriate historical event.**

1990 — Polska wchodzi do Unii Europejskiej
1990 — A. Kwaśniewski prezydentem Polski
1995 — Polska wchodzi do NATO
1999 — początek radykalnego programu gospodarczego
        L. Balcerowicza
2004 — L. Wałęsa prezydentem Polski

## 2.4.7.

**Several subsequent years from your life are given below. Think what you were doing in each year and write it down as in the example.**

**Example:**

czwarty rok – *poszedłem do przedszkola*

Szósty rok – ........................................
Dziewiąty rok – ........................................
Dwunasty rok – ........................................
Czternasty rok – ........................................
Szesnasty rok – ........................................
Osiemnasty rok – ........................................
Dwudziesty rok – ........................................
Dwudziesty drugi rok – ........................................

## 2.4.8.

**Think what you are going to do in the next years of your life and write it down as in the example.**

**Example:**

trzydziesty rok – *pracuję w bardzo dobrej firmie w Londynie*

Trzydziesty rok – ........................................
Trzydziesty piąty rok – ........................................
Czterdziesty rok – ........................................
Czterdziesty piąty rok – ........................................
Pięćdziesiąty rok – ........................................
Pięćdziesiąty piąty rok – ........................................
Sześćdziesiąty rok – ........................................

**2.4.9.**

**Using the information from exercise 2.4.7, write a story of what you were doing in the subsequent years of your life.**

**Example:**

*W czwartym roku życia poszedłem do przedszkola.*

. . . . . . . . . . . . . . . . . . . . . . . . . . . . . . . . . . . . . . . . . . . . . . . . . . . .
. . . . . . . . . . . . . . . . . . . . . . . . . . . . . . . . . . . . . . . . . . . . . . . . . . . .
. . . . . . . . . . . . . . . . . . . . . . . . . . . . . . . . . . . . . . . . . . . . . . . . . . . .
. . . . . . . . . . . . . . . . . . . . . . . . . . . . . . . . . . . . . . . . . . . . . . . . . . . .
. . . . . . . . . . . . . . . . . . . . . . . . . . . . . . . . . . . . . . . . . . . . . . . . . . . .
. . . . . . . . . . . . . . . . . . . . . . . . . . . . . . . . . . . . . . . . . . . . . . . . . . . .

## 2.5. *Muszę to zrozumieć!*

### COMPREHENSION EXERCISES

**2.5.1.**

**Check whether you understand the dialogues 2.1.1.–2.1.3.:**

|  | *prawda* | *fałsz* |
|---|---|---|
| *Peter jest bardzo zmartwiony.* | | |
| *Matka Michela jest w szpitalu.* | | |
| *Peter nie wie, co robić.* | | |
| *Michel chce rozmawiać z dyrektorem.* | | |
| *Dyrektor jest bardzo zajęty.* | | |
| *Michel spotka się z dyrektorem o trzeciej.* | | |

**2.5.2.**

**You will hear a short text twice. Choose the correct answer by circling the appropriate letter A, B or C.**

Pociąg do Warszawy odjedzie o godzinie:

A) 9:50,

B) 10:00,

C) 10:10.

**2.5.3.**

**You will hear a short dialog twice. Choose the correct answer by circling the appropriate letter A, B or C.**

Autobus do Krynicy odjedzie o godzinie:
A)  5:45,
B) 14:55,
C) 15:45.

**2.5.4.**

**Read the text below twice and choose the correct answer by circling the appropriate letter A, B or C.**

## W ANGLII NAJBARDZIEJ WCIĄGA MIĘDZYNARODOWA ATMOSFERA

*Maciek, student The Reading University w Wielkiej Brytanii:*
Zdałem międzynarodową maturę i dzięki temu mogę studiować w Wielkiej Brytanii. Nie jest to czasowe stypendium, ale pełne studia. The Reading University zaoferował mi stypendium, które pokryło koszt studiów przez najbliższe cztery lata. Rok akademicki składa się tu z trzech semestrów. Na pierwszym roku, oprócz obowiązkowych przedmiotów, musimy zapisać się na zajęcia dodatkowe. Ja wybrałem niemiecki i kurs: „Wstęp do globalnych zmian politycznych i ekonomicznych" (Introduction to Global Political and Economic Change). Liczba godzin w tygodniu, razem z ćwiczeniami, nie przekracza 13. Wszystko zależy od kierunku. Mniej zajęć mają humaniści, za to więcej muszą chodzić po bibliotekach i czytać. W naszym campusie dwa razy w tygodniu organizowane są imprezy. Najbardziej chyba wciąga międzynarodowa atmosfera i możliwość poznania ludzi różnych narodowości.

Filipinka, styczeń 2002, s. 54.

Maciek opowiada o:
A) studiach w Wielkiej Brytanii.
B) atmosferze w Wielkiej Brytanii.
C) ludziach w Wielkiej Brytanii.

Maciek ma maturę;
A) polską.
B) brytyjską.
C) międzynarodową.

Maciek ma stypendium na:
A) jeden rok.
B) trzy lata.
C) cztery lata.

Maciek najbardziej lubi:
A) dobre imprezy.
B) międzynarodową atmosferę.
C) zajęcia dodatkowe.

**2.5.5.**
**Listen to the text twice and choose the correct answer by circling the appropriate letter A, B or C.**

Matka Michela miała:
A) zawał serca.
B) atak serca.
C) atak kaszlu.

Peter radzi mu porozmawiać z:
A) profesorem.
B) sekretarką.
C) dyrektorem.

Michel spotka się z dyrektorem o godzinie trzeciej:
A) rano.
B) w  nocy.
C) po południu.

## 2.6. *Czy umiesz to powiedzieć?*

### COMMUNICATIVE ACTIVITIES

**2.6.1.**
**Answer the questions using the structure with the preposition** *po*:
*Która godzina?*

| | |
|---|---|
| 6:10 . . . . . . . . . . . . . . . . . . . | 2:08 . . . . . . . . . . . . . . . . . . . . . |
| 10:05 . . . . . . . . . . . . . . . . . . | 4:12 . . . . . . . . . . . . . . . . . . . . . |
| 8:20 . . . . . . . . . . . . . . . . . . | 9:04 . . . . . . . . . . . . . . . . . . . . . |
| 12:15 . . . . . . . . . . . . . . . . . . | 1:07 . . . . . . . . . . . . . . . . . . . . . |
| 3:25 . . . . . . . . . . . . . . . . . . | 11:24 . . . . . . . . . . . . . . . . . . . . . |

**2.6.2.**

**Answer the question** *Która godzina?* **using the preposition** *wpół do*:

| | |
|---|---|
| 4:30 . . . . . . . . . . . . . . . . . . . . . . | 8:30 . . . . . . . . . . . . . . . . . . . . . . . . |
| 2:30 . . . . . . . . . . . . . . . . . . . . . . | 5:30 . . . . . . . . . . . . . . . . . . . . . . . . |
| 7:30 . . . . . . . . . . . . . . . . . . . . . . | 11:30 . . . . . . . . . . . . . . . . . . . . . . |
| 10:30 . . . . . . . . . . . . . . . . . . . . . | 1:30 . . . . . . . . . . . . . . . . . . . . . . . . |
| 12:30 . . . . . . . . . . . . . . . . . . . . . | 9:30 . . . . . . . . . . . . . . . . . . . . . . . . |

**2.6.3.**

**Answer the question** *Która godzina?* **using the preposition** *za*:

| | |
|---|---|
| 1:40 . . . . . . . . . . . . . . . . . . . . . . | 5:35 . . . . . . . . . . . . . . . . . . . . . . . . |
| 3:50 . . . . . . . . . . . . . . . . . . . . . . | 2:55 . . . . . . . . . . . . . . . . . . . . . . . . |
| 11:58 . . . . . . . . . . . . . . . . . . . . . | 6:45 . . . . . . . . . . . . . . . . . . . . . . . . |
| 7.38 . . . . . . . . . . . . . . . . . . . . . . | 12:52 . . . . . . . . . . . . . . . . . . . . . . |
| 8:35 . . . . . . . . . . . . . . . . . . . . . . | 10:40 . . . . . . . . . . . . . . . . . . . . . . |

**2.6.4.**

**You would like to buy tickets for a movie. Please, ask your friend at what time the shows start.**

Ty: . . . . . . . . . . . . . . . . . . . . . . . . . . . . . . . . . . . . . . . . . . . . . . . . . . . . . . . . . . .
Kolega: . . . . . . . . . . . . . . . . . . . . . . . . . . . . . . . . . . . . . . . (15:30, 18:00, 20:30)

**2.6.5.**

**You would like to buy tickets for a concert. Please, ask the cashier at what time the concert starts and how much the tickets cost.**

Ty: . . . . . . . . . . . . . . . . . . . . . . . . . . . . . . . . . . . . . . . . . . . . . . . . . . . . . . . . . . .
Kasjerka: . . . . . . . . . . . . . . . . . . . . . . . . . . . . . . . . . . . . . . . . . . . . . . (19:15)
Ty: . . . . . . . . . . . . . . . . . . . . . . . . . . . . . . . . . . . . . . . . . . . . . . . . . . . . . . . . . . .
Kasjerka: . . . . . . . . . . . . . . . . . . . . . . . . . . . . . . . . . . . . . . . . . . . . . . . . . . .

**2.6.6.**

**You inquire about trains from** *Kraków* **to** *Warszawa*. **A man answers the questions:**

Ty: . . . . . . . . . . . . . . . . . . . . . . . . . . . . . . . . . . . . . . . . . . . . . . . . . . . . . . . . . .
Pan: Rano, czy po południu?
Ty: . . . . . . . . . . . . . . . . . . . . . . . . . . . . . . . . . . . . . . . . . . . . . . . . . . . . . . . . . .
Pan: . . . . . . . . . . . . . . . . . . . . . . . . . . . . . . . . . . . . . . . . . . . . . (6:10, 7:10, 8:10, 11:10)

**2.6.7.**

**You inquire about trains from *Warszawa* to *Kraków*. A woman answers your questions:**

Ty: . . . . . . . . . . . . . . . . . . . . . . . . . . . . . . . . . . . . . . . . . . .
Pani: Rano, czy po południu?
Ty: . . . . . . . . . . . . . . . . . . . . . . . . . . . . . . . . . . . . . . . . . . .
Pani: . . . . . . . . . . . . . . . . . . . . . . . . . . . . . . . . (14:55, 15:55, 16:55, 17:55)

**2.6.8.**

**You inquire about buses *(autobus pospieszny)* from *Kraków* to *Zakopane*. A woman gives you information about the fast connections:**

Ty: . . . . . . . . . . . . . . . . . . . . . . . . . . . . . . . . . . . . . . . . . . .
Pani: . . . . . . . . . . . . . . . . . . . . . . . . . . . . . . . . . . . (6:20, 7:40, 9:30, 11:00)

**2.6.9.**

**Providing the information about the hours, write what you usually do on weekdays.**

**Example:**
*Wstaję zwykle o godzinie siódmej.*

. . . . . . . . . . . . . . . . . . . . . . . . . . . . . . . . . . . . . . . . . . . . . . . . .
. . . . . . . . . . . . . . . . . . . . . . . . . . . . . . . . . . . . . . . . . . . . . . . . .
. . . . . . . . . . . . . . . . . . . . . . . . . . . . . . . . . . . . . . . . . . . . . . . . .
. . . . . . . . . . . . . . . . . . . . . . . . . . . . . . . . . . . . . . . . . . . . . . . . .
. . . . . . . . . . . . . . . . . . . . . . . . . . . . . . . . . . . . . . . . . . . . . . . . .
. . . . . . . . . . . . . . . . . . . . . . . . . . . . . . . . . . . . . . . . . . . . . . . . .

**2.6.10.**

**Providing the information about the hours, write how you spend a holiday (Christmas, Easter, etc.).**

**Example:**
*W święta śpię do godziny ósmej trzydzieści.*

. . . . . . . . . . . . . . . . . . . . . . . . . . . . . . . . . . . . . . . . . . . . . . . . .
. . . . . . . . . . . . . . . . . . . . . . . . . . . . . . . . . . . . . . . . . . . . . . . . .
. . . . . . . . . . . . . . . . . . . . . . . . . . . . . . . . . . . . . . . . . . . . . . . . .
. . . . . . . . . . . . . . . . . . . . . . . . . . . . . . . . . . . . . . . . . . . . . . . . .
. . . . . . . . . . . . . . . . . . . . . . . . . . . . . . . . . . . . . . . . . . . . . . . . .
. . . . . . . . . . . . . . . . . . . . . . . . . . . . . . . . . . . . . . . . . . . . . . . . .

Big Ben w Londynie

# Lekcja 3

It is 3 p.m. Michel is talking to Director of the Institute. Director wants to know why Michel has to leave Poland for good. Michel tells him about his mother's illness and that his father does not live with them. In this situation Michel wants to be with his mother to look after her.

Director can see why Michel has to go to France, but advises him not to worry about his studies. Director thinks that Michel can return to Kraków. In ten days' time it is Christmas. Students have a two-week holiday. It means that Michel will not miss many classes. When he returns to Kraków, he will write tests and pass his exams. Director knows that Michel is a good student.

In this lesson you will learn how to ask and give advice. You will learn the irregular verb "powinien" and verbal collocations with the verbs "prosić, musieć, trzeba, warto, powienien." They are needed in giving advice.

Paryż

# Lekcja 3

## 3.1. Radzę wyjechać do domu

**3.1.1.** Instytut Polonijny. Gabinet dyrektora. Dyrektor rozmawia z Michelem.

Dyrektor: Dzień dobry panu, proszę siadać.
Michel: Dziękuję.
Dyrektor: Słucham pana.
Michel: Przepraszam, że przeszkadzam, ale mam problem… Muszę wyjechać z Krakowa, chyba na zawsze.
Dyrektor: Czy może pan powiedzieć mi dokładnie, jaki ma pan problem?
Michel: Tak. Moja mama jest bardzo chora. Miała atak serca i jest w szpitalu. Muszę być z nią. Ona ma tylko mnie, bo ojciec nie mieszka z nami...

Dyrektor: Bardzo mi przykro, że ma pan takie zmartwienie. Zgadzam się, że musi pan być z matką. Ale dlaczego chce pan wyjechać stąd na zawsze?

---

### Vocabulary

**chory, -a, -e** Adj. *ill, sick*
**denerwować się** + I (**denerwuję, denerwujesz** Imperf.) *to get excited, become flustered about sth*
**egzamin** (m G **egzaminu**) *examination, exam*
**gabinet** (m G **gabinetu**) *office, cabinet*
**martwić się** + I (**martwię, martwisz** Imperf.) *to worry about sb, sth*

**możliwy, -a, -e** Adj. *possible*
**nadrobić** + Ac. (**nadrobię, nadrobisz** Perf.) *to make up (a deficiency)*
**nadzieja** (f G **nadziei**) *hope*, → **mieć nadzieję** *to hope*
**program** (m G **programu**) *program*
**przeszkadzać** + D, w + L (**przeszkadzam, -sz** Imperf.) *to disturb*
**przykro** Adv. → **przykro mi** *I am sorry*

Michel: Za tydzień mamy testy, potem są egzaminy. Jeśli wyjadę, nie będę mógł ich pisać. Zresztą teraz nie mogę się uczyć. Bardzo się denerwuję.

Dyrektor: Rozumiem pana. W tej sytuacji radzę wyjechać do domu i nie martwić się studiami. Mam nadzieję, że z mamą wszystko będzie dobrze. Wtedy wróci pan i napisze te testy.

Michel: Czy to możliwe?

Dyrektor: Tak. Proszę pamiętać, że za dziesięć dni są święta i dwa tygodnie wolnego. To znaczy, że nie straci pan dużo zajęć. Chyba uda się panu nadrobić zaległości, bo jest pan dobrym studentem.

Michel: Dziękuję bardzo, że nie muszę rezygnować. Bardzo lubię Kraków... Chciałbym skończyć ten program.

Dyrektor: Miło mi to słyszeć.

## Vocabulary

**radzić** + D + Ac. (**radzę, radzisz** Imperf.) *to advise*

**rezygnować** + z + G (**rezygnuję, rezygnujesz** Imperf.) *to resign sth*

**równocześnie** Adv. *at the same time, simultaneously*

**siadać** (**siadam, siadasz** Imperf.) *to sit down, to take a sit*

**skończyć** + Ac. (**skończę, skończysz** Perf.) *to end, to finish*

**stracić** + Ac. (**stracę, stracisz** Perf.) *to lose*

**sytuacja** (f G **sytuacji**) *situation*

**szpital** (m G **szpitala**) *hospital*

**święta** (pl. G **świąt**) *holiday (here: Christmas)*

**test** (m G **testu**) *test*

**trudno** Adv. *hard, with difficulty*

**tydzień** (m G **tygodnia**) *week*

**udać się** + D + Ac. (**uda się panu**) *you will be successful in making up*

**wolne** (Adj. G **wolnego**) *free time, day off, vacation*

**wrócić** (**wrócę, wrócisz** Perf.) *to come back*

**wtedy** *then*

**zajęcia** (pl. G **zajęć**) *classes*

**zajęty, -a, -e** Adj. *occupied, busy, engaged*

**zaległość** (f G **zaległości**) *unaccomplished task;* → **mieć zaległości** *to be behindhand with sth*

**zgadzać się** + z + I (**zgadzam, zgadzasz** Imperf.) *to agree, to consent*

**znaczyć** (**znaczy** Imperf.) *to mean*

**zresztą** *anyway, after all*

**zza** *from behind*

45

## *Warto zapamiętać te słowa!*

# ŻYCIE CODZIENNE

## Codziennie
### (imperfective verbs)

1. wstawać, wstaję
2. myć się, myję się
3. myć zęby
4. ubierać się, ubieram się
5. jeść, jem (śniadanie)
6. wychodzić, wychodzę (na uniwersytet)
7. studiować (na uniwersytecie)
8. pracować (w biurze)
9. wracać, wracam (do domu)
10. robić, robię (zakupy)

11. gotować, gotuję (obiad)
12. jeść, jem obiad
13. czytać, czytam
14. pisać, piszę
15. odrabiać, odrabiam zadanie
16. rozmawiać, rozmawiam
17. jeść kolację
18. oglądać, oglądam (telewizję)
19. chodzić, chodzę (na spacer)
20. chodzić spać

## 3.2. Gramatyka jest ważna

### GRAMMATICAL COMMENTARY

**3.2.1.**

**Conjugation of the irregular verb** *powinien, powinna*

Etymologically, the forms *powinien, powinna* were not verbs and that is why they do not have infinitive. They are inflected taking the past tense endings:

|     |            | masc.       | fem.       | neut.   |
| --- | ---------- | ----------- | ---------- | ------- |
| 1.  | *(ja)*     | **powinienem** | **powinnam** | –       |
| 2.  | *(ty)*     | **powinieneś**  | **powinnaś**  | –       |
| 3.  | *on, pan*  | **powinien**    | –          | –       |
|     | *ona, pani* | –          | **powinna**   | –       |
|     | *ono*      | –           | –          | **powinno** |

|     |                | virile       | nonvirile      |
| --- | -------------- | ------------ | -------------- |
| 1.  | *(my)*         | **powinniśmy**  | **powinnyśmy**  |
| 2.  | *(wy)*         | **powinniście** | **powinnyście** |
| 3.  | *oni, państwo* | **powinni**     | –              |
|     | *one, panie*   | –            | **powinny**     |

These forms are used while giving advice, or talking about someone's duties. They combine very often with infinitives of perfective verbs, e.g.: *Powinienem napisać list. Powinnaś powiedzieć prawdę.*

**3.2.2.**

**Use of infinitives of perfective and imperfective verbs after** *prosić, musieć, trzeba, warto, powinien*

In sentences expressing requests, orders or advice, the infinitives of perfective verbs are used to strengthen the request, order or advice.

In negative sentences, the corresponding imperfective verbs are used.

The following scheme shows how this is done:

| affirmative forms (with perfective verbs) | negative forms (with imperfective verbs) |
|---|---|
| 1. *Proszę to przeczytać.* <br> Please read it! | 1. *Proszę tego nie czytać.* <br> Please do not read it! |
| 2. *Musi pani to przeczytać.* <br> You have to read it! | 2. *Nie musi pani tego czytać.* <br> You needn't read it! |
| 3. *Musisz to zrobić.* <br> You have to do it! | 3. *Nie musisz tego robić.* <br> You needn't do it! |
| 4. *Trzeba to przeczytać.* <br> You need to read it! | 4. *Nie trzeba tego czytać.* <br> It's not necessary to read it! |
| 5. *Warto to przeczytać.* <br> It's worth reading! | 5. *Nie warto tego czytać.* <br> It's not worth reading! |
| 6. *Powinieneś to zrobić.* <br> You should do it! | 6. *Nie powinieneś tego robić.* <br> You shouldn't do it! |

## 3.3. *Jak to powiedzieć?*

### COMMUNICATIVE COMMENTARY

**3.3.1.**
**Giving advice**

**A.** Asking for advice

| formal | informal |
|---|---|
| *Chciałem panią (pana) prosić o radę.* | *Chciałem cię prosić o radę.* <br> I wanted you to give me some advice. |
| *Jak pani (pan) myśli, co robić?* | *Jak myślisz, co robić?* <br> What do you think I should do? |

| | |
|---|---|
| *Co pani (pan) mi radzi?* | *Co mi radzisz?* <br> What do you advise me to do? |
| *Nie wiem, co mam robić.* | *Nie wiem, co robić.* <br> I don't know what to do. |
| *Proszę mi coś doradzić / poradzić.* | *Doradź mi coś./Poradź mi coś.* <br> Give me some advice. |

**B.** Advising – persuasion

| formal | informal |
|---|---|
| *Radzę pani (panu) wyjechać do domu.* | *Radzę ci wyjechać. Wyjedź do domu* <br> I advise you to leave for home. / <br> Leave for home. |
| *Radzę pani (panu) pójść do lekarza.* | *Radzę ci pójść do lekarza. Idź do lekarza.* <br> I advise you to see a doctor. / <br> See a doctor. |
| *Myślę, że powinien pan pójść do lekarza.* | *Myślę, że powinieneś (powinnaś) pójść do lekarza.* <br> I think you should see a doctor. |
| *Moim zdaniem musi pan pójść do lekarza* | *Moim zdaniem musisz pójść do lekarza* <br> In my opinion, you must see <br> a doctor. |
| *Według mnie powinien pan pójść do lekarza* | *Według mnie powinieneś, powinnaś pójść do lekarza.* <br> You should see a doctor. |
| *Dlaczego nie porozmawia pan z dyrektorem?* | *Dlaczego nie porozmawiasz z dyrektorem?* <br> Why will you not talk to the <br> director? |

**C.** Advising – dissuasion

| formal | informal |
|---|---|
| *Nie musi pan (pani) jechać do domu.* | *Nie musisz jechać do domu.* <br> You don't have to go home. |
| *Proszę nie jechać do domu.* | *Lepiej nie jechać do domu./Lepiej nie jedź do domu.* <br> It's better not to go home. / You had better not go home. |
| *Proszę pana, nie trzeba...* | *Nie trzeba iść do lekarza.* <br> *Nie idź do lekarza.* <br> There is no need to see a doctor. /Don't see a doctor. |
| *Proszę pani, nie warto iść...* | *Nie warto iść do lekarza.* <br> It's not worth seeing a doctor. |

It needs to be noted that in informal contacts imperative forms are often used when giving advice. There is a general rule which says that perfective verbs are used when advising to do something, and imperfective verbs when advising against doing something. For instance:

a. *Nie wiem, kupić tę sukienkę czy nie?*
   I don't know whether I should buy this dress or not.

b. *Nie kupuj, nie jest ładna.*
   Don't buy it, it's not pretty.

c. *Nie wiem, kupić tę sukienkę czy nie?*
   I don't know whether I should buy this dress or not.

d. *Kup koniecznie, jest piękna. Bardzo dobrze w niej wyglądasz.*
   Do buy it, it's beautiful. You look very good in it.

e. *Nie wiem, kupić tę sukienkę?*
   I really don't know. Should I buy this dress?

f. *Możesz kupić, jest ładna. Ja bym kupiła.*
   You can buy it. It's pretty. I would.

## 3.3.2.

### Expressing sympathy

In our lives we experience good things as well as bad things, that is those that lead to trouble, problems and even tragedy. If such bad things occur in the life of our loved ones, we try to express our emotional loyalty to them, our readiness to help, our deep sympathy or compassion. It is obvious that our sympathy depends first on the type of problems that our loved one is facing, and then on the kind of emotional relationship with this person. In the previous lesson Michel received the news about his mother's illness. Everyone is trying to advise him what he should do in the situation, because they like him and sympathize with him.

Here are possibilities of expressing sympathy depending on the problems our loved one is having:

| | |
|---|---|
| *Moja matka jest chora.*<br>My mother is ill. | *To naprawdę zmartwienie. Bardzo mi przykro, że masz takie zmartwienie.*<br>It is really something to worry about.<br>I am very sorry that you are worried. |
| *Mam problemy (w pracy).*<br>I have problems (at work). | *Biedny jesteś. (Ale) jestem z tobą.*<br>Poor you. I feel sorry for you. |
| *Mam (straszne) kłopoty (ze zdrowiem).*<br>I have (terrible) problems (with my health). | *(W razie czego) możesz na mnie liczyć.*<br>(If anything happens) you can rely on me. |
| *Jestem (poważnie/ciężko) chory.*<br>I am (seriuosly/very) ill. | *Bardzo mi ciebie żal. Czy mogę coś dla ciebie zrobić?*<br>I am very sorry for you. Can I do anything for you? |
| *Mój ojciec nie żyje.*<br>My father is dead. | *Serdecznie ci/panu/pani współczuję.*<br>I am deeply sorry to hear that. |

Note the reaction of Peter and director of the Institute to the news about the illness of Michel's mother. Peter says, "*To rzeczywiście zmartwienie.*" Director is more formal when he says, "*Bardzo mi przykro, że ma pan takie zmartwienie.*"

## 3.4. *Powiedz to poprawnie!*

### EXERCISES IN GRAMMAR

**3.4.1.**
**Use the correct form of the verb *powinien*:**

**Example:**
*Czy on powinien pojechać do domu?*

Myślę, że ty . . . . . . . . . . . . pojechać do Francji. Czy ona . . . . . . . . . .
pojechać do domu? Oni . . . . . . . . . . . . . . . . . pojechać do domu. My
. . . . . . . . . . . pojechać do domu i wy . . . . . . . . . . . . . . . . . zrobić to
samo. Czy ja . . . . . . . . . . . . . . . . pojechać do domu?

**3.4.2.**
**Use perfective verbs after the verb *musieć* following the model:**

**Example:**
*Czytała to pani? Nie? Musi pani to przeczytać.*

Jadłeś to kiedyś? Nie!? . . . . . . . . . . . . . . . . . . . . . . . . . . . . . . . . . . .
Widziałaś to kiedyś? Nie!? . . . . . . . . . . . . . . . . . . . . . . . . . . . . . . . . .
Piliście to kiedyś? Nie!? . . . . . . . . . . . . . . . . . . . . . . . . . . . . . . . . . . .
Opowiadałem ci to kiedyś? Nie!? . . . . . . . . . . . . . . . . . . . . . . . . . . . .
Zamawialiśmy to kiedyś? Nie!? . . . . . . . . . . . . . . . . . . . . . . . . . . . . . .
Zapraszałeś go kiedyś? Nie!? . . . . . . . . . . . . . . . . . . . . . . . . . . . . . . .

**3.4.3.**
**Using examples from 3.4.2. form negative sentences:**

**Example:**
*Czytała to pani? Nie? Nie musi pani tego czytać.*

. . . . . . . . . . . . . . . . . . . . . . . . . . . . . . . . . . . . . . . . . . . . . . . . . . . . .
. . . . . . . . . . . . . . . . . . . . . . . . . . . . . . . . . . . . . . . . . . . . . . . . . . . . .
. . . . . . . . . . . . . . . . . . . . . . . . . . . . . . . . . . . . . . . . . . . . . . . . . . . . .
. . . . . . . . . . . . . . . . . . . . . . . . . . . . . . . . . . . . . . . . . . . . . . . . . . . . .
. . . . . . . . . . . . . . . . . . . . . . . . . . . . . . . . . . . . . . . . . . . . . . . . . . . . .
. . . . . . . . . . . . . . . . . . . . . . . . . . . . . . . . . . . . . . . . . . . . . . . . . . . . .

### 3.4.4.

**Use perfective verbs following the model:**

**Example:**

*Proszę przeczytać ten tekst (czytać).*

Proszę . . . . . . . . do Roberta (iść). Proszę . . . . . . . to ciastko (jeść). Proszę . . . . . . . . . . . . zadanie (kończyć). Proszę . . . . . . . . . . . . przez chwilę (myśleć). Proszę . . . . . . . . . . . . . . wodę mineralną (pić). Proszę . . . . . . . . . . . . . . to zadanie (pisać). Proszę . . . . . . . . . . . . . z Michelem (rozmawiać). Proszę . . . . . . . . . . . . . moją sytuację (rozumieć). Proszę . . . . . . . . . . . . się tego na pamięć (uczyć). Proszę . . . . . . . . . . . . . . to słowo (pamiętać).

### 3.4.5.

**Give advice using the imperative forms as in the example.**

**Example:**
– Zrobić to?  – *Zrób to, dlaczego nie?*

Jechać do Gdańska? – . . . . . . . . . . . . . . . . . . . . . . . . . . . . . . . . . .
Iść do kina? – . . . . . . . . . . . . . . . . . . . . . . . . . . . . . . . . . .
Iść na to spotkanie? – . . . . . . . . . . . . . . . . . . . . . . . . . . . . . . . . . .
Kupić tę koszulę? – . . . . . . . . . . . . . . . . . . . . . . . . . . . . . . . . . .
Czytać ten poemat? – . . . . . . . . . . . . . . . . . . . . . . . . . . . . . . . . . .
Pisać ten protest? – . . . . . . . . . . . . . . . . . . . . . . . . . . . . . . . . . .
Mówić mu o tym? – . . . . . . . . . . . . . . . . . . . . . . . . . . . . . . . . . .

### 3.4.6.

**Give advice using the imperative forms as in the example.**

**Example:**
– Mamy iść na film Wajdy? – *Idźcie koniecznie, jest bardzo dobry.*

Mamy jechać do Kazimierza? . . . . . . . . . . . . . . . . . . . . . . . . . . . . . .
Mamy iść na koncert? . . . . . . . . . . . . . . . . . . . . . . . . . . . . . . . . . .
Mamy czytać ten artykuł? . . . . . . . . . . . . . . . . . . . . . . . . . . . . . . .
Mamy pisać to zadanie? . . . . . . . . . . . . . . . . . . . . . . . . . . . . . . . .
Mamy kupić to wino? . . . . . . . . . . . . . . . . . . . . . . . . . . . . . . . . . .
Mamy oglądać ten program? . . . . . . . . . . . . . . . . . . . . . . . . . . . . .

**3.4.7.**

**Using the sentences from exercise 3.4.6 above give advice in the imperative as in the example.**

**Example:**

*– Mamy iść na film Wajdy? – Niech państwo idą koniecznie, film jest bardzo dobry.*

. . . . . . . . . . . . . . . . . . . . . . . . . . . . . . . . . . . . . . . . . . . . . . . . . . . .
. . . . . . . . . . . . . . . . . . . . . . . . . . . . . . . . . . . . . . . . . . . . . . . . . . . .
. . . . . . . . . . . . . . . . . . . . . . . . . . . . . . . . . . . . . . . . . . . . . . . . . . . .
. . . . . . . . . . . . . . . . . . . . . . . . . . . . . . . . . . . . . . . . . . . . . . . . . . . .
. . . . . . . . . . . . . . . . . . . . . . . . . . . . . . . . . . . . . . . . . . . . . . . . . . . .
. . . . . . . . . . . . . . . . . . . . . . . . . . . . . . . . . . . . . . . . . . . . . . . . . . . .
. . . . . . . . . . . . . . . . . . . . . . . . . . . . . . . . . . . . . . . . . . . . . . . . . . . .

## 3.5. *Muszę to zrozumieć*

### COMPREHENSION EXERCISES

**3.5.1.**

**Check whether you understand the dialogue 3.1.1.:**

|  | *prawda* | *fałsz* |
|---|---|---|
| *Michel chce wyjechać z Krakowa.* |  |  |
| *Michel chce być z matką.* |  |  |
| *Michel nie może się uczyć, bo bardzo się denerwuje.* |  |  |
| *Michel może kontynuować studia w uniwersytecie.* |  |  |
| *Michel jest dobrym studentem i może nadrobić zaległości.* |  |  |

**3.5.2.**

**You will hear a short text twice. Choose the correct answer by circling the appropriate letter A, B or C.**

Pociąg InterCity przyjedzie na stację Warszawa Centralna o godzinie:
A)   8:45,
B) 18:40,
C) 18:45.

### 3.5.3.

**You will hear a short text twice. Choose the correct answer by circling the appropriate letter A, B or C.**

Pociąg ekspresowy do Gdańska przyjedzie o godzinie:
A) 16:55,
B) 16:45,
C) 6:45.

### 3.5.4.

**Read the text below twice and choose the correct answer by circling the appropriate letter A, B or C.**

## ZWIEDZIŁAM CAŁĄ PORTUGALIĘ I NAUCZYŁAM SIĘ JĘZYKA

*Hanka, studentka anglistyki na Uniwersytecie Adama Mickiewicza w Poznaniu:*
Możliwość wsiąknięcia na jakiś czas w inną kulturę to nieocenione doświadczenie, głównie dla studentów filologii. Na III roku spędziłam trzy miesiące w Portugalii, w ramach programu Tempus. Uczyliśmy się na Universidade de Aveiro na południe od Porto, a mieszkaliśmy u portugalskich rodzin. Była to świetna forma nauki języka portugalskiego. Wszystkie zajęcia zorganizowano specjalnie dla naszej 15-osobowej grupy pod kątem Unii Europejskiej. Dużo uczyliśmy się o samej Portugalii, jej kulturze i obyczajach. Zajęcia odbywały się nie tylko w formie wykładów. Poznawaliśmy Portugalię na wycieczkach. Byliśmy w Porto, Lizbonie, przy okazji zwiedziliśmy wybrzeże atlantyckie wraz z Przylądkiem Cabo di Rocca, czyli najbardziej na zachód wysuniętym punktem Europy. Oczywiście chodziliśmy na imprezy albo sami organizowaliśmy wspólne zabawy z portugalskimi studentami, tzw. wieczory różnych kultur. Dwie koleżanki, które były fankami piłki nożnej, jeździły na mecze FC Porto.

Filipinka, styczeń 2002, s. 53.

Hanka wyraża swoją opinię o:
A) wycieczce do Portugalii.
B) studiach w Portugalii.
C) poznawaniu Portugalii.

Hanka studiuje w Polsce:
A) język portugalski.
B) różne kultury.
C) język i kulturę angielską.

W Portugalii Hanka studiowała w:
A) Porto.
B) Lizbonie.
C) Aveiro.

W Portugalii Hanka chodziła na:
A) mecze FC Porto.
B) filmy brazylijskie.
C) wieczory różnych kultur.

**3.5.5.**

**Listen to the text twice. Choose the correct answer by circling the appropriate letter A, B or C.**

Michel chce być z matką, bo chce:
A) cieszyć się nią.
B) opiekować się nią.
C) rozmawiać z nią.

Święta Bożego Narodzenia będą za:
A) 2 tygodnie.
B) 12 dni.
C) 10 dni.

Studenci mają ferie przez:
A) 2 tygodnie.
B) 3 tygodnie.
C) 12 dni.

## 3.6. *Czy umiesz to powiedzieć?*

### COMMUNICATIVE ACTIVITIES

**3.6.1.**

**Do you remember what happened in the last lesson? Say it in Polish.**

**3.6.2.**

**Advise your friend following a model (+ = persuasion, – = dissuasion):**

**Example:**

*(torebka) Jak myślisz, kupić tę torebkę?*
*(–) Nie warto jej kupować. Jest za droga.*

(krawat) . . . . . . . . . . . . . . . . . . . . . . . . . . . . . . . . . . . . . . . . . . . . . .

(++) . . . . . . . . . . . . . . . . . . . . . . . . . . . . . . . . . . . . . . . . . . . . . . . . .

(dżinsy) . . . . . . . . . . . . . . . . . . . . . . . . . . . . . . . . . . . . . . . . . . . . . . .

(–). . . . . . . . . . . . . . . . . . . . . . . . . . . . . . . . . . . . . . . . . . . . . . . . . . . .

(sweter) . . . . . . . . . . . . . . . . . . . . . . . . . . . . . . . . . . . . . . . . . . . . . . . .

(+). . . . . . . . . . . . . . . . . . . . . . . . . . . . . . . . . . . . . . . . . . . . . . . . . . . .

(sukienka) . . . . . . . . . . . . . . . . . . . . . . . . . . . . . . . . . . . . . . . . . . . . . .

(–). . . . . . . . . . . . . . . . . . . . . . . . . . . . . . . . . . . . . . . . . . . . . . . . . . . .

(buty) . . . . . . . . . . . . . . . . . . . . . . . . . . . . . . . . . . . . . . . . . . . . . . . . . .

(—). . . . . . . . . . . . . . . . . . . . . . . . . . . . . . . . . . . . . . . . . . . . . . . . . . . .

### 3.6.3.

**A friend is asking for advice. Give him (her) an advice:**

On(a): Źle się czuję. Nie wiem, co robić.

Ty: . . . . . . . . . . . . . . . . . . . . . . . . . . . . . . . . . . . . . . . . . . . . . . . . . . . .

On(a): Jestem bardzo zmęczona.

Ty: . . . . . . . . . . . . . . . . . . . . . . . . . . . . . . . . . . . . . . . . . . . . . . . . . . . .

On: Co myślisz o tej marynarce?

Ty: . . . . . . . . . . . . . . . . . . . . . . . . . . . . . . . . . . . . . . . . . . . . . . . . . . . .

Ona: Adam bardzo mi się podoba.

Ty: . . . . . . . . . . . . . . . . . . . . . . . . . . . . . . . . . . . . . . . . . . . . . . . . . . . .

On: Kocham Ewę, ale ona o tym nie wie.

Ty: . . . . . . . . . . . . . . . . . . . . . . . . . . . . . . . . . . . . . . . . . . . . . . . . . . . .

### 3.6.4.

**Ask your classmates some questions in order to find someone who:**

a) goes to bed past midnight,
b) gets up very early.

### 3.6.5.

**A friend of yours needs your advice whether learning Polish is worthwhile. Think about the answer and give arguments in favour of learning Polish.**

. . . . . . . . . . . . . . . . . . . . . . . . . . . . . . . . . . . . . . . . . . . . . . . . . . . . . .

. . . . . . . . . . . . . . . . . . . . . . . . . . . . . . . . . . . . . . . . . . . . . . . . . . . . . .

. . . . . . . . . . . . . . . . . . . . . . . . . . . . . . . . . . . . . . . . . . . . . . . . . . . . . .
. . . . . . . . . . . . . . . . . . . . . . . . . . . . . . . . . . . . . . . . . . . . . . . . . . . . . .
. . . . . . . . . . . . . . . . . . . . . . . . . . . . . . . . . . . . . . . . . . . . . . . . . . . . . .

**3.6.6.**

A friend of yours wants to learn Polish but he/she doesn't know whe-ther to attend a Polish course in their country or participate in the sum-mer school in Poland. Advice him or her what to do.

. . . . . . . . . . . . . . . . . . . . . . . . . . . . . . . . . . . . . . . . . . . . . . . . . . . . . .
. . . . . . . . . . . . . . . . . . . . . . . . . . . . . . . . . . . . . . . . . . . . . . . . . . . . . .
. . . . . . . . . . . . . . . . . . . . . . . . . . . . . . . . . . . . . . . . . . . . . . . . . . . . . .

**3.6.7.**

A friend of yours wants to learn Portuguese but he/she doesn't know whether it is better to learn on their own from a self-study book or attend a course in a language school where they have to pay. Advice him or her what to do.

. . . . . . . . . . . . . . . . . . . . . . . . . . . . . . . . . . . . . . . . . . . . . . . . . . . . . .
. . . . . . . . . . . . . . . . . . . . . . . . . . . . . . . . . . . . . . . . . . . . . . . . . . . . . .
. . . . . . . . . . . . . . . . . . . . . . . . . . . . . . . . . . . . . . . . . . . . . . . . . . . . . .

**3.6.8.**

A friend from Poland, a university graduate, is wondering where it is better to look for work: in Ireland, Great Britain or France. Advice him or her what to do.

. . . . . . . . . . . . . . . . . . . . . . . . . . . . . . . . . . . . . . . . . . . . . . . . . . . . . .
. . . . . . . . . . . . . . . . . . . . . . . . . . . . . . . . . . . . . . . . . . . . . . . . . . . . . .
. . . . . . . . . . . . . . . . . . . . . . . . . . . . . . . . . . . . . . . . . . . . . . . . . . . . . .

# Lekcja 4

A school of foreign languages in Kraków. Peter and his friend Wojtek work here. They have just finished their last class before Christmas. Wojtek finishes a telephone conversation with an acquaintance of his, he gives him his best wishes, and then he talks to Peter. He asks him what he is going to do during the holiday. Peter does not go home to Germany. He wants to stay in Poland and have a rest. Wojtek thinks that having a rest on one's own in Poland is not a good idea and invites Peter to his place for Christmas. Peter thanks him, but says he prefers to be alone. He is shy and he doesn't want to interfere with Wojtek's family life. Wojtek does not agree with him. He doesn't want Peter to be alone. He is going to bring Peter in the morning on Christmas Eve.

In this lesson you learn how to express concern and anxiety. You will also learn the dative of personal pronouns, used in the expressions "Podoba mi się, "Jest mi zimno", or "Smutno mi". In addition, you will find out how Christmas is celebrated in Poland.

Kraków w czasie świąt

# Lekcja 4

## 4.1. Nie będziesz sam

**4.1.1.** Zbliżają się święta Bożego Narodzenia. Peter i Wojtek skończyli ostatnie lektoraty przed świętami. Są w biurze szkoły języków obcych. Wszyscy składają sobie życzenia. Do Wojtka zadzwonił znajomy.

Wojtek:     Dziękuję bardzo za życzenia. Ja również życzę wam wesołych świąt i szczęśliwego Nowego Roku. Bawcie się dobrze w górach. Dobrze, zadzwonię, pa! (*do Petera*) Cześć, Piotr. No to mamy za sobą ostatnie zajęcia w tym roku. Wyjeżdżasz na święta do domu?

Peter:     Jeszcze nie wiem, ale chyba zostanę w Polsce.

Wojtek:     I co będziesz robił?

Peter:     Będę odpoczywał.

---

### Vocabulary

**bawić się** (**bawię się, bawisz się** Imperf.) *to amuse oneself, to enjoy oneself*
**Boże Narodzenie** (n) *Christmas*
**góry** (pl. G **gór**) *mountains*
**lektorat** (m G **lektoratu**) *(foreign language) class*
**mieć coś za sobą** *have (just) finished*

**na** (+ Ac.) *for*
**nieśmiały, -a, -e** Adj. *shy, timid*
**odpoczywać** (**odpoczywam, odpoczywasz** Imperf.) *to rest, to take a rest;* → **odpocząć** (**odpocznę, odpoczniesz** Perf.) *to rest, to take a rest*
**ostatni, -a, -e** Adj. *last*

Kraków

| | |
|---|---|
| Wojtek: | Sam? W święta!? Przecież to nie ma sensu. Zapraszam cię do siebie. |
| Peter: | To miło z twojej strony, ale ja jestem nieśmiały, a ty na pewno będziesz z rodziną... |
| Wojtek: | Święta będę spędzał |

tylko z rodzicami. Przecież ich znasz! Oni bardzo cię lubią, musisz przyjść.

| | |
|---|---|
| Peter: | Dziękuję. Lepiej będzie, jeśli będę sam. |
| Wojtek: | Nie będziesz sam. Przyjadę po ciebie w wigilię rano. |

## Vocabulary

**rano** Adv. *in the morning*
**również** *also, too, as well*
**sens** (m G **sensu**) *sense, meaning;* → **to nie ma sensu** *it doesn't make sense*
**składać życzenia** (**składam, składasz** Imperf.) *to wish;* → **złożyć życzenia** (**złożę, złożysz** Perf.) *to wish*
**spędzać** + Ac. (**spędzam, spędzasz** Imperf.) *to spend;* → **spędzić** + Ac. (**spędzę, spędzisz** Perf.) *to spend*

**szczęśliwy, a, -e** Adj. *happy;* → **wesołych świąt** *merry Christmas*
**wigilia** (f G **wigilii**) *Christmas Eve*
**zbliżać się** (**zbliżam się, zbliżasz się** Imperf.) *to approach, to near;* → **zbliżyć się** (**zbliżę się, zbliżysz się** Perf.) *to approach, to near*
**znajomy, -a** Adj. *acquaintance*
**życzyć** + D + G (**życzę, życzysz** Imperf.) *to wish*
**życzenie** (n G **życzenia**) *wish, desire*

61

# Warto zapamiętać te słowa!

## ODZIEŻ MĘSKA I DAMSKA

**A. MĘSKA:** l. slipy; 2. podkoszulek; 3. spodnie; 4. marynarka; 5. garnitur; 6. koszula; 7. krawat; 8. skarpeta, skarpety.

**B. DAMSKA:** l. majtki; 2. biustonosz; 3. spódnica; 4. bluzka; 5. żakiet; 6. sukienka; 7. naszyjnik; 8. pończocha, pończochy; 9. beret; 10. kapelusz.

**C.** 1. płaszcz; 2. buty; 3. kapelusz; 4. szalik; 5. rękawiczki; 6. kurtka; 7. czapka; 8. sweter; 9. dżinsy; 10. tenisówki; 11. golf; 12. dres; 13. adidasy.

## 4.2. Gramatyka jest ważna

## GRAMMATICAL COMMENTARY

### 4.2.1.

**The dative of personal pronouns and courtesy titles, and its use**

Dative is a case which is used very rarely (it has a frequency of about 1.5%). The only forms which are used more often in the dative are the pronouns, as they appear in such expressions as: *podoba mi się, zimno ci, radzę panu* and therefore we would like to present them right now.

| **Nom.** | ja | ty | on | ona | ono | my | wy | oni | one | pan | pani | państwo |
|---|---|---|---|---|---|---|---|---|---|---|---|---|
| **Dat.** | mnie | tobie | jemu | jej | jemu | nam | wam | im | im | panu | pani | państwu |
|  | mi | ci | mu |  | mu |  |  |  |  |  |  |  |

Phrases with the dative often express human – physical and psychical or mental – impressions:

| physical impressions | mental impressions |
|---|---|
| jest mi zimno = zimno mi<br>I am cold | podoba mi się<br>I like it |
| jest mi ciepło = ciepło mi<br>I am warm | nie podoba mi się<br>I don't like it |
| jest mi gorąco = gorąco mi<br>I am hot | jest mi smutno = smutno mi<br>I feel sad |
| jest mi duszno = duszno mi<br>I can't breathe | jest mi wesoło = wesoło mi<br>I feel happy |
| jest mi słabo = słabo mi<br>I feel faint | jest mi żal = żal mi<br>I feel regret |
|  | jest mi głupio = głupio mi<br>I feel stupid |
|  | jest mi ciężko = ciężko mi<br>I feel down |

Remember that inflecting the expressions like *jest mi zimno* in the past we use the past tense of the 3rd person neuter, i.e. we say *wczoraj było mi zimno*. Similarly, in the future we say *Będzie mi zimno*.

Here is the form of the verb *podobać się* in the past:

*Film podobał mi się.*
I liked the film.

Here it is in the future:

*Mam nadzieję, że Polska będzie ci się podobać.*
I hope you like Poland.

### 4.2.2.
### Forms *nie ma, nie było, nie będzie*

The verb *być* takes unusual negative forms if used in the meaning "to exist", "to be present". In the present, past and future they look like this:

**Present tense**

| | affirmative form | negative form |
|---|---|---|
| 1. | jestem | nie ma mnie |
| 2. | jesteś | nie ma cię |
| 3. | on jest | nie ma go |
| | pan jest | nie ma pana |
| | ona jest | nie ma jej |
| | pani jest | nie ma pani |
| 1. | jesteśmy | nie ma nas |
| 2. | jesteście | nie ma was |
| 3. | oni są | nie ma ich |
| | państwo są | nie ma państwa |
| | one są | nie ma ich |

Note that the form *nie ma* has two meanings: 1) Lat. non habet = does not have, 2) Lat. non est = does not exist. It is also worth noting that the subject of the negative forms is not in the nominative case, as one might at first expect. Here, the subject appears in the genitive, for the forms *mnie, cię, go* are the genitives of pronouns, which you already know.

| | past tense | future tense |
|---|---|---|
| 1. | *nie było mnie* | *nie będzie mnie* |
| 2. | *nie było cię* | *nie będzie cię* |
| 3. | *nie było go* | *nie będzie go* |
| | *nie było jej* | *nie będzie jej* |
| 1. | *nie było nas* | *nie będzie nas* |
| 2. | *nie było was* | *nie będzie was* |
| 3. | *nie było ich* | *nie będzie ich* |

# 4.3. *Jak to powiedzieć?*

## COMMUNICATIVE COMMENTARY

### 4.3.1.
**Expressing concern and worry**

> ***Martwię się****, że masz dużo problemów.*
> I am worried that you have a lot of problems.

> ***Martwię się****, czy dasz sobie radę.*
> I am worried whether you can cope.

> ***Obawiam się****, że on jest chory.*
> I am afraid he is ill.

> ***Nie wiem****, czy wszystko jest w porządku.*
> I don't know if everything is OK.

> ***Nie wiem****, czy mama jest już zdrowa.*
> I don't know if [my] mother is well already.

As we see, the verbs *martwię się, obawiam się* may be followed by the conjunction *że* or *czy*. The first is used whenever we are certain that there exists a problem. The second conjunction is used when we think that problems are possible, but we are not sure. This state is well reflected by the syntax of the verb *wiem*:

*Wiem, że mama jest zdrowa.*
I know [my] mother is well.

*Nie wiem, czy mama jest zdrowa.*
I don't know if [my] mother is well.

## 4.3.2.
## Expressing negative feelings

| present | past |
|---|---|
| *Tęsknię za domem, za Peterem, za Francją.*<br>I miss home, Peter, France. | *Tęskniłem za domem.* |
| *Jest mi smutno (, że)...*<br>I am sad that... | *Było mi smutno, że...* |
| *Jest mi żal (, że)...*<br>I regret that... | *Było mi żal, że...* |
| *Jest mi bardzo ciężko.*<br>I am down and depressed. | *Było mi bardzo ciężko.* |
| *Nie czuję się dobrze.*<br>I don't feel well. | *Nie czułem się dobrze.* |
| *Martwię się (chorobą).*<br>I am worried about (the illness). | *Martwiłem się (chorobą).* |
| *Mam zmartwienie.*<br>I have a problem. | *Miałem zmartwienie.* |
| *Mam dużo problemów.*<br>I have a lot of problems. | *Miałem dużo problemów.* |
| *Jestem zdenerwowana (chorobą).*<br>I am upset about (the illness). | *Byłam zdenerwowana (chorobą).* |
| *Mam chandrę.* (coll.)<br>I feel down. | *Miałem chandrę.* |

## 4.4. *Powiedz to poprawnie!*

### EXERCISES IN GRAMMAR

#### 4.4.1.
**Use imperfective verbs following the model:**

**Example:**
*Napisałaś zadanie? – Właśnie kończę pisać!*

Zjadłaś zupę? . . . . . . . . . . . . . . . . . . . . . . . . . . . . . . . . . . . . . . . . . .
Wypiłeś herbatę? . . . . . . . . . . . . . . . . . . . . . . . . . . . . . . . . . . . . . . . .
Zrobiłaś ćwiczenia? . . . . . . . . . . . . . . . . . . . . . . . . . . . . . . . . . . . . . .
Zapłaciłeś za książki? . . . . . . . . . . . . . . . . . . . . . . . . . . . . . . . . . . . . .
Przeczytaliście artykuł? . . . . . . . . . . . . . . . . . . . . . . . . . . . . . . . . . . .
Napisałyście artykuł? . . . . . . . . . . . . . . . . . . . . . . . . . . . . . . . . . . . . . .
Pokroiłaś kiełbasę? . . . . . . . . . . . . . . . . . . . . . . . . . . . . . . . . . . . . . . .
Opowiedziałeś mu to? . . . . . . . . . . . . . . . . . . . . . . . . . . . . . . . . . . . .

#### 4.4.2.
**Answer questions from 4.4.1. following the model:**

**Example:**
*Napisałeś zadanie? – Jeszcze nie. Dopiero zacząłem pisać.*

Jeszcze nie. . . . . . . . . . . . . . . . . . . . . . . . . . . . . . . . . . . . . . . . . . . . . .
Jeszcze nie. . . . . . . . . . . . . . . . . . . . . . . . . . . . . . . . . . . . . . . . . . . . . .
Jeszcze nie. . . . . . . . . . . . . . . . . . . . . . . . . . . . . . . . . . . . . . . . . . . . . .
Jeszcze nie. . . . . . . . . . . . . . . . . . . . . . . . . . . . . . . . . . . . . . . . . . . . . .
Jeszcze nie. . . . . . . . . . . . . . . . . . . . . . . . . . . . . . . . . . . . . . . . . . . . . .
Jeszcze nie. . . . . . . . . . . . . . . . . . . . . . . . . . . . . . . . . . . . . . . . . . . . . .
Jeszcze nie. . . . . . . . . . . . . . . . . . . . . . . . . . . . . . . . . . . . . . . . . . . . . .
Jeszcze nie. . . . . . . . . . . . . . . . . . . . . . . . . . . . . . . . . . . . . . . . . . . . . .

#### 4.4.3.
**Use the dative of personal pronouns following the model:**

**Example:**
*Ja mówię: To jest dobry film! Film podoba mi się.*

Agnieszka mówi: To jest dobry koncert! . . . . . . . . . . . . . . . . . . . . . . . .
Robert mówi: To jest dobra książka! . . . . . . . . . . . . . . . . . . . . . . . . . . .

Michel i Peter mówią: Kraków jest ładny. . . . . . . . . . . . . . . . . . . . . .

My mówimy: Polska jest ładna. . . . . . . . . . . . . . . . . . . . . . . . . . . . .

Wy mówicie: Język polski jest łatwy. . . . . . . . . . . . . . . . . . . . . . . . .

Eric i Ewa mówią: Ten artykuł jest dobry. . . . . . . . . . . . . . . . . . . . . .

Ja mówię: Agnieszka jest ładna. . . . . . . . . . . . . . . . . . . . . . . . . . . . .

Ty mówisz: Peter jest przystojny. . . . . . . . . . . . . . . . . . . . . . . . . . . .

**4.4.4.**

**Put verbs from 4.4.3. into the past tense following the model:**

**Example:**

*Ja mówię: To był dobry film! Film podobał mi się.*

Koncert . . . . . . . . . . . . . . . . . . . . . . . . . . . . . . . . . . . . . . . . . . . . . .

Książka . . . . . . . . . . . . . . . . . . . . . . . . . . . . . . . . . . . . . . . . . . . . . .

Kraków . . . . . . . . . . . . . . . . . . . . . . . . . . . . . . . . . . . . . . . . . . . . . .

Polska . . . . . . . . . . . . . . . . . . . . . . . . . . . . . . . . . . . . . . . . . . . . . . .

Język polski . . . . . . . . . . . . . . . . . . . . . . . . . . . . . . . . . . . . . . . . . .

Ten artykuł . . . . . . . . . . . . . . . . . . . . . . . . . . . . . . . . . . . . . . . . . . .

Agnieszka . . . . . . . . . . . . . . . . . . . . . . . . . . . . . . . . . . . . . . . . . . . .

Peter . . . . . . . . . . . . . . . . . . . . . . . . . . . . . . . . . . . . . . . . . . . . . . . .

**4.4.5.**

**Answer the questions using adverbs:**

**Example:**

*Czujesz się dobrze? Nie, czuję się źle.*

Często chodzisz do kolegi?

Nie, . . . . . . . . . . . . . . . . . . . . . . . . . . . . . . . . . . . . . . . . . . . . . . . .

Czy wcześnie wstajesz?

Nie, . . . . . . . . . . . . . . . . . . . . . . . . . . . . . . . . . . . . . . . . . . . . . . . .

Czy on mówi szybko?

Nie, . . . . . . . . . . . . . . . . . . . . . . . . . . . . . . . . . . . . . . . . . . . . . . . .

Czy ona pisze ładnie?

Nie, . . . . . . . . . . . . . . . . . . . . . . . . . . . . . . . . . . . . . . . . . . . . . . . .

Czy wy czujecie się dobrze?

Nie, . . . . . . . . . . . . . . . . . . . . . . . . . . . . . . . . . . . . . . . . . . . . . . . .

Macie dużo czasu?

Nie, . . . . . . . . . . . . . . . . . . . . . . . . . . . . . . . . . . . . . . . . . . . . . . . .

### 4.4.6.
**Use adjectives expressing your surprise and disbelief:**

**Example:**
*Język polski jest łatwy? — Ależ skąd, jest bardzo trudny!*

Twój pokój jest tani?
Ależ skąd, . . . . . . . . . . . . . . . . . . . . . . . . . . . . . . . . . . . . . .
Studia w Polsce są tanie?
Ależ skąd, . . . . . . . . . . . . . . . . . . . . . . . . . . . . . . . . . . . . . .
Wasz lektor jest brzydki?
Ależ skąd, . . . . . . . . . . . . . . . . . . . . . . . . . . . . . . . . . . . . . .
Twoja siostra jest duża?
Ależ skąd, . . . . . . . . . . . . . . . . . . . . . . . . . . . . . . . . . . . . . .
Wasz test był trudny?
Ależ skąd, . . . . . . . . . . . . . . . . . . . . . . . . . . . . . . . . . . . . . .

LEKCJA 4

### 4.4.7.
**Give negative answers following the model:**

**Example:**
*Czy Agnieszka jest w domu? Niestety, **nie ma jej.***

Czy pan Nowak jest w domu?
Niestety, . . . . . . . . . . . . . . . . . . . . . . . . . . . . . . . . . . . . . .
Czy pani Maria jest w domu?
Niestety, . . . . . . . . . . . . . . . . . . . . . . . . . . . . . . . . . . . . . .
Czy oni są w domu?
Niestety, . . . . . . . . . . . . . . . . . . . . . . . . . . . . . . . . . . . . . .
Czy Basia i Ewa są w domu?
Niestety, . . . . . . . . . . . . . . . . . . . . . . . . . . . . . . . . . . . . . .
Czy będziecie w domu?
Niestety, . . . . . . . . . . . . . . . . . . . . . . . . . . . . . . . . . . . . . .
Czy będziesz w domu?
Niestety, . . . . . . . . . . . . . . . . . . . . . . . . . . . . . . . . . . . . . .
Byłeś wczoraj w domu?
Niestety, . . . . . . . . . . . . . . . . . . . . . . . . . . . . . . . . . . . . . .
Byliście wczoraj w domu?
Niestety, . . . . . . . . . . . . . . . . . . . . . . . . . . . . . . . . . . . . . .
Byłyście wczoraj w domu?
Niestety, . . . . . . . . . . . . . . . . . . . . . . . . . . . . . . . . . . . . . .

## 4.5. *Muszę to zrozumieć!*

### COMPREHENSION EXERCISES

**4.5.1.**

**Check whether you understand the dialogue 4.1.1.:**

|  | *prawda* | *fałsz* |
|---|---|---|
| *Wojtek i Peter skończyli lektoraty.* |  |  |
| *Do Petera zadzwonił znajomy z życzeniami.* |  |  |
| *Peter wyjedzie na święta do Niemiec.* |  |  |
| *Peter jest nieśmiały i chce być sam.* |  |  |
| *Rodzice Wojtka bardzo lubią Petera.* |  |  |
| *Peter będzie w święta z Wojtkiem i jego rodzicami.* |  |  |

**4.5.2.**

**You will hear a short dialog twice. Choose the correct answer by circling the appropriate letter A, B or C.**

To są życzenia z okazji:
A) Bożego Narodzenia,
B) Wielkanocy,
C) imienin Sylwestra.

**4.5.3.**

**You will hear a short dialog twice. Choose the correct answer by circling the appropriate letter A, B or C.**

Ta rozmowa jest możliwa:
A) przez telefon,
B) w domu,
C) na uniwersytecie.

**4.5.4.**

**Read the text below twice and choose the correct answer by circling the appropriate letter A, B or C.**

## NAJPOPULARNIEJSZE KIERUNKI STUDIÓW

(Liczba kandydatów na studia dzienne w uczelniach
MENiS w 2003 i 2004 r. (w tys.)

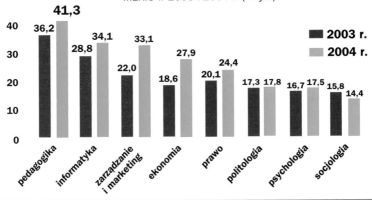

SZKOŁA PRZYJAZNA STUDENTOM

### Grzegorz, student I roku Informatyki i Ekonometrii SGGW

Mam wielu znajomych na SGWW i to ich opinie mnie zachęciły do przyjścia tutaj na informatykę. Opowiadali, że zarówno profesorowie jak i inni studenci są na poziomie. To jest najbardziej przyjazna studentom szkoła. Mam rozeznanie, bo studiwałem już na Uniwersytecie Warszawskim. Wykładowcy i starsze roczniki bardziej interesują się młodszymi i w ogóle tym, co się na uczelni dzieje. Dużo jest imprez integracyjnych. Istnieje społeczność akademicka, a na innych uczelniach każdy chodzi swoimi drogami i mniej się dzieje. Oczywiście znaczenie przy wyborze miało także uczelniane zaplecze. Nowe budynki mi się podobają, a sprzęt komputerowy – znam się na tym – jest świetny.

### Franciszek Ziejka, Przewodniczący Konferencji Rektorów Akademickich Szkół Polskich

#### CIESZY DUŻE ZAINTERESOWANIE INFORMATYKĄ

Bardzo mnie cieszy duża liczba kandydatów na informatykę, bo to kierunek przyszłościowy i jest duże prawdopodobieństwo, że absolwenci znajdą pracę. Chciałbym, żeby tak wielu kandydatów było na matematykę. Rekordowe zainteresowanie pedagogiką da się chyba wytłumaczyć tym, że pojawiają się na niej dwojakiego rodzaju kandydaci. Jedni są przekonani, że w Unii będzie większe zapotrzebowanie na zawody związane z opieką, resocjalizacją, wychowaniem dzieci. Ale drugą grupę stanowią osoby, które nie są zdecydowane na żaden kierunek. Wybór studiów nie zawsze jest racjonalny, często wynika z pewnych trendów czy mody. Prawdopodobnie absolwenci bardzo popularnych obecnie kierunków, z wyjątkiem informatyków, będą mieli problemy z zatrudnieniem. Będą musieli podjąć inne, dodatkowe studia.

Rzeczpospolita, 24 XI 2004, E I

LEKCJA 4

71

**A.**

Ten tekst to informacja o:
A) popularnych studiach w Polsce.
B) zainteresowaniu informatyką.
C) popularności pedagogiki.

Informatyka to kierunek studiów:
A) najpopularniejszy.
B) dobry na przyszłość.
C) łatwy.

Wybór studiów zależy od:
A) mody.
B) wieku kandydatów.
C) płci kandydatów.

Grzegorz wybrał informatykę na SGGW, bo tak radzili mu:
A) profesorowie.
B) znajomi.
C) rodzice.

**B.**

**What would you advise young Poles to take up as their studies? Why? Justify your opinion.**

Radzę wam studiować . . . . . . . . . . . . . . . . . . . . . . . . . . . . . . . . . . . . . .
. . . . . . . . . . . . . . . . . . . . . . . . . . . . . . . . . . . . . . . . . . . . . . . . . . . . . . .
. . . . . . . . . . . . . . . . . . . . . . . . . . . . . . . . . . . . . . . . . . . . . . . . . . . . . . .

**C.**

**What would you not advise young Poles to take up as their studies? Why? Justify your opinion.**

Nie radzę wam studiować. . . . . . . . . . . . . . . . . . . . . . . . . . . . . . . . . . . . .
. . . . . . . . . . . . . . . . . . . . . . . . . . . . . . . . . . . . . . . . . . . . . . . . . . . . . . .
. . . . . . . . . . . . . . . . . . . . . . . . . . . . . . . . . . . . . . . . . . . . . . . . . . . . . . .

**4.5.5.**

**Listen to the text twice. Choose the correct answer by circling the appropriate letter A, B or C.**

Peter i Wojtek skończyli ostatnie zajęcia przed:
A) świętami.
B) weekendem.
C) Wielkanocą.

W czasie ferii Peter:
A) wyjedzie do Niemiec.
B) będzie z Michelem.
C) będzie odpoczywać.

Wojtek przyjedzie po Petera w wigilię:
A) rano.
B) w południe.
C) wieczorem.

## 4.6. *Czy umiesz to powiedzieć?*

### COMMUNICATIVE ACTIVITIES

**4.6.1.**

**Do you remember what happened in the last lesson? Say it in Polish.**

**4.6.2.**

**Ask questions using the dative.**

**Example:**
(ty) *Zimno ci? – Było mi zimno, ale już nie jest.*

(on) Zimno . . . . . . . . .? . . . . . . . . . . . . . . . . . . . . . . . . . . .
(wy) Ciepło . . . . . . . . .? . . . . . . . . . . . . . . . . . . . . . . . . . . .
(my) Gorąco . . . . . . . .? . . . . . . . . . . . . . . . . . . . . . . . . . . .
(ty) Duszno . . . . . . . .? . . . . . . . . . . . . . . . . . . . . . . . . . . .
(ona) Zimno . . . . . . .? . . . . . . . . . . . . . . . . . . . . . . . . . . .
(pan) Słabo . . . . . . . .? . . . . . . . . . . . . . . . . . . . . . . . . . . .
(pani) Podoba się . . . . . . . .? . . . . . . . . . . . . . . . . . . . . . . . . . . .

**4.6.3.**

**Say what you are wearing today.**

**4.6.4.**

**Look at your classmates, choose one of them, then say what he or she is
wearing today. Your colleagues should guess who he or she is.**

### 4.6.5.

**What are they wearing today? Describe characters you see in the picture.**

### 4.6.6.

**Express negative feelings following the model:**

Example:

(Peter) *Nie ma Petera. Bardzo za nim tęsknię.*

(mama) . . . . . . . . . . . . . . . . . . . . . . . . . . . . . . . . . . . . . . . . . . . . . .
(ojciec) . . . . . . . . . . . . . . . . . . . . . . . . . . . . . . . . . . . . . . . . . . . . . . .
(siostra) . . . . . . . . . . . . . . . . . . . . . . . . . . . . . . . . . . . . . . . . . . . . . .
(brat) . . . . . . . . . . . . . . . . . . . . . . . . . . . . . . . . . . . . . . . . . . . . . . . . .
(babcia) . . . . . . . . . . . . . . . . . . . . . . . . . . . . . . . . . . . . . . . . . . . . . . .
(dziadek) . . . . . . . . . . . . . . . . . . . . . . . . . . . . . . . . . . . . . . . . . . . . . .
(kolega) . . . . . . . . . . . . . . . . . . . . . . . . . . . . . . . . . . . . . . . . . . . . . . .
(koleżanka) . . . . . . . . . . . . . . . . . . . . . . . . . . . . . . . . . . . . . . . . . . . .
(przyjaciel) . . . . . . . . . . . . . . . . . . . . . . . . . . . . . . . . . . . . . . . . . . . .
(przyjaciółka) . . . . . . . . . . . . . . . . . . . . . . . . . . . . . . . . . . . . . . . . . .

### 4.6.7.

**Express negative feelings following the model:**

Example:

*Jest mama? Nie!? Jest mi smutno, że jej nie ma w domu.*

Jest Piotr? Nie!? Jest mi żal . . . . . . . . . . . . . . . . . . . . . . . . . . . . . . . .
Jest Ewa? Nie!? Jest mi smutno . . . . . . . . . . . . . . . . . . . . . . . . . . . . .
Jest ojciec? Nie!? Jest mi żal . . . . . . . . . . . . . . . . . . . . . . . . . . . . . . .
Jest babcia? Nie!? Jest mi smutno . . . . . . . . . . . . . . . . . . . . . . . . . . .
Są rodzice? Nie!? Jest mi żal . . . . . . . . . . . . . . . . . . . . . . . . . . . . . . .
Jest kolega? Nie!? Jest mi smutno . . . . . . . . . . . . . . . . . . . . . . . . . . .

# Lekcja 5

Michel is at home in Lille. He is writing two letters to Poland; a private letter to Agnieszka, and a formal letter to Director of the Institute. His mother has already left hospital; she is at home and feeling better. Michel wants to come back to Kraków after 15th January. He is going to study a lot to pass his exams. Immediately on his return he is going to call Agnieszka, because he wants to see her.

In this lesson you will learn how to write private and formal letters in Polish. You will find out how to start and finish them. You will also learn the future tense of verbs.

Lille – centrum miasta

# Lekcja 5

## 5.1. Wszystko będzie dobrze

**5.1.1.** Michel jest w domu, w Lille we Francji. Pisze listy do Polski. Najpierw pisze do Agnieszki, a potem do dyrektora Instytutu Polonijnego.

Oto list prywatny do Agnieszki:

*Lille, 26 grudnia*

*Droga Agnieszko,*

*przepraszam, że wyjechałem bez pożegnania i że piszę tak późno. Przed wyjazdem dzwoniłem, ale nie było Cię w domu. Mam nadzieję, że mama powiedziała Ci o wszystkim. Było mi wtedy bardzo ciężko, ale wszyscy bardzo mi pomagali.*

*Moja mama nie czuje się jeszcze dobrze, ale doktor mówi, że jest coraz lepiej. Ona i ja mamy nadzieję, że wyjdzie ze szpitala przed pierwszym stycznia.*

*Do Krakowa wrócę w styczniu, kiedy mama dobrze już będzie się czuć. Martwię się, czy dam sobie radę na studiach. Wierzę jednak, że wszystko będzie dobrze.*

*U was w Polsce dzisiaj są jeszcze święta, ale we Francji jest już po świętach. Dlatego chcę Ci złożyć życzenia szczęśliwego Nowego Roku.*

*Proszę przekazać rodzicom wyrazy szacunku i pozdrowić kolegów.*

*Do zobaczenia w Krakowie.*

*Serdecznie Cię pozdrawiam –*
*Michel*

*PS. Zadzwonię zaraz po powrocie.*

### Vocabulary

**bez** + G *without*
**chwila** (f G **chwili**) *moment, while*
**ciężko** Adv. *heavily, hard;* → **ciężko mi było** *I was having a hard time*
**coraz** Adv., **coraz lepiej** *better and better*
**czuć się** (**czuję się, czujesz się** Imperf.) *to feel;* → **czuć się dobrze** *to feel well*
**ćwiczenie** (n G **ćwiczenia**) *exercise, drill*
**do zobaczenia** *good-bye*
**doktor** (m G **doktora**) *doctor*
**drogi, -a, -e** Adj. *dear*
**dzwonić** + **do** + G (**dzwonię, dzwonisz** Imperf.) *to call, to ring up,* → **zadzwonić** (**zadzwonię, zadzwonisz** Perf.) *to call, to ring up*

**grudzień** (m G **grudnia**) *December*
**jednak** *however, but, yet, still*
**list** (m G **listu**) *letter*
**między** (+ I) *between*
**nowy, -a, -e** Adj. *new*
**ostrożny, -a, -e** Adj. *careful, cautious*
**pa** *bye*
**powrót** (m G **powrotu**) *return*
**pozdrawiać** + Ac. (**pozdrawiam, pozdrawiasz** Imperf.) *to greet, to give somebody kind regards;* → **pozdrowić** + Ac. (**pozdrowię, pozdrowisz** Perf.) *to greet, to give somebody kind regards*
**pożegnanie** (n G **pożegnania**) *leave-taking, farewell*

**5.1.2.** Oto list oficjalny do dyrektora Instytutu:

*Lille, 5 stycznia*

*Szanowny Panie Profesorze,*

*przepraszam, że piszę tak późno, ale czekałem na chwilę, kiedy będę miał dobre wiadomości.*

*Moja mama wyszła ze szpitala 30 grudnia. Jest w domu i czuje się coraz lepiej. Ona mówi nawet, że czuje się już bardzo dobrze, ale ja wolę być ostrożny.*

*Mam nadzieję, że do Instytutu wrócę między 15. a 20. stycznia. Będę się dużo uczył, żeby zdać testy i egzaminy. Ten list jest jednym z ćwiczeń. Robię je tu, żeby nie zapomnieć języka polskiego.*

*Jeszcze raz dziękuję za radę i pomoc.*

*Z wyrazami szacunku –*
*Michel Deschamps*

---

### Vocabulary

**przed** (+ I) *before, in front of*

**przekazać** + Ac. (**przekażę, przekażesz** Perf.) *to transfer, to give a massage;* → **przekazywać** + Ac. (**przekazuję, przekazujesz** Imperf.) *to transfer, to give a massage*

**przyjechać** (**przyjadę, przyjedziesz** Perf.) *to come, to arrive;* → **przyjeżdżać** (**przyjeżdżam, przyjeżdżasz** Imperf.) *to come, to arrive*

**rada** (f G **rady**) *advice*

**raz, jeszcze raz** *time, one more time*

**serdecznie** Adv. *sincerely, cordially*

**styczeń** (m G **stycznia**) *January*

**szacunek** (m G **szacunku**) *respect, esteem*

**szanowny, -a, -e** Adj. *respectable, honourable*

**wiadomość** (f G **wiadomości**) *news, a piece of information*

**wierzyć** + **w** + Ac. (**wierzę, wierzysz** Imperf.) *to believe*

**wracać** (**wracam, wracasz** Imperf.) *to come back, to return;* → **wrócić** (**wrócę, wrócisz** Perf.) *to come back, to return*

**wyjazd** (m G **wyjazdu**) *departure*

**wyraz** (m G wyrazu) *word;* → **wyrazy szacunku** *compliments, kind regards*

**zdawać** + Ac. (**zdaję, zdajesz** Imperf.) *to pass (an exam);* → **zdać** + Ac. (**zdam, zdasz** Perf.) *to pass (an exam)*

**żeby** *that, in order that, in order to*

## *Warto zapamiętać te słowa!*

# POCZTA: LISTY I PRZESYŁKI

### A. Poczta

1. urząd pocztowy, 2. skrzynka na listy, 3. okienko, 4. urzędniczka, 5. listonosz, 6. paczka, 7. waga, 8. pieczątka, 9. klient

### B. Listy

10. papier listowy, 11. koperta, 12. znaczek, 13. nadawca, 14. odbiorca, 15. adres, 16. list priorytetowy (polecony), 17. zwykły, 18. widokówka, 19. przekaz pocztowy

# 5.2. *Gramatyka jest ważna*

## GRAMMATICAL COMMENTARY

### 5.2.1.
### Future tense of the imperfective verbs

#### A. Forms with the infinitive

When discussing aspect (see A1: 12.1.0) we stated that the future tense forms of the imperfective verbs are complex. They consist of two parts: the future tense form of the verb *być* (see A1: 11.2.1.), and the infinitive of the inflected verb. Thus future tense of the verb *studiować* looks like this:

| STUDIOWAĆ future tense | | | | | |
|---|---|---|---|---|---|
| 1. | *(ja)* | **będę studiować** | 1. | *(my)* | **będziemy studiować** |
| 2. | *(ty)* | **będziesz studiować** | 2. | *(wy)* | **będziecie studiować** |
| 3. | *on, pan ona, pani ono, to* | **będzie studiować** | 3. | *oni, państwo, panowie one, panie* | **będą studiować** |

#### B. Forms with the former past participle

Imperfective verbs form future tense in one more way. It is similar to the one already mentioned, for it is also a complex form and its first part is also the verb *być* in the future. The only difference is the second part, being the former active past participle, already known to us in its form from the third person sg. and pl. of the past tense. Because this participle is associated by foreigners with the past tense, its use in the future tense comes as a psychological shock, and thus, the forms employing the participle are more difficult for foreigners. One more difficulty is that using them we have to pay attention to the gender.

The future tense forms with the former past participle are as follows:

| | | masc. | fem. |
|---|---|---|---|
| 1. | (ja) | **będę studiował** | **będę studiowała** |
| 2. | (ty) | **będziesz studiował** | **będziesz studiowała** |
| 3. | on, pan | **będzie studiował** | |
| | ona, pani | | **będzie studiowała** |

| | | virile | nonvirile |
|---|---|---|---|
| 1. | (my) | **będziemy studiowali** | **będziemy studiowały** |
| 2. | (wy) | **będziecie studiowali** | **będziecie studiowały** |
| 3. | oni, państwo, | | |
| | panowie | **będą studiowali** | |
| | one, panie | | **będą studiowały** |

Frequency research indicates that the forms of the type *będziemy pisać* are used twice as often as the forms *będę pisał*.

### 5.2.2.
### Future tense of the perfective verbs

Perfective verbs expressing a complete action can not take the form of the present tense, because the action is still being performed in the moment of speaking and can not be referred to as finished. Therefore, the perfective verbs use the present tense forms in referrence to the future. This means that constructing their future forms, one should use the rules given for imperfective verbs in lessons A1:1–3 (see A1: 1.2.6., 3.2.1., 3.2.2., 3.2.3.). We should also remember that these forms should be translated into English in the future tense, e.g.:

| | |
|---|---|
| *Mama wyjdzie ze szpitala.* | (Mother will leave the hospital.) |
| *Do Krakowa wrócę w styczniu.* | (I will come back to Kraków in January.) |
| *Dam sobie radę na studiach.* | (I will do fine during my studies.) |
| *Zadzwonię po powrocie.* | (I will call when I come back.) |

The verb *wyjdę, wyjdziesz* is inflected like *idę, idziesz* (A1: 3.2.1.). The verb *dam, dasz* is inflected as *mam, masz* (see A1: 1.2.6.), and the verb *zadzwonię, zadzwonisz* like *mówię, mówisz* (see A1: 3.2.2.). The verb *wrócę, wrócisz* is conjugated in the same way.

The future tense of perfective verbs stresses the speaker's belief in doing what he or she intends to do. It also refers to brief actions (*wyjdzie, wrócę, zadzwonię*) which are perceived by the Pole as being completed in the future.

### 5.2.3.
### Expressing time: the use of the expressions *rok temu* and *za rok*

When talking about the past, we usually want to express when exactly an activity or an event took place. How to talk about past events in relation to the present is discussed in part one of this course-book (see A1, section 10.3.1). Here we would like to present the expression *rok temu*, which consists of the word denoting time in the Accusative and the word *temu*. For example:

*godzinę temu* – an hour ago      *dwie godziny temu* – two hours ago
*dzień temu* – a day ago      *dwa dni temu* – two days ago
*tydzień temu* – a week ago      *dwa tygodnie temu* – two weeks ago
*miesiąc temu* – a month ago      *dwa miesiące temu* – two months ago
*rok temu* – a year ago      *dwa lata temu* – two years ago

> *Do Polski przyjechałem trzy miesiące temu.*
> I came to Poland three months ago.

> *Po polsku zacząłem mówić trzy tygodnie temu.*
> I started speaking Polish three weeks ago.

> *Trzy lata temu zdałem maturę w Kanadzie, potem zaczęłam studia w USA, a teraz studiuję w Polsce.*
> I received my high school diploma in Canada three years ago, then I started studying in the USA, and now I am studying in Poland.

In order to say when an action or an event will take place in the future, we use the expression such as *za rok*. It consists of the preposition *za* and the word denoting time in the Accusative. For example:

*za godzinę* – in an hour      *za dwie godziny* – in two hours
*za dzień* – in one day      *za dwa dni* – in two days
*za tydzień* – in one week      *za dwa tygodnie* – in two weeks
*za miesiąc* – in one month      *za dwa miesiące* – in two months
*za rok* – in one year      *za dwa lata* – in two years

*Za tydzień pojadę na wycieczkę do Zakopanego.*
In a week's time I am going on a trip to Zakopane.

*Nie znam Wrocławia, ale myślę, że pojadę tam za miesiąc.*
I don't know Wrocław, but I think I'll go there in a month's time.

*Za rok będę zdawała egzamin certyfikatowy z języka polskiego.*
In one year I will be taking my certificate examination in Polish.

# 5.3. *Jak to powiedzieć?*

**5.3.1.**

**Writing letters – patterns**

As in every other language, also in Polish there are some customs connected with writing letters, especially concerning their beginning and ending.

| informal letters | formal letters |
|---|---|
| **A. Form of address** ||
| *Kochana Mamo!* <br> *Kochany Tato!* <br> *Kochani!* <br> *Kochana Krysiu!* <br> *Droga Agnieszko!* <br> *Drogi Jurku!* <br> *Moi drodzy!* <br> *Cześć, Robert!* | *Szanowna Pani!* <br> *Szanowny Panie!* <br> *Szanowni Państwo!* <br> *Szanowna Pani Profesor!* <br> *Szanowny Panie Profesorze!* <br> *Szanowny Panie Doktorze!* <br> *Szanowna Pani Doktor!* |
| **B. Beginning** ||
| *Właśnie dostałem twój list <br> i zaraz odpisuję, bo...* <br> *Przepraszam, że piszę tak <br> późno.* <br> *Mam nadzieję, że...* <br> *Dziękuję ci bardzo za twój <br> list i za wszystkie wiadomości.* <br> *Dlaczego nic nie piszesz?* <br> *Martwię się, czy...* | *Otrzymałem Pański list i natychmiast <br> odpisuję, ponieważ....* <br> *Przepraszam, że piszę tak późno, ale...* <br><br> *Dziękuję bardzo Pani Profesor za list.* <br> *Od dawna nie mam wiadomości <br> z uniwersytetu i bardzo się martwię, czy...* |

| C. Ending | |
|---|---|
| *Proszę pozdrowić Roberta.* *Proszę przekazać rodzicom wyrazy szacunku.* *Proszę pozdrowić kolegów.* *Na tym kończę i czekam na odpowiedź.* *Serdecznie cię pozdrawiam.* *Pozdrawiam cię, pisz!* *Całuję cię, ściskam cię!* | *Z wyrazami szacunku –* *Z poważaniem –* *Łączę wyrazy szacunku –* *Przesyłam wyrazy szacunku –* *Proszę przyjąć wyrazy szacunku –* |

| D. Ending and a signature | |
|---|---|
| *Twój syn Marek* *kochający was tatuś* *Mama* *Marysia* *twój Adam* *Krzyś* *Krysia* | *Szczerze oddany Jan Kowalski* *Andrzej Kowalski* *Anna Zagórska* |

In Polish there is no phrase equivalent to the English „To whom it may concern". In such cases the letters have the heading *Szanowni Państwo*.

Remember that the word *drogi* is reserved only for informal contacts and that is why in Polish we do not write *Drogi Profesorze Kowalski*. In the heading of a formal letter we may use only the adjective *Szanowny, -a*. The family name is not used here.

It is customary in Polish that all the words referring to the addressee are spelled with a capital letter at the beginning. This concerns mainly possessive and personal pronouns, e.g.: *dziękuję Ci bardzo za list; dziękuję bardzo Pani Profesor za list; dostałem Twój list.*

### E. Use of vocative in the headings
In the headings we use the vocative singular. In spoken Polish this case is used rarely (the frequency of its occurrence is about 1%), being gradually replaced by the nominative (as in the expression *Cześć, Robert!*). Written language, however, and especially the formal style, requires vocative. In the chart we have presented the most typical examples of its use.

## F. Addressing envelopes

to the private person:

> *Szanowny Pan*
> *Andrzej Nowakowski*
> *Al. Mickiewicza 20 m. 5*
> *30–065 Kraków*

to the official person:

> *Szanowna Pani*
> *prof. dr hab. Zofia Nowak*
> *Instytut Europeistyki UJ*
> *ul. Jodłowa 13*
> *30–252 Kraków*

to the office or institution:

> *Dyrekcja Instytutu Europeistyki*
> *Uniwersytetu Jagiellońskiego*
> *ul. Jodłowa 13*
> *30–252 Kraków*

*Szan. Pan, Szan. Pani* are the abbreviations of *Szanowny Pan, Szanowna Pani*. Polish likes titles, and therefore we should use them whenever they are appropriate. The titles do not eliminate the word *pan*, but to the contrary — they supplement it, as in the expression: *Szanowny pan profesor*.

*Prof. dr hab.* are the three words meaning *profesor doktor habilitowany*.

*UJ* is a popular abbreviation of the name *Uniwersytet Jagielloński*.

### 5.3.2.
### Expressing hope

> ***Mam nadzieję**, że wrócę do Instytutu.*
> I hope I return to the Institute.
> ***Mamy nadzieję**, że mama wyjdzie ze szpitala.*
> We hope mother leaves the hospital.
> ***Wierzę**, że wszystko będzie dobrze.*
> I believe everything will be all right.
> *Wszystko będzie dobrze!*
> Everything will be all right!

## 5.4. *Powiedz to poprawnie!*

### EXERCISES IN GRAMMAR

**5.4.1.**
**Use the verb *studiować* in the appropriate forms in the present and past tenses.**

**Example:**
Teraz Agnieszka *studiuje* w Krakowie, a potem *będzie studiować* w Hiszpanii.

Teraz Michel . . . . . . . . . . w Krakowie, a potem . . . . . . . . . . . . . . . . we Francji.
Teraz (ty) . . . . . . . . . . w Krakowie, a potem . . . . . . . . . . . . . . . . . . . w Portugalii.
Teraz (ja) . . . . . . . . . . w Krakowie, a potem . . . . . . . . . . . . . . . . . . . w Irlandii.
Teraz my . . . . . . . . . . w Krakowie, a potem . . . . . . . . . . . . . . . . . . . . w Niemczech.
Teraz oni . . . . . . . . . . w Krakowie, a potem . . . . . . . . . . . . . . . . . . . . w Belgii.
Teraz wy . . . . . . . . . . w Krakowie, a potem . . . . . . . . . . . . . . . . . . . . w Holandii.
Teraz one . . . . . . . . . . w Krakowie, a potem . . . . . . . . . . . . . . . . . . . we Włoszech.

**5.4.2.**
**Use the verbs in brackets in the appropriate forms of the future tense.**

Agnieszka myśli, co . . . . . . . . . . . . . . . . (robić), kiedy . . . . . . . . . . (wyjechać) do Hiszpanii. Na pewno . . . . . . . . . . . . . . . . . . . (rozmawiać) tylko po hiszpańsku i . . . . . . . . . . . . . . . . . . . . . . (czytać) dużo w tym języku. . . . . . . . . . . . . . . . . . . . . (oglądać) telewizję i . . . . . . . . . . . . . . . . . . . (chodzić) na hiszpańskie filmy do kina. W Polsce można zobaczyć filmy Almodovara, ale innych filmów zwykle nie ma w kinach.

**5.4.3.**

**Use the verbs in brackets in the appropriate forms of the future tense.**

Wojtek myśli o tym, co . . . . . . . . . . . . . . . . . . . . . . . . . . (robić) w święta.
Na pewno . . . . . . . . . . . . . . . . . . . . (spać) długo, bo chce odpocząć.
. . . . . . . . . . . . . . . . . . . .(chodzić) do kina, żeby zobaczyć filmy, których
jeszcze nie widział. Myśli też, że . . . . . . . . . . . . . . . . . . . . .(odwiedzać)
kolegów. Przed świętami dużo pracował i nie miał czasu na kontakty
z nimi. I . . . . . . . . . . . . . . . . . . .(jeść) dużo, bo w Polsce święta to
okazja do jedzenia. Dużo i dobrze.

**5.4.4.**

**Say in Polish what you will be doing in the coming days.**

. . . . . . . . . . . . . . . . . . . . . . . . . . . . . . . . . . . . . . . . . . . . . . . . . . . . . . . .
. . . . . . . . . . . . . . . . . . . . . . . . . . . . . . . . . . . . . . . . . . . . . . . . . . . . . . . .
. . . . . . . . . . . . . . . . . . . . . . . . . . . . . . . . . . . . . . . . . . . . . . . . . . . . . . . .

**5.4.5.**

**The beginning of the New Year is the time when people make various resolutions. They reckon to do what they haven't done so far, or to change their lives. What resolutions did you make? Write five of them in the space below using Polish.**

1). . . . . . . . . . . . . . . . . . . . . . . . . . . . . . . . . . . . . . . . . . . . . . . . . . . . . .
2). . . . . . . . . . . . . . . . . . . . . . . . . . . . . . . . . . . . . . . . . . . . . . . . . . . . . .
3). . . . . . . . . . . . . . . . . . . . . . . . . . . . . . . . . . . . . . . . . . . . . . . . . . . . . .
4). . . . . . . . . . . . . . . . . . . . . . . . . . . . . . . . . . . . . . . . . . . . . . . . . . . . . .
5). . . . . . . . . . . . . . . . . . . . . . . . . . . . . . . . . . . . . . . . . . . . . . . . . . . . . .

**5.4.6.**

**Write in Polish what you are going to do over the weekend.**

. . . . . . . . . . . . . . . . . . . . . . . . . . . . . . . . . . . . . . . . . . . . . . . . . . . . . . . .
. . . . . . . . . . . . . . . . . . . . . . . . . . . . . . . . . . . . . . . . . . . . . . . . . . . . . . . .
. . . . . . . . . . . . . . . . . . . . . . . . . . . . . . . . . . . . . . . . . . . . . . . . . . . . . . . .

**5.4.7.**

**Write and say in Polish what you would like to do in four years' time.**

. . . . . . . . . . . . . . . . . . . . . . . . . . . . . . . . . . . . . . . . . . . . . . . . . . . . . . . .
. . . . . . . . . . . . . . . . . . . . . . . . . . . . . . . . . . . . . . . . . . . . . . . . . . . . . . . .
. . . . . . . . . . . . . . . . . . . . . . . . . . . . . . . . . . . . . . . . . . . . . . . . . . . . . . . .

**5.4.8.**

**Prepare your schedule in Polish for the next week:**

| | |
|---|---|
| Poniedziałek | |
| Wtorek | |
| Środa | |
| Czwartek | |
| Piątek | |
| Sobota | |
| Niedziela | |

## 5.5. *Muszę to zrozumieć!*

### COMPREHENSION EXERCISES

**5.5.1.**

**Check whether you understand the text 9.1.2.:**

| | *prawda* | *fałsz* |
|---|---|---|
| *Michel pisze list z Francji.* <br> *Jego matka czuje się coraz lepiej.* <br> *Michel wróci do Krakowa w lutym.* <br> *Michel nie myśli, że wszystko będzie dobrze.* <br> *Michel życzy Agnieszce wesołych świąt.* | | |

87

**5.5.2.**

**Check whether you understand the text 5.1.2.:**

|  | *prawda* | *fałsz* | *brak informacji* |
|---|---|---|---|
| Michel pisze list do dyrektora instytutu. | | | |
| Matka Michela wyszła ze szpitala przed 1 stycznia. | | | |
| Matka czuje się już dobrze. | | | |
| Michel wróci do UJ przed 15 stycznia. | | | |
| Michel nie mówi we Francji po polsku. | | | |

**5.5.3.**

**You will hear a short dialog twice. Choose the correct answer by circling the appropriate letter A, B or C.**

Ta wypowiedź jest możliwa:  A) na poczcie,
   B) w kiosku,
   C) w sklepie spożywczym.

**5.5.4.**

**You will hear a short dialog twice. Choose the correct answer by circling the appropriate letter A, B or C.**

Ta wypowiedź jest możliwa:  A) w banku,
   B) w kiosku,
   C) na poczcie.

**5.5.5.**

**Listen to the text twice. Choose the correct answer by circling the appropriate letter A, B or C.**

W Lille Michel pisze do Polski:  A) maile.
   B) listy.
   C) kartki.

Michel wróci do Krakowa:  A) 15 stycznia.
   B) przed 15 stycznia.
   C) po 15 stycznia.

Po powrocie Michel zadzwoni:  A) do Roberta.
   B) do Agnieszki.
   C) do dyrektora.

## 5.6. *Czy umiesz to powiedzieć?*

### COMMUNICATIVE ACTIVITIES

**5.6.1.**

Write a short letter to your professor inviting him to *Zakopane*. Include directions on how to get to *Zakopane*.

. . . . . . . . . . . . . . . . . . . . . . . . . . . . . . . . . . . . . . . . . . . . . . . . . . . . . . . . . . . . . . .
. . . . . . . . . . . . . . . . . . . . . . . . . . . . . . . . . . . . . . . . . . . . . . . . . . . . . . . . . . . . . . .
. . . . . . . . . . . . . . . . . . . . . . . . . . . . . . . . . . . . . . . . . . . . . . . . . . . . . . . . . . . . . . .
. . . . . . . . . . . . . . . . . . . . . . . . . . . . . . . . . . . . . . . . . . . . . . . . . . . . . . . . . . . . . . .

**5.6.2.**

Write a ten-sentence letter to your mother describing your life in Poland.

. . . . . . . . . . . . . . . . . . . . . . . . . . . . . . . . . . . . . . . . . . . . . . . . . . . . . . . . . . . . . . .
. . . . . . . . . . . . . . . . . . . . . . . . . . . . . . . . . . . . . . . . . . . . . . . . . . . . . . . . . . . . . . .
. . . . . . . . . . . . . . . . . . . . . . . . . . . . . . . . . . . . . . . . . . . . . . . . . . . . . . . . . . . . . . .
. . . . . . . . . . . . . . . . . . . . . . . . . . . . . . . . . . . . . . . . . . . . . . . . . . . . . . . . . . . . . . .

**5.6.3.**

Write a ten-sentence letter to your close friend describing your life in Poland.

. . . . . . . . . . . . . . . . . . . . . . . . . . . . . . . . . . . . . . . . . . . . . . . . . . . . . . . . . . . . . . .
. . . . . . . . . . . . . . . . . . . . . . . . . . . . . . . . . . . . . . . . . . . . . . . . . . . . . . . . . . . . . . .
. . . . . . . . . . . . . . . . . . . . . . . . . . . . . . . . . . . . . . . . . . . . . . . . . . . . . . . . . . . . . . .
. . . . . . . . . . . . . . . . . . . . . . . . . . . . . . . . . . . . . . . . . . . . . . . . . . . . . . . . . . . . . . .
. . . . . . . . . . . . . . . . . . . . . . . . . . . . . . . . . . . . . . . . . . . . . . . . . . . . . . . . . . . . . . .

**5.6.4.**

Your friend speaks about various problems. Express hope following the model:

**Kolega/koleżanka:** *Muszę być z mamą jeszcze przez tydzień.*
**Ty:** *Mam nadzieję, że potem wrócisz do instytutu.*

**Kolega:** Teraz mam bardzo dużo problemów.
**Ty:** . . . . . . . . . . . . . . . . . . . . . . . . . . . . . . . . . . . . . . . . . . .

**Koleżanka:** Nie wiem, czy nie jestem chora.
**Ty:** . . . . . . . . . . . . . . . . . . . . . . . . . . . . . . . . . . . . . . . . . . . . . . . .
**Kolega:** Nie wiem, czy dam sobie radę.
**Ty:** . . . . . . . . . . . . . . . . . . . . . . . . . . . . . . . . . . . . . . . . . . . . . . . .
**Koleżanka:** Nie wiem, czy napiszę dobrze test.
**Ty:** . . . . . . . . . . . . . . . . . . . . . . . . . . . . . . . . . . . . . . . . . . . . . . . .
**Kolega:** Nie wiem, czy zdam egzamin.
**Ty:** . . . . . . . . . . . . . . . . . . . . . . . . . . . . . . . . . . . . . . . . . . . . . . . .
**Koleżanka:** Nie wiem, czy on mnie kocha.
**Ty:** . . . . . . . . . . . . . . . . . . . . . . . . . . . . . . . . . . . . . . . . . . . . . . . .

**5.6.5.**
**You are in Zakopane. Write a postcard to a friend.**

. . . . . . . . . . . . . . . . . . . . . . . . . . . . . . . . . . . . . . . . . . . . . . . . . . . . .
. . . . . . . . . . . . . . . . . . . . . . . . . . . . . . . . . . . . . . . . . . . . . . . . . . . . .
. . . . . . . . . . . . . . . . . . . . . . . . . . . . . . . . . . . . . . . . . . . . . . . . . . . . .
. . . . . . . . . . . . . . . . . . . . . . . . . . . . . . . . . . . . . . . . . . . . . . . . . . . . .

**5.6.6.**

Your group is on trip in Gdańsk. Write a postcard to your teacher of
Polish who is ill and could not go with you.

. . . . . . . . . . . . . . . . . . . . . . . . . . . . . . . . . . . . . . . . . . . . . . . . . . .
. . . . . . . . . . . . . . . . . . . . . . . . . . . . . . . . . . . . . . . . . . . . . . . . . . .
. . . . . . . . . . . . . . . . . . . . . . . . . . . . . . . . . . . . . . . . . . . . . . . . . . .
. . . . . . . . . . . . . . . . . . . . . . . . . . . . . . . . . . . . . . . . . . . . . . . . . . .

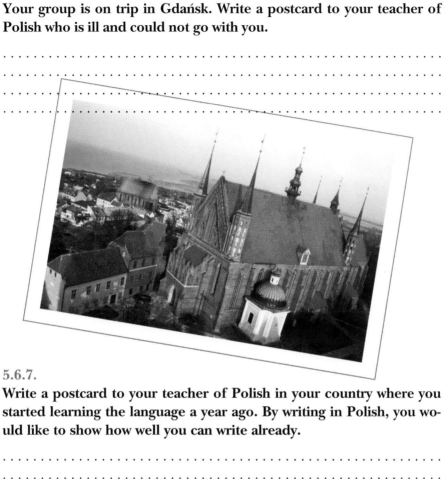

**5.6.7.**

Write a postcard to your teacher of Polish in your country where you
started learning the language a year ago. By writing in Polish, you would like to show how well you can write already.

. . . . . . . . . . . . . . . . . . . . . . . . . . . . . . . . . . . . . . . . . . . . . . . . . . .
. . . . . . . . . . . . . . . . . . . . . . . . . . . . . . . . . . . . . . . . . . . . . . . . . . .
. . . . . . . . . . . . . . . . . . . . . . . . . . . . . . . . . . . . . . . . . . . . . . . . . . .
. . . . . . . . . . . . . . . . . . . . . . . . . . . . . . . . . . . . . . . . . . . . . . . . . . .
. . . . . . . . . . . . . . . . . . . . . . . . . . . . . . . . . . . . . . . . . . . . . . . . . . .

# Lekcja 6

Michel has returned to Kraków. He is studying a lot and attending classes. He is going to call Agnieszka when he passes his exams. Today he has received a letter from Radomyśl near Mielec. He already knows he has family in Poland and that it is his grandmother's family. He wants to meet his new family and intends to travel to Radomyśl. He wonders how to get there. The receptionist advises him to go by bus. There is a direct bus from Kraków to Mielec passing through Radomyśl. The bus departs from Kraków at 8.30 a.m.

In this lesson you will learn expressions and sentences which are useful while travelling in Poland. You will also learn comparison of adjectives and how to use them in sentences. It will enable you to compare the degrees of intensity of qualities in people and things.

Dworzec autobusowy w Krakowie

# Lekcja 6

## 6.1. Jak tam dojechać?

**6.1.1.** Michel wrócił do Krakowa. Zaczął chodzić na zajęcia. Dzisiaj dostał list i jest bardzo podniecony. Wchodzi do pokoju, gdzie jest Peter.

Michel: Wiesz, mam rodzinę w Polsce!
Peter: Jesteś pewny?
Michel: Oczywiście, właśnie dostałem list, że koło Mielca żyje rodzina mojej babci. Jadę do nich z wizytą.

**6.1.2.** Recepcja hotelu studenckiego. Michel zastanawia się, jak dojechać do Radomyśla. Właśnie studiuje mapę Polski. Podchodzi do niego recepcjonista.

Pan Co tak studiujesz uważnie?
Michel: Zastanawiam się, jak dojechać do Mielca.
Pan: Chcesz jechać pociągiem?
Michel: Nie jestem pewien. Po prostu nie wiem, jak tam dojechać. Nigdy tam nie byłem.

### Vocabulary

**autobusowy, -a, -e** Adj. *bus*
**bezpośredni, -a, -e** Adj. *direct*
**chociaż** *although*
**dojeżdżać do** + G (**dojeżdżam, -sz** Imperf.) *to reach, to arrive;* → **doje-**

**chać do** + G (**dojadę, dojedziesz** Perf.) *to reach, to arrive*
**dworzec** (m G **dworca**) *station, bus station*
**informacja** (f G **informacji**) *information*

LEKCJA 6

| | |
|---|---|
| Pan: | Ja mam tam rodzinę i czasami jeżdżę. Pociąg jest tańszy, ale jedzie się dłużej. Trzeba jechać najpierw z Krakowa przez Tarnów do Dębicy i tam przesiąść się na pociąg do Mielca. Dla mnie autobus jest lepszy, chociaż droższy. |

**6.1.3.** Kraków. Dworzec autobusowy. Informacja.

| | |
|---|---|
| Michel: | Chciałbym zapytać, jak dojechać do Radomyśla. |
| Pani : | Którego Radomyśla? |
| Michel: | Do Radomyśla koło Mielca. |
| Pani: | Może pan jechać autobusem pospiesznym z Krakowa do Mielca. |
| Michel: | O której godzinie odjeżdża? |
| Pani : | O ósmej trzydzieści, czternastej i szesnastej czterdzieści. |
| Michel: | A jak długo jedzie się do Radomyśla? |
| Pani: | Około 4 godzin. |
| Michel: | Czy mogę wrócić do Krakowa tego samego dnia? |
| Pani: | Tak, ma pan bezpośredni autobus do Krakowa o szesnastej. |

LEKCJA 6

## Vocabulary

**który, która, które** *which*

**mapa** (f G **mapy**) *map*

**odjeżdżać** (**odjeżdżam, -sz** Imperf.) *to leave, to depart*

**około** *about, near*

**pociąg** (m G **pociągu**) *train*

**podchodzić do** + G (**podchodzę, podchodzisz** Imperf.) *to come near*

**podniecony, -a, -e** Adj. *excited*

**pospieszny** → **pospieszny pociąg (autobus)** *fast bus, train*

**pół** *half*

**przesiadać** (**przesiadam, -sz**, Imperf.) *to change (trains);* → **przesiąść się** (**przesiądę, przesiądziesz się** Perf.) *to change (trains)*

**przez** + Ac. *through, across*

**pytać** + Ac. **o** + Ac. (**pytam, -sz** Imperf.) *to ask,* → **zapytać** + Ac. **o** + Ac. (**zapytam, -sz** Perf.) *to ask*

**recepcjonista** (m G **recepcjonisty**) *receptionist*

**tani, tania, tanie** Adj. *cheap*

**trzeba** *it is necessary*

**uważnie** Adv. *attentively*

**wizyta** (f G **wizyty**), *visit;* → **jadę z wizytą** *I will pay a visit*

**zastanawiać się nad** + I (**zastanawiam, -sz** Imperf.) *to think over, to reflect in order to;* → **zastanowić się nad** + I (**zastanowię, zastanowisz** Perf.) *to think over, to reflect in order to*

## Warto zapamiętać te słowa!

## ŚRODKI TRANSPORTU

1. dworzec autobusowy, 2. kasa, 3. informacja, 4. rozkład jazdy;
5.–6. przyjazdy i odjazdy autobusów; 7. pasażer; 8. kiosk; 9. stanowisko
(peron); 10. pociąg, 11. autobus, 12. bus, 13. tramwaj, 14. samochód
(osobowy), 15. ciężarówka, 16. rower, 17. samolot

# 6.2. Gramatyka jest ważna

## GRAMMATICAL COMMENTARY

### 6.2.1.
### A. Comparison of adjectives

A given feature of an object may be more or less intense, especially if we compare different objects. To express this intensity we use comparison of adjectives. As in English, in Polish there are three degrees:

1. positive,
2. comparative,
3. superlative.

The comparative degree is formed by adding suffixes *-szy*, *-ejszy* to the positive adjective stem. The suffix *-ejszy* is added to the stems ending in consonant clusters, e.g.:

| | | | | |
|---|---|---|---|---|
| *tan-i* | *tań-szy* | | cheap | cheaper |
| *drog-i* | *droż-szy* | *g:ż* | expensive | more expensive |
| *mił-y* | *mil-szy* | *ł :l* | nice | nicer |
| *częst-y* | *częst-szy* | | frequent | more frequent |
| *rzad-ki* | *rzad-szy* | | rare | rarer |
| *nis-ki* | *niż-szy* | *s:ż* | short (person) | shorter |
| *wys-oki* | *wyż-szy* | *s:ż* | tall (person) | taller |
| *dal-eki* | *dal-szy* | | far | further |
| *szyb-ki* | *szyb-szy* | | fast | faster |
| *trudn-y* | *trudni-ejszy* | *n:ni* | hard | harder |
| *łatw-y* | *łatwi-ejszy* | *w:wi* | easy | easier |
| *dawn-y* | *dawni-ejszy* | *n:ni* | old | older |

Note that the adjectives with the *-ki, -eki, -oki* suffixes form the comparative degree after dropping these suffixes, e.g.: *wys-oki > wyższy.*
The following adjectives are irregular in forming the comparative degree:

| | | | |
|---|---|---|---|
| *dobry* | *lepszy* | good | better |
| *zły* | *gorszy* | bad | worse |
| *duży* | *większy* | large | larger |
| *mały* | *mniejszy* | small | smaller |

The superlative degree is formed by adding the prefix *naj-* to the comparative degree, e.g.:

| | | | |
|---|---|---|---|
| *tańszy* | *najtańszy* | cheaper | the cheapest |
| *milszy* | *najmilszy* | nicer | the nicest |
| *niższy* | *najniższy* | shorter (person) | the shortest (person) |
| *trudniejszy* | *najtrudniejszy* | harder | the hardest |
| *lepszy* | *najlepszy* | better | the best |

Not all of adjectives follow the same pattern. In such cases, the comparative and superlative degree may be formed by adding the words *bardziej, najbardziej,* or *mniej, najmniej* to the adjectives, e.g.:

*interesujący – bardziej interesujący – najbardziej interesujący*
interesting – more interesting – the most interesting

*interesujący – mniej interesujący – najmniej interesujący*
interesting – less interesting – the least interesting

## B. Syntax of comparison with adjectives

Comparing the intensity of a given feature, we use the following syntactic patterns:

### Positive degree

> *tak (samo)* + Adj. + *jak* + Nom.

*Piotr jest tak wysoki jak Adam.*
*Piotr jest tak samo wysoki jak Adam.*  Peter is as tall as Adam.

### Comparative degree

> Adj. + *od* + Gen.
> Adj. + *niż* + Nom.

*Robert jest wyższy od Adama.*
*Robert jest wyższy niż Adam.*  Robert is taller than Adam.

**Superlative degree**

---

$$\text{Adj.} + z(e) + \text{Gen.}$$

---

*Robert jest najwyższy z nich.* Robert is the tallest of them.
*Peter jest najbardziej interesujący z chłopców.* Peter is the most interesting of the boys.

### 6.2.2.
**Use of expressions *coraz* + comparative**

If we do not compare the same feature of two objects, but speak only of some feature of a single object or person, we use the expression *coraz* + comparative degree. This construction expresses the process of changing of the given feature, e.g.:

*Agnieszka jest coraz milsza.* Agnieszka is getting nicer and nicer.

*Język polski jest coraz łatwiejszy.* Polish is getting easier.
*Gramatyka polska jest coraz trudniejsza.* Polish grammar is getting harder.

*Wszystko jest coraz droższe.* Everything is getting more and more expensive.

## 6.3. *Jak to powiedzieć?*

**COMMUNICATIVE COMMENTARY**

### 6.3.1.
**Travels**

**A. Asking for transportation to the given destination point**

*Jak dojechać do Radomyśla?* How to get to Radomyśl?
*Czy jest pociąg do Lublina?* Is there a train to Lublin?
*Czy jest bezpośredni pociąg do Gdańska?* Is there a direct train to Gdańsk?

*Gdzie trzeba się przesiąść?* Where should I change?

## B. Asking for the cash desk, platform, exit, etc.

| | |
|---|---|
| *Gdzie jest informacja?* | Where is the information desk? |
| *Gdzie jest kasa?* | Where can I get tickets? |
| *W której kasie można kupić bilety sypialne?* | Where can I buy sleeping car tickets? |
| *Z którego peronu jest pociąg do Gdańska?* | Which platform does the |
| *Z którego peronu odjeżdża pociąg do Gdańska?* | Gdańsk train leave from? |
| *Gdzie jest peron drugi?* | Where is platform two? |
| *Gdzie jest wyjście?* | Where is the exit? |
| *Którędy do wyjścia?* | Which way to the exit? |

## C. Buying tickets in advance

*Proszę bilet normalny pierwszej klasy na ekspres z Krakowa do Warszawy na jutro na godzinę 7:10, w wagonie dla niepalących.*

(I'd like) one first class ticket for the 7.10 Cracow–Warsaw express in a non-smoking compartment, please.

### Before the departure:

*Proszę bilet na ekspres do Warszawy, pierwsza klasa, normalny, dla niepalących.*

One first class, non-smoking, for the Warsaw express.

## D. Railway information

*Pociąg ekspresowy z Krakowa do Warszawy odjeżdża z peronu czwartego o godzinie 7: 10.*

The express train from Cracow to Warsaw departs from platform four at 7.10.

*Pociąg pospieszny z Przemyśla do Szczecina wjeżdża na tor drugi przy peronie pierwszym.*

The fast train from Przemyśl to Szczecin is coming in on track number two on platform one.

*Pociąg pospieszny z Przemyśla do Szczecina jest opóźniony o czterdzieści minut. Za opóźnienie przepraszamy. Opóźnienie może się zwiększyć lub zmniejszyć.*

The fast train from Przemyśl to Szczecin is delayed for 40 minutes. We apologize for the delay. The delay may increase or decrease.

(na polskich dworcach często opóźnienie może ulec zmianie – The delay may be subject to change.)

**6.3.2.**

**Expressing spatial relations**

**A. Names of parts of the world**

| names of parts of the world | *gdzie?* |
|---|---|
| *północ* | *na północy (Polski)* |
| *południe* | *na południu (Polski)* |
| *wschód* | *na wschodzie (Polski)* |
| *zachód* | *na zachodzie (Polski)* |

**Examples:**

Gdańsk | *jest* / *leży* / *znajduje się* | *na północy Polski.*

| | |
|---|---|
| *Zakopane jest na południu Polski.* | Zakopane is in the south of Poland. |
| *Przemyśl jest na wschodzie Polski.* | Przemyśl is in the east of Poland. |
| *Zgorzelec jest na zachodzie Polski.* | Zgorzelec is in the west of Poland. |
| *Szczecin jest na północnym zachodzie Polski.* | Szczecin is in the north of Poland. |
| *Warszawa jest w centrum Polski.* | Warszawa is in the centre of Poland. |

Note that two of the four parts of the world have names identical with the names of the points in time: *północ* and *południe*. It needs to be remembered that each of these two words has two meanings:

*północ*  1. midnight
         2. north

*południe*  1. noon, midday
          2. south

**B. Spatial relations in reference to other cities**

| | |
|---|---|
| *Rzeszów jest na wschód od Krakowa.* | Rzeszów is to the east of Kraków. |
| *Warszawa jest na północ od Krakowa.* | Warszawa is to the north of Kraków. |
| *Poznań jest na zachód od Krakowa.* | Poznań is to the west of Kraków. |
| *Zakopane jest na południe od Krakowa.* | Zakopane is to the south of Kraków. |

## C. Spatial relations expressed by prepositions

| | | |
|---|---|---|
| 1. na | 6. w | 11. z |
| 2. pod | 7. koło/obok | 12. wzdłuż |
| 3. nad | 8. między | 13. przez |
| 4. przed | 9. przy | |
| 5. za | 10. do | |

## 6.4. *Powiedz to poprawnie!*

### EXERCISES IN GRAMMAR

#### 6.4.1.
**Use comparatives following the model:**

**Example:**

*Adam jest wysoki, ale Robert jest wyższy*

Ten test był trudny, ale egzamin będzie . . . . . . . . . . . . . . . . .
Język rosyjski jest trudny, ale polski jest . . . . . . . . . . . . . . . . . .
Ten tekst był łatwy, ale artykuł będzie . . . . . . . . . . . . . . . . . . . .
Ewa jest miła, ale Agnieszka jest . . . . . . . . . . . . . . . . . . . . . .
Prąd jest drogi, ale gaz jest . . . . . . . . . . . . . . . . . . . . . . . . . .
Piwo jest dobre, ale wino jest . . . . . . . . . . . . . . . . . . . . . . . . .
Kraków jest duży, ale Warszawa jest . . . . . . . . . . . . . . . . . . . . .
Michel jest dobrym studentem, ale Peter jest . . . . . . . . . . . .

#### 6.4.2.
**Use comparatives following the model:**

**Example:**

*Robert jest zdolny. Ale ty jesteś zdolniejszy niż on!*

Ewa jest ładna. Ale Agnieszka . . . . . . . . . . . . . . . . . . . . . . . .
Kasia jest ambitna. Ale Ewa . . . . . . . . . . . . . . . . . . . . . . . . . .
Marcin jest miły. Ale Robert . . . . . . . . . . . . . . . . . . . . . . . . . .
Peter jest inteligentny. Ale Michel . . . . . . . . . . . . . . . . . . . . . .
On jest niski. Ale Janek . . . . . . . . . . . . . . . . . . . . . . . . . . . . .
Adam jest wysoki. Ale Robert . . . . . . . . . . . . . . . . . . . . . . . . .

#### 6.4.3.
**Use comparatives following the model:**

**Example:**

*Wszystko jest drogie? Wszystko jest coraz droższe!*

Agnieszka jest miła? . . . . . . . . . . . . . . . . . . . . . . . . . . . . . . . .
Język polski jest łatwy? . . . . . . . . . . . . . . . . . . . . . . . . . . . . . .
Gramatyka jest trudna? . . . . . . . . . . . . . . . . . . . . . . . . . . . . . .
Peter jest dobrym studentem? . . . . . . . . . . . . . . . . . . . . . . . . .

Robert jest dobrym kolegą? . . . . . . . . . . . . . . . . . . . . . . . . . . .

Mieszkanie jest drogie? . . . . . . . . . . . . . . . . . . . . . . . . . . . . . .

Pociągi są szybkie? . . . . . . . . . . . . . . . . . . . . . . . . . . . . . . . . .

Dni są krótkie? . . . . . . . . . . . . . . . . . . . . . . . . . . . . . . . . . . . .

Noce są długie? . . . . . . . . . . . . . . . . . . . . . . . . . . . . . . . . . . . .

Czy są dobre towary? . . . . . . . . . . . . . . . . . . . . . . . . . . . . . . . .

### 6.4.4.

**Using the data about the population of the largest Polish cities (see A1, section 7.3.1), write which one of the two cities in each pair below is larger and which one is smaller.**

Warszawa – Łódź

. . . . . . . . . . . . . . . . . . . . . . . . . . . . . . . . . . . . . . . . . . . . . . . . .

Wrocław – Poznań

. . . . . . . . . . . . . . . . . . . . . . . . . . . . . . . . . . . . . . . . . . . . . . . . .

Gdańsk – Lublin

. . . . . . . . . . . . . . . . . . . . . . . . . . . . . . . . . . . . . . . . . . . . . . . . .

Katowice – Kraków

. . . . . . . . . . . . . . . . . . . . . . . . . . . . . . . . . . . . . . . . . . . . . . . . .

### 6.4.5.

**Using the data about the Polish diaspora in various countries of the world (see A1, section 12.3.4), write which one of the two communities in each pair below is larger and which one is smaller.**

Polonia w USA i w Brazylii

. . . . . . . . . . . . . . . . . . . . . . . . . . . . . . . . . . . . . . . . . . . . . . . . .

Polonia we Francji i na Białorusi

. . . . . . . . . . . . . . . . . . . . . . . . . . . . . . . . . . . . . . . . . . . . . . . . .

Polonia na Ukrainie i na Litwie

. . . . . . . . . . . . . . . . . . . . . . . . . . . . . . . . . . . . . . . . . . . . . . . . .

Polonia w Wielkiej Brytanii i w Niemczech

. . . . . . . . . . . . . . . . . . . . . . . . . . . . . . . . . . . . . . . . . . . . . . . . .

### 6.4.6.

**Answer the following questions about this coursebook. Express your own opinion.**

Który z bohaterów podręcznika „Cześć, jak się masz?" jest najmilszy?

. . . . . . . . . . . . . . . . . . . . . . . . . . . . . . . . . . . . . . . . . . . . . . . . .

LEKCJA 6

Który z bohaterów podręcznika jest najładniejszy?

. . . . . . . . . . . . . . . . . . . . . . . . . . . . . . . . . . . . . . . . . . . . . . . .

Który z bohaterów podręcznika jest najstarszy?

. . . . . . . . . . . . . . . . . . . . . . . . . . . . . . . . . . . . . . . . . . . . . . . .

Który z bohaterów podręcznika jest najmłodszy?

. . . . . . . . . . . . . . . . . . . . . . . . . . . . . . . . . . . . . . . . . . . . . . . .

### 6.4.7.
**Complete the text below with the missing letters.**

Ja mam tam rodzinę i __asami jeż__ę. Pociąg jest tań__y, ale jedzie dłużej.
T__eba je__ać najpierw z Krakowa p__ez Tarnów do Dębicy i tam p__esiąść się na pociąg do Mielca. Dla mnie autobus jest lep__y, __ociaż droż__y.

### 6.4.8.
**Put the words in proper order to form correct sentences.**

Krakowa Michel do wrócił

. . . . . . . . . . . . . . . . . . . . . . . . . . . . . . . . . . . . . . . . . . . . . . . .

zajęcia chodzić na zaczął

. . . . . . . . . . . . . . . . . . . . . . . . . . . . . . . . . . . . . . . . . . . . . . . .

podniecony i jest dostał list dzisiaj bardzo

. . . . . . . . . . . . . . . . . . . . . . . . . . . . . . . . . . . . . . . . . . . . . . . .

Peter wchodzi jest do gdzie pokoju Michel

. . . . . . . . . . . . . . . . . . . . . . . . . . . . . . . . . . . . . . . . . . . . . . . .

## 6.5. *Muszę to zrozumieć!*

### COMPREHENSION EXERCISES

**CD**

6.5.1.

**Check whether you understand the dialogues**

|  | *prawda* | *fałsz* | *brak informacji* |
|---|---|---|---|
| *Koło Mielca żyje rodzina babci Michela.* <br> *Michel nie wie, jak dojechać do Radomyśla.* <br> *Do Radomyśla lepiej jechać pociągiem.* <br> *Z Krakowa do Radomyśla jedzie się 4 godziny.* <br> *Z Krakowa do Radomyśla jest bezpośredni autobus.* |  |  |  |

6.5.2.

**CD**

**You will hear a short dialog twice. Choose the correct answer by circling the appropriate letter A, B or C.**

Pan powinien wyjechać z Krakowa do Tarnowa o godzinie:
A) 11:00.
B)   8:20.
C)   9:25.

6.5.3.

**Read the internet train timetable with connections from Kraków to Warszawa. Say what time you have to leave Kraków to arrive in Warszawa at 1 p.m.**

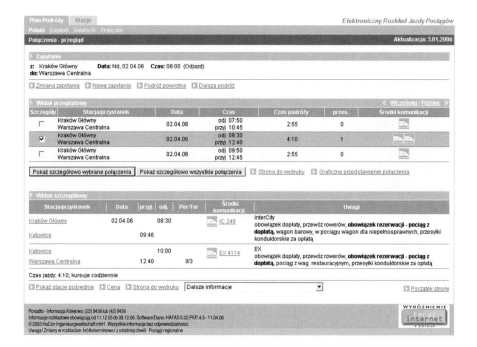

## 6.5.4.

**Read the internet train timetable with connections from Warszawa to Kraków. Say what time you have to leave Warszawa to arrive in Kraków at 12.00.**

**6.5.5.**

**Read the text below twice and choose the correct answer by circling the appropriate letter A, B or C.**

## WYJAZD DO IRLANDII
## NIE KOSZTOWAŁ MNIE ANI GROSZA

### Marek, student anglistyki na Uniwersytecie Adama Mickiewicza w Poznaniu:

Moje stypendium ufundowane zostało przez program Tempus, a dotyczyło wiedzy o Unii Europejskiej. Do wyboru miałem trzy kraje: Anglię, Irlandię i Portugalię. Z całego roku mogło pojechać tylko 10 osób, z najlepszą średnią ocen. Uczyliśmy się w University College Galway na zachodnim wybrzeżu Irlandii. Oprócz historii i problemów społeczno-politycznych poznawaliśmy kulturę irlandzką i język, który dla nas był bardzo egzotyczny. Brzmi jak mieszanina węgierskiego i duńskiego. Nauki mieliśmy sporo, ale na brak atrakcji nie mogę narzekać. W ramach zorganizowanych wycieczek zwiedziliśmy południe Irlandii. Sami także robiliśmy wypady. Kiedyś mało brakowało, a zostalibyśmy aresztowani. Wybraliśmy się do Belfastu w Irlandii Północnej. Pstrykaliśmy pamiątkowe zdjęcia, a to jest tam zabronione. Nagle podjechał radiowóz policyjny i mieliśmy ciężką przeprawę z panią policjantką. Długo musieliśmy ją przekonywać, że nie robimy nic groźnego.

Filipinka, styczeń 2002, s. 54.

Marek opowiada o:
A) pracy w Irlandii.
B) studiach w Irlandii.
C) wycieczce do Irlandii.

W Irlandii Marek studiował na uniwersytecie w:
A) Dublinie.
B) Belfaście.
C) Galway.

Język irlandzki był dla Marka:
A) egzotyczny.
B) interesujący.
C) trudny.

Na wycieczkach Marek poznał:
A) wschód Irlandii.
B) północ Irlandii.
C) południe Irlandii.

**6.5.6.**

**Listen to the text twice. Choose the correct answer by circling the appropriate letter A, B or C.**

Michel ma w Radomyślu rodzinę:
A) babki.
B) dziadka.
C) ciotki.

Recepcjonista radzi mu jechać do Radomyśla:
A) pociągiem.
B) samochodem.
C) autobusem.

Autobus z Krakowa do Radomyśla odjeżdża o godzinie:
A) 18:30.
B)  8:30.
C) 13:18.

## 6.6. *Czy umiesz to powiedzieć?*

### COMMUNICATIVE ACTIVITIES

**6.6.1.**

**Do you remember what happened in the last lesson? Say in Polish.**

**6.6.2.**

**You want to buy a second class ticket for an express train to *Warszawa* for 7:10. A cashier says that the seats in the second class are booked. You decide to buy a first class ticket.**

Ty: . . . . . . . . . . . . . . . . . . . . . . . . . . . . . . . . . . . . . . . . . . . .
Pani: Nie ma już wolnych miejsc w drugiej klasie na ten pociąg.
Ty: . . . . . . . . . . . . . . . . . . . . . . . . . . . . . . . . . . . . . . . . . . . .
Pani: Tak, w pierwszej klasie są wolne miejsca.
Ty: . . . . . . . . . . . . . . . . . . . . . . . . . . . . . . . . . . . . . . . . . . . .

**6.6.3.**

**You want to buy a bus ticket from *Kraków* to *Tarnów*. What do you say?**

Ty: . . . . . . . . . . . . . . . . . . . . . . . . . . . . . . . . . . . . . . . . . . . . . . .

. . . . . . . . . . . . . . . . . . . . . . . . . . . . . . . . . . . . . . . . . . . . . . . . . .

**6.6.4.**

**You inquire about a direct train from *Kraków* to *Gdańsk*. A man says that the train leaves at 1:50 P.M.**

Ty: . . . . . . . . . . . . . . . . . . . . . . . . . . . . . . . . . . . . . . . . . . . . . . .

. . . . . . . . . . . . . . . . . . . . . . . . . . . . . . . . . . . . . . . . . . . . . . . . . .

Pan: . . . . . . . . . . . . . . . . . . . . . . . . . . . . . . . . . . . . . . . . . . . . . .

. . . . . . . . . . . . . . . . . . . . . . . . . . . . . . . . . . . . . . . . . . . . . . . . . .

**6.6.5.**

**Determine location of a given Polish city in reference to *Warszawa* (northern Poland) and *Kraków* (southern Poland):**

Gdzie jest Gdańsk? . . . . . . . . . . . . . . . . . . . . . . . . . . . . . . . . . . .
Gdzie jest Przemyśl? . . . . . . . . . . . . . . . . . . . . . . . . . . . . . . . . . .
Gdzie jest Poznań? . . . . . . . . . . . . . . . . . . . . . . . . . . . . . . . . . . .
Gdzie jest Wrocław? . . . . . . . . . . . . . . . . . . . . . . . . . . . . . . . . . .
Gdzie jest Szczecin? . . . . . . . . . . . . . . . . . . . . . . . . . . . . . . . . . .
Gdzie jest Lublin? . . . . . . . . . . . . . . . . . . . . . . . . . . . . . . . . . . . .
Gdzie jest Łódź? . . . . . . . . . . . . . . . . . . . . . . . . . . . . . . . . . . . . .

**6.6.6.**

**Determine location of a given state in reference to Poland:**

Gdzie jest Litwa? . . . . . . . . . . . . . . . . . . . . . . . . . . . . . . . . . . . . .
Gdzie są Niemcy? . . . . . . . . . . . . . . . . . . . . . . . . . . . . . . . . . . . .
Gdzie są Czechy? . . . . . . . . . . . . . . . . . . . . . . . . . . . . . . . . . . . .
Gdzie jest Szwecja? . . . . . . . . . . . . . . . . . . . . . . . . . . . . . . . . . . .
Gdzie jest Ukraina? . . . . . . . . . . . . . . . . . . . . . . . . . . . . . . . . . . .
Gdzie jest Słowacja? . . . . . . . . . . . . . . . . . . . . . . . . . . . . . . . . . .
Gdzie jest Białoruś? . . . . . . . . . . . . . . . . . . . . . . . . . . . . . . . . . . .
Gdzie jest Rosja? . . . . . . . . . . . . . . . . . . . . . . . . . . . . . . . . . . . . .

### 6.6.7.

**Answer the following questions about the countries that border Poland.**

Które miasto jest stolicą Niemiec? *Berlin jest stolicą Niemiec.*

Które miasto jest stolicą Ukrainy? . . . . . . . . . . . . . . . . . . . . . . . . . . . . . .

Które miasto jest stolicą Czech? . . . . . . . . . . . . . . . . . . . . . . . . . . . . . . .

Które miasto jest stolicą Białorusi? . . . . . . . . . . . . . . . . . . . . . . . . . . . . .

Które miasto jest stolicą Litwy? . . . . . . . . . . . . . . . . . . . . . . . . . . . . . . . .

Które miasto jest stolicą Słowacji? . . . . . . . . . . . . . . . . . . . . . . . . . . . . .

Które miasto jest stolicą Rosji? . . . . . . . . . . . . . . . . . . . . . . . . . . . . . . . .

Które miasto jest stolicą Szwecji? . . . . . . . . . . . . . . . . . . . . . . . . . . . . . .

### 6.6.8.

**Say which countries that border Poland are members of the European Union and which ones are not.**

| Kraje w Unii Europejskiej | Kraje poza Unią Europejską |
|---|---|
| . . . . . . . . . . . . . . . . . . . . | . . . . . . . . . . . . . . . . . . . . |
| . . . . . . . . . . . . . . . . . . . . | . . . . . . . . . . . . . . . . . . . . |
| . . . . . . . . . . . . . . . . . . . . | . . . . . . . . . . . . . . . . . . . . |
| . . . . . . . . . . . . . . . . . . . . | . . . . . . . . . . . . . . . . . . . . |
| . . . . . . . . . . . . . . . . . . . . | . . . . . . . . . . . . . . . . . . . . |

# Lekcja 7

Peter has a friend in Kraków. It is Wojtek, his work colleague. Peter like talking to Wojtek about the life in Poland and Germany. Today they are talking about work. Wojtek teaches English at school, but he works only part-time. That is why he has to earn extra money teaching English in a private language school, where salaries are higher. He also gives private English lessons.

Peter's family is not poor, but he prefers to work and pay for his studies himself. Work in Poland provides him with money, and he also has an opportunity to meet Poles. Peter likes these contacts, and his Polish learners too. Peter says in Germany there are more opportunities to find work and one can earn more. The exchange rate of the euro to the zloty is also advantageous to him. Although studies in Poland are more difficult for him, he prefers to study in Kraków. Studies here are a challenge for him.

In this lesson you will learn some geographical facts about Poland. You will also revise prepositions and learn the cases which should be used with them.

Tatry

CD

# Lekcja 7

## 7.1. Wolę pracować

**7.1.1.** Peter zaprzyjaźnił się z Wojtkiem. Często go odwiedza. Lubią rozmawiać ze sobą. Dzisiaj rozmawiają o pracy.

Wojtek: Nigdy nie pytałem, dlaczego tu pracujesz?

Peter: Po prostu, żeby zarobić. A ty?

Wojtek: Ja też. Uczę angielskiego w szkole na pół etatu, ale zarabiam mało. Tu pensje są wyższe. Wiesz, muszę płacić za mieszkanie, gaz, prąd, telefon... Wszystko coraz droższe.

Peter: No tak, ceny jak na Zachodzie.

Wojtek: Za wszystko płacę sam.

Peter: To tak jak ja. Moja rodzina nie jest biedna, ale wolę pracować i sam płacić za studia.

Wojtek: Ile zapłaciłeś za ten rok w Polsce?

Peter: 3200 dolarów.

---

### Vocabulary

**angielski** *English language*
**biedny, -a, -e** Adj. *poor*
**cena** (f G **ceny**) *price*
**chodzić na** + Ac. (**chodzę, chodzisz**
  Imperf.) *to attend classes*
**dolar** (m **dolara**) *dollar*

**etat** (m G **etatu**) *permanent post*
**gaz** (m G **gazu**) *gaz*
**godzina** (f G **godziny**) *hour*
**mieszkanie** (n G **mieszkania**) *appartment*

| | |
|---|---|
| Wojtek: | To chyba dużo? |
| Peter: | Dużo, kiedy sam musisz zarobić te pieniądze. U nas opłaty są podobne, ale jest więcej możliwości pracy. W Niemczech można zarobić więcej, więcej też można oszczędzić. |
| Wojtek: | Dlaczego nie studiujesz w Niemczech? |
| Peter: | Chyba lepiej uczyć się polskiego w Polsce. Przynajmniej jestem pewien, że ludzie rozumieją to, co mówię. |
| Wojtek: | Oczywiście. Studia w Polsce są trudne? |
| Peter: | Trudniejsze niż w Niemczech, bo studiuję w języku polskim. Niestety, niemiecki wciąż znam lepiej. |

## Vocabulary

**możliwość** (f G **możliwości**) *possibility*

**nigdy** *never, not... ever*

**niż** *than*

**opłata** (f G **opłaty**) *charge, fee*

**oszczędzać** + G (**oszczędzam, -sz**) *to save, to spare;* → **oszczędzić** + G (**oszczędzę, oszczędzisz** Perf.) *to save, to spare*

**pensja** (f G **pensji**) *salary*

**pewien, pewny, -a, -e** Adj. *sure*

**płacić za** + Ac. (**płacę, płacisz** Imperf.) *to pay;* → **zapłacić za** + Ac. (**zapłacę, zapłacisz** Perf.) *to pay*

**podobny, -a, -e** Adj. *similar, like*

**pracować** (**pracuję, pracujesz** Imperf.) *to work*

**prąd** (m G **prądu**) *current, electric power*

**po prostu** *simply*

**przyjaźnić się** z + I (**przyjaźnię się, przyjaźnisz się** Imperf.) *to be on friendly terms;* → **zaprzyjaźnić się** z + I (**zaprzyjaźnię się, zaprzyjaźnisz się** Perf.) *to be on friendly terms*

**przynajmniej** *at least*

**telefon** (m G **telefonu**) *telephone*

**wciąż** *continually, still*

**wysoki, wysoka, wysokie** Adj. *high*

**zachód** (m G **zachodu**) *West*

**zarabiać** + Ac. (**zarabiam, -sz** Imperf.) *to earn, to gain;* → **zarobić** + Ac. (**zarobię, zarobisz** Perf.) *to earn, to gain*

**żyć** (**żyję, żyjesz** Imperf.) *to live, to be alive*

## *Warto zapamiętać te słowa!*

# POLSKA – MAPA GEOGRAFICZNA

Poland – geographical map

**Góry:** Sudety, Karpaty, Tatry
**Rzeki:** Wisła, Odra, Warta, Bug
Morze Bałtyckie
nizina, wyżyna

## 7.2. Gramatyka jest ważna

### GRAMMATICAL COMMENTARY

**7.2.1.**
**Use of prepositions with cases**

**A.** Here are the most common prepositions and the cases which they take:

| case | prepositions |
|------|-------------|
| Nominative | *jako* |
| Genetive | *u, z(e), dla, do, od(e), podczas, sprzed* |
| Accusative | *na, o, po, przez(e), w(e), za* |
| Instrumental | *z(e), za, nad, przed* |
| Locative | *na, o, po, przy, w(e)* |

**Examples:**

a) *Robert poszedł **do mamy**.*
   Robert came to see his mother.
   *Miał **dla niej** prezent.*
   He has a present for her.
   *On był **u mamy** na imieninach.*
   He has been at his mother's place for her name day party.
   *A teraz wraca **od mamy** do swojego mieszkania w Krakowie.*
   Now he is coming back from his mother's to his apartment in Kraków.

b) *Michel przyjechał **z Lille przez Warszawę do Krakowa**.*
   Michel came from Lille through Warszawa to Kraków.
   *Potem pojedzie **do rodziny w Radomyślu**.*
   Next he will go to see his family in Radomyśl.
   *On pojedzie **z Krakowa przez Tarnów do Radomyśla koło Mielca**.*
   He will go from Kraków through Tarnów to Radomyśl near Mielec.

c) *Po zajęciach rozmawiamy **w klubie o literaturze i sztuce polskiej**.*
   After classes we talk about Polish literature and art in the club.

d) *Peter prosi **o piwo**.*
   Peter is asking for beer.

# B. Prepositions expressing places

| preposition | examples | question |
|---|---|---|
| u | u kolegi, u pani Basi | gdzie? u kogo? |
| z | z Warszawy, ze Szczecina | skąd? |
| do | do Krakowa, do Polski, do kolegi | dokąd? gdzie? do kogo? |
| od | od pani Basi, ode mnie | skąd? od kogo? |
| sprzed | sprzed domu | skąd? |
| na | na pocztę, na Węgry | dokąd? |
| po | po wodę, po wino | po co? |
| przez | przez ulicę, przez rynek | którędy? przez co? |
| za | za dom, za fotel | dokąd? za co? |
| za | za domem, za Wisłą | gdzie? za czym? |
| nad | nad łóżkiem, nad Wisłą | gdzie? nad czym? |
| przed | przed domem, przed Wisłą | gdzie? przed czym? |
| na | na poczcie, na Węgrzech | gdzie? |
| po | po mieście, po ulicach | gdzie? |
| przy | przy kościele, przy oknie | gdzie? przy czym? |
| w | w domu, w Krakowie | gdzie? |

## Prepositions expressing time

| preposition | examples | question |
|---|---|---|
| do | do wieczora, do jutra, do siódmej | do kiedy? |
| od | od rana, od wczoraj, od siódmej | od kiedy? |
| od–do | od ósmej do trzeciej | od której do której? jak długo? |
| podczas | podczas obiadu, podczas lekcji | kiedy? |
| w | w piątek, w sobotę | kiedy? |
| na | na wtorek, na maj (referring to the term) | na kiedy? |
| przez | przez tydzień, przez rok (speaking about the future and the past) | jak długo? |
| przed | przed tygodniem, przed rokiem (speaking about the past) | kiedy? |
| w | w maju, w tym roku | kiedy? |
| po | po tygodniu, po miesiącu | kiedy? |

## 7.2.2.
### Prepositions taking two cases

One should pay attention not only to the fact that the same prepositions appear in the expressions naming place and time, but also that the same prepositions may take two cases, e.g.: *na poczcie* and *na pocztę*.

The use of various cases depends upon the meaning of the whole expressions: those with the accusative indicate the direction of movement (action) of an object, those with the locative – the place of an object.

The chart shows the relations between the directions, to (*do*) and from (*od*), and place:

| DOKĄD?<br>the direction to (*do*) | SKĄD?<br>the direction from (*do*) | GDZIE?<br>the place |
|---|---|---|
| *do domu*<br>*do Krakowa*<br>*do Europy* | *z domu*<br>*z Krakowa*<br>*z Europy* | *w domu*<br>*w Krakowie*<br>*w Europie* |
| *do mamy*<br>*do Piotra*<br>*do mnie* | *od mamy*<br>*od Piotra*<br>*ode mnie* | *u mamy*<br>*u Piotra*<br>*u mnie* |
| *na pocztę*<br>*na uniwersytet*<br>*na Ukrainę* | *z poczty*<br>*z uniwersytetu*<br>*z Ukrainy* | *na poczcie*<br>*na uniwersytecie*<br>*na Ukrainie* |

This chart presents the basic principles of expressing direction and place. The exceptions are mountains, seas and rivers if we refer to them as landmarks, areas where we spend some time, e.g. holidays. Then we use the prepositions presented in the chart below:

| DOKĄD?<br>the direction to (*do*) | SKĄD?<br>the direction from (*do*) | GDZIE?<br>the place |
|---|---|---|
| *w góry*<br>*w Tatry*<br>*w Alpy* | *z gór*<br>*z Tatr*<br>*z Alp* | *w górach*<br>*w Tatrach*<br>*w Alpach* |
| *nad morze*<br>*nad Wisłę*<br>*nad jezioro* | *znad morza*<br>*znad Wisły*<br>*znad jeziora* | *nad morzem*<br>*nad Wisłą*<br>*nad jeziorem* |

(when they indicate a concrete direction or place of action, they behave in a regular way: *Adam wchodzi do Wisły. Adam wychodzi z Wisły. Adam stoi w Wiśle*).

## 7.2.3.
## Complex sentences
## A. Contrasting clauses combined by the conjunction *ale*

*Pociąg jest tańszy, ale jedzie dłużej.*
The train is cheaper but it takes longer.

*Uczę angielskiego w szkole, ale nie zarabiam dość.*
I teach English at school but I don't earn enough.

*Moja rodzina nie jest biedna, ale wolę pracować.*
My family is not poor but I prefer working.

*U nas opłaty podobne, ale jest więcej możliwości pracy.*
We have similar fees but more opportunities for work.

## B. Result clauses with the conjunction *więc*

*W Niemczech można zarobić dużo więcej, więc można więcej oszczędzić.*
In Germany you can earn much more, therefore you can save more.

*Jestem głodny, więc muszę coś zjeść.*
I am hungry, therefore I must eat something.

*Nie mam pieniędzy, więc muszę iść do pracy.*
I don't have money, therefore I have to go to work.

## C. Intentional clauses with the conjunction *żeby*

*Pracuję, żeby zarobić pieniądze.*
I work in order to earn money.

*Jestem tu, żeby studiować.*
I am here in order to study.

*Jadę na dworzec, żeby kupić bilet.*
I am going to the station to buy a ticket.

The construction *żeby* + infinitive is used whenever the subject of an action expressed by the personal form of the verb and the subject of an action expressed by the infinitive are identical.

# 7.3. Jak to powiedzieć?

## COMMUNICATIVE COMMENTARY

### 7.3.1.

**Geografia Polski**

Polska to państwo w Europie środkowej o powierzchni 312 000 km$^2$. Mieszka w nim około 40 milionów ludzi, z których 97,5% to Polacy.

Polska sąsiaduje na zachodzie z Niemcami, na południu z Czechami i Słowacją, a na wschodzie z Ukrainą, Białorusią, Litwą i Rosją.

Na południu Polski są góry Karpaty i Sudety. Najwyższa część Karpat to Tatry. W Tatrach znajduje się Zakopane, nazywane „zimową stolicą Polski".

Większą część Polski zajmuje nizina. Płyną przez nią dwie największe polskie rzeki: Wisła (1047 km) i Odra (854 km).

Na północy Polski znajdują się Mazury i Pomorze, regiony pełne jezior. Mazury zwykle nazywa się „krainą tysiąca jezior".

Północną granicę Polski stanowi granica naturalna. Jest nią Morze Bałtyckie.

Największe polskie miasta to Warszawa, Łódź, Kraków, Katowice, Wrocław, Poznań, Szczecin, Gdańsk i Lublin.

Warszawa jest stolicą Polski.

# 7.4. Powiedz to poprawnie!

## EXERCISES IN GRAMMAR

### 7.4.1.

**Use appropriate prepositions with nouns following the model:**

**Example:**
*Robert pojechał do sklepu, zrobił zakupy w sklepie a teraz wraca ze sklepu. (sklep).*

Pojechaliśmy . . . . . . . . . . . . . ., byliśmy . . . . . . . . . . . . . a teraz wracamy . . . . . . . . . . . . (biuro). Pojechałem . . . . . . . . . . . ., byłem . . . . . . . .

. . . . . . . a teraz wracam . . . . . . . . . . . . . . (kolega). On pojechał . . . .
. . . . . . . . . . ., był tydzień . . . . . . . . . . . a teraz wraca . . . . . . . . . . . .
(Gdańsk). Ona poszła . . . . . . . . . . . . . ., była . . . . . . . . . . . . . . a teraz
wraca . . . . . . . . . . . . . (rynek). Poszliśmy . . . . . . . . . . . . . ., byliśmy
na zajęciach . . . . . . . . . . . . . a teraz wracamy . . . . . . . . . . . . . .
(uniwersytet). Adam pojechał . . . . . . . . . . . . . ., był tydzień . . . . . . . .
. . . . . . a teraz wraca . . . . . . . . . . . . . . (rodzina).

## 7.4.2.
**Using examples from 7.4.1., ask the questions:**

**Example:**
*Robert pojechał do sklepu, zrobił zakupy* w *sklepie, a teraz wraca ze sklepu.*
**Dokąd pojechał Robert? Gdzie zrobił zakupy? Skąd teraz wraca?**

. . . . . . . . . . . . . . . . . . . . . . . . . . . . . . . . . . . . . . . . . . . . . . . . . . . . .
. . . . . . . . . . . . . . . . . . . . . . . . . . . . . . . . . . . . . . . . . . . . . . . . . . . . .
. . . . . . . . . . . . . . . . . . . . . . . . . . . . . . . . . . . . . . . . . . . . . . . . . . . . .
. . . . . . . . . . . . . . . . . . . . . . . . . . . . . . . . . . . . . . . . . . . . . . . . . . . . .
. . . . . . . . . . . . . . . . . . . . . . . . . . . . . . . . . . . . . . . . . . . . . . . . . . . . .

## 7.4.3.
**Fill the blanks with appropriate prepositions:**

**Example:**
*Robert wraca od mamy.*

Wczoraj Adam pojechał . . . . kolegi. Niestety, kolegi nie było . . . .
domu, bo był . . . . uniwersytecie. Studiował . . . . bibliotece. Adam
pojechał . . . . biblioteki, bo chciał spotkać się . . . . nim.

## 7.4.4.
**Answer the questions following the model:**

**Example:**
*Czy on idzie do kawiarni? Nie, on już jest w kawiarni.*

Czy ona idzie na pocztę?

Nie, . . . . . . . . . . . . . . . . . . . . . . . . . . . . . . . . . . . . . . . . . . . . . . .
Czy Adam idzie na uniwersytet?
Nie, . . . . . . . . . . . . . . . . . . . . . . . . . . . . . . . . . . . . . . . . . . . . . . .
Czy Ewa jedzie na Litwę?
Nie, . . . . . . . . . . . . . . . . . . . . . . . . . . . . . . . . . . . . . . . . . . . . . . .

Czy pan Jan jedzie na Ukrainę?
Nie, . . . . . . . . . . . . . . . . . . . . . . . . . . . . . . . . . . . . . . . . . . .
Czy dyrektor jedzie na Słowację?
Nie, . . . . . . . . . . . . . . . . . . . . . . . . . . . . . . . . . . . . . . . . . . .
Czy Basia jedzie na wakacje?
Nie, . . . . . . . . . . . . . . . . . . . . . . . . . . . . . . . . . . . . . . . . . . .
Czy one idą na kawę?
Nie, . . . . . . . . . . . . . . . . . . . . . . . . . . . . . . . . . . . . . . . . . . .
Czy oni idą na rynek?
Nie, . . . . . . . . . . . . . . . . . . . . . . . . . . . . . . . . . . . . . . . . . . .

## 7.4.5.
**Use appropriate prepositions, following the model:**

**Example:**
*Do domu pojadę w sobotę.*

Do domu pojechałem . . . . piątek wieczorem. Byłem . . . . domu dopiero . . . . 22:20. . . . . weekendu spotkałem się . . . . kolegami: . . . . sobotę rano rozmawiałem . . . . godzinę . . . . Wojtkiem i Marcinem, a . . . . południu byłem . . . . kinie . . . . Adamem i Ewą. . . . . filmie byłem . . . północy . . . . Adama . . . . niedzielę . . . . . . południem wróciłem . . . . Krakowa.

## 7.4.6.
**Use nouns in the appropriate case. Pay attention to the preposition *o* taking two cases.**

**Example:**
*Proszę o kawę. – Myślisz tylko o kawie! (kawa)*

Proszę o . . . . . . . . . . . . . . . . – Myślisz tylko o . . . . . . . . . . . . . . . . (wino)
Piotr prosi o . . . . . . . . . . . . . – On myśli tylko o . . . . . . . . . . . . . (koniak)
Adam prosi o . . . . . . . . . . . . . – On myśli tylko o . . . . . . . . . . . . . (piwo)
Zosia prosi o . . . . . . . . . . . . . – Ona myśli tylko o . . . . . . . . . . . . . . . . (czekolada)

## 7.4.7.
**Use nouns in the appropriate case. Pay attention to the preposition *na* taking two cases.**

**Example:**
*Spieszę się na zajęcia. Już powinienem być na zajęciach. (zajęcia)*

Spieszę się na . . . . . . . . . . . . . . . . . Już powinienem być na . . . . . . . .
. . . . . . . . (uniwersytet). On spieszy się na . . . . . . . . . . . . . . . . .. Już
powinien być na . . . . . . . . . . . . . . . . . (zebranie). Ona spieszy się na
. . . . . . . . . . . .. Już powinna być na . . . . . . . . . . . . . . . (przyjęcie).
Pan spieszy się na . . . . . . . . . . . . . . .. Już powinien być na . . . . . . . .
(targ).

### 7.4.8.
**Use nouns in the appropriate case. Pay attention to the preposition z(e) taking two cases.**

**Example:**
*Adaś wraca ze szkoły z kolegą. (szkoła, kolega)*

Stefan wraca . . . . . . . . . . . . . . . . . . . . . . . . . . . . . . (stadion, brat)
Zosia idzie . . . . . . . . . . . . . . . . . . . . . . . . . . . . . . . . (park, babcia)
Paweł wraca . . . . . . . . . . . . . . . . . . . . . . . . . . . (klub, przyjaciel)
Peter idzie . . . . . . . . . . . . . . . . . . . . . . . . . . (kino, dziewczyna)

### 7.4.9.
**Fill the blanks with the appropriate verbs** *(wyjechać, przyjechać, poje-chać, podjechać, przyjechać, wjechać)*

Mój brat . . . . . . . . . . . . . po mamę do biura. Najpierw . . . . . . . . . . .
z domu , . . . . . . . . . . . . . . przez rynek, a potem . . . . . . . . . . . . . . .
pod biuro. Tam nie było miejsca i dlatego musiał . . . . . . . . . . . . . . . . .
na parking. Teraz wraca do domu. Właśnie . . . . . . . . . . . . . . . do domu.

### 7.4.10.
**Fill the błanks with the appropriate verbs** *(przelewać, dolewać, polać, nalewać)*

Śmigus-dyngus to popularna polska tradycja. Chłopcy przygotowują się
do niej długo. . . . . . . . . . . . . . . . . . wodę do małych butelek albo do
dużych wiader. Potem czekają na dziewczyny na rogu ulicy, żeby je
. . . . . . . . . . . . . wodą. Kiedy w butelce jest mało wody, . . . . . . . . . . .
do niej wody z kranu. Czasami . . . . . . . . . . . . . . do butelki wodę
z wiadra.

### 7.4.11.
**Use the verbs of motion which are appropriate to the context:**

Proszę . . . . . . . . . . . . . . . . . do Wisły, a potem . . . . . . . . . . . . . . . . .
przez most. Kiedy on . . . . . . . . . . . . . . ode mnie, . . . . . . . . . . . . . . .

z Poznania na zawsze. Z Poznania . . . . . . . . . . . . . . . . . do Krakowa.
Wieczorem proszę . . . . . . . . . . . . na dół do kawiarni. Robert . . . . . . .
. . . . . . . . . . . pod hotel i tam się spotykamy.

### 7.5. *Muszę to zrozumieć!*

#### COMPREHENSION EXERCISES

**7.5.1.**
**Check whether you understand the dialogue 7.1.1.**

|  | *prawda* | *fałsz* | *brak informacji* |
|---|---|---|---|
| *Peter i Wojtek rzadko rozmawiają ze sobą.* |  |  |  |
| *Oni rozmawiają o pracy i pieniądzach.* |  |  |  |
| *Wojtek zarabia mało w szkole.* |  |  |  |
| *Rodzina Petera jest biedna i dlatego on musi pracować.* |  |  |  |
| *Rok studiów w Polsce kosztuje 3200 dolarów.* |  |  |  |
| *W Niemczech można zarobić więcej niż w Polsce.* |  |  |  |
| *Peter jest dobrym studentem.* |  |  |  |

**7.5.2.**
**You will hear a short dialog twice. Choose the correct answer by circling the appropriate letter A, B or C.**

Jasiek nie dostał się na studia dzienne na informatykę i będzie ją studiował wieczorowo:
A) na Akademii.
B) na Uniwersytecie.
C) w szkole prywatnej.

**7.5.3.**
**Read the text in 7.3.1 twice and choose the correct answer by circling the appropriate letter A, B or C.**

Tatry znajdują się na:
A) północy Polski.
B) wschodzie Polski.
C) południu Polski.

„Zimowa stolica Polski" to:
A) Krynica.
B) Nowy Targ.
C) Zakopane.

Najdłuższa polska rzeka to:
A) Wisła.
B) Odra.
C) Warta.

Największe polskie miasto to:
A) Łódź.
B) Kraków.
C) Warszawa.

Granica Unii Europejskiej jest na:
A) północy Polski.
B) południu Polski.
C) wschodzie Polski.

Zamek w Pieskowej Skale

### 7.5.4.

**You already know nouns such as *południe* and *wschód*. Think and write in English what is the meaning of each of the following adjectives formed from them.**

północny . . . . . . . . . . . . . . .   południowy . . . . . . . . . . . . . . . . . . . . . . . .
wschodni  . . . . . . . . . . . . . .   zachodni . . . . . . . . . . . . . . . . . . . . . . . . . .

### 7.5.5.

**In the text in section 7.3.1 you can find words with which you are not familiar. Read the text carefully, study the map of Poland, and write their meanings in English.**

góra, góry . . . . . . . . . . . . . . . . . . . . . . . . . . . . . . . . . . . . . . . . . . . . . . . . . . . .
nizina, niziny . . . . . . . . . . . . . . . . . . . . . . . . . . . . . . . . . . . . . . . . . . . . . . . . . . .
rzeka, rzeki . . . . . . . . . . . . . . . . . . . . . . . . . . . . . . . . . . . . . . . . . . . . . . . . . . . . .
jezioro, jeziora . . . . . . . . . . . . . . . . . . . . . . . . . . . . . . . . . . . . . . . . . . . . . . . . . .
morze . . . . . . . . . . . . . . . . . . . . . . . . . . . . . . . . . . . . . . . . . . . . . . . . . . . . . . . . . .
kraj = kraina . . . . . . . . . . . . . . . . . . . . . . . . . . . . . . . . . . . . . . . . . . . . . . . . . . . .

**7.5.6.**

In the text in section 7.3.1 you can find the verb *sąsiadować,* which is related in meaning to the word *sąsiad.* Write the meanings of the following words in English.

sąsiad = neighbor
sąsiadować . . . . . . . . . . . . . .
sąsiedni . . . . . . . . . . . . . . . . .
sąsiedztwo . . . . . . . . . . . . . . .

**7.5.7.**

Listen to the text twice. Choose the correct answer by circling the appropriate letter A, B or C.

Wojtek daje prywatne lekcje:
A) niemieckiego.
B) polskiego.
C) angielskiego.

Peter lubi swoich polskich:
A) uczniów.
B) studentów.
C) licealistów.

Studia w Polsce są dla Petera:
A) szansą.
B) wezwaniem.
C) wyzwaniem.

## 7.6. *Czy umiesz to powiedzieć?*

COMMUNICATIVE AND CULTURAL ACTIVITIES

**7.6.1.**

Work in pairs.
Agnieszka's friend, Basia, is looking for a holiday job. She has found two advertisements in "Gazeta Wyborcza". Read both of them, think which one is better for her and advise her which one she should choose.

**7.6.2.**

Robert is looking for a job. He has found an advertisement in "Gazeta Wyborcza" and now he is wondering if he can work as finance specialist for Software Mind. Read the advertisement and decide if Robert can get this job. Justify your opinion.

**7.6.3.**

Robert's friend, Przemek, comes from around Mielec. He is finishing his studies and wants to return home. He has found one job offer in "Gazeta Wyborcza" and now he is considering it. Read the offer below and advise Przemek whether he should get interested in the job.

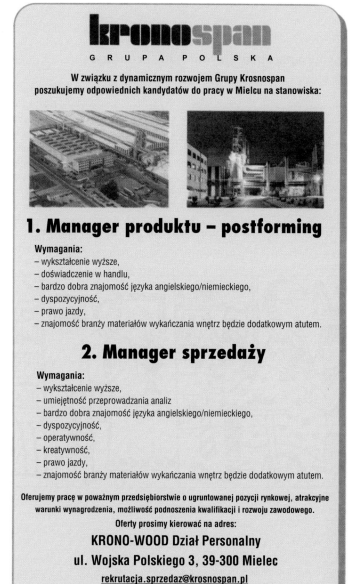

**kronospan**

G R U P A  P O L S K A

W związku z dynamicznym rozwojem Grupy Krosnospan poszukujemy odpowiednich kandydatów do pracy w Mielcu na stanowiska:

## 1. Manager produktu – postforming

**Wymagania:**
– wykształcenie wyższe,
– doświadczenie w handlu,
– bardzo dobra znajomość języka angielskiego/niemieckiego,
– dyspozycyjność,
– prawo jazdy,
– znajomość branży materiałów wykańczania wnętrz będzie dodatkowym atutem.

## 2. Manager sprzedaży

**Wymagania:**
– wykształcenie wyższe,
– umiejętność przeprowadzania analiz
– bardzo dobra znajomość języka angielskiego/niemieckiego,
– dyspozycyjność,
– operatywność,
– kreatywność,
– prawo jazdy,
– znajomość branży materiałów wykańczania wnętrz będzie dodatkowym atutem.

Oferujemy pracę w poważnym przedsiębiorstwie o ugruntowanej pozycji rynkowej, atrakcyjne warunki wynagrodzenia, możliwość podnoszenia kwalifikacji i rozwoju zawodowego.

Oferty prosimy kierować na adres:

### KRONO-WOOD Dział Personalny
### ul. Wojska Polskiego 3, 39-300 Mielec

rekrutacja.sprzedaz@krosnospan.pl

*Zastrzegamy możliwość odpowiedzi tylko na wybrane oferty.*
*Prosimy o zamieszczenie i podpisanie klauzuli o ochronie danych osobowych.*

„Gazeta Wyborcza" poniedziałek 25 lipca 2005

LEKCJA 7

**7.6.4.**

**Describe your room in Poland.**

. . . . . . . . . . . . . . . . . . . . . . . . . . . . . . . . . . . . . . . . . . . . . . . . . . . . . . .
. . . . . . . . . . . . . . . . . . . . . . . . . . . . . . . . . . . . . . . . . . . . . . . . . . . . . . .
. . . . . . . . . . . . . . . . . . . . . . . . . . . . . . . . . . . . . . . . . . . . . . . . . . . . . . .
. . . . . . . . . . . . . . . . . . . . . . . . . . . . . . . . . . . . . . . . . . . . . . . . . . . . . . .

**7.6.5.**

**Describe your apartment in your native country.**

. . . . . . . . . . . . . . . . . . . . . . . . . . . . . . . . . . . . . . . . . . . . . . . . . . . . . . .
. . . . . . . . . . . . . . . . . . . . . . . . . . . . . . . . . . . . . . . . . . . . . . . . . . . . . . .
. . . . . . . . . . . . . . . . . . . . . . . . . . . . . . . . . . . . . . . . . . . . . . . . . . . . . . .
. . . . . . . . . . . . . . . . . . . . . . . . . . . . . . . . . . . . . . . . . . . . . . . . . . . . . . .
. . . . . . . . . . . . . . . . . . . . . . . . . . . . . . . . . . . . . . . . . . . . . . . . . . . . . . .
. . . . . . . . . . . . . . . . . . . . . . . . . . . . . . . . . . . . . . . . . . . . . . . . . . . . . . .

**7.6.6.**

**Describe one of the two rooms you can see in the picture.**

. . . . . . . . . . . . . . . . . . . . . . . . . . . . . . . . . . . . . . . . . . . . . . . . . . . . . . .
. . . . . . . . . . . . . . . . . . . . . . . . . . . . . . . . . . . . . . . . . . . . . . . . . . . . . . .
. . . . . . . . . . . . . . . . . . . . . . . . . . . . . . . . . . . . . . . . . . . . . . . . . . . . . . .
. . . . . . . . . . . . . . . . . . . . . . . . . . . . . . . . . . . . . . . . . . . . . . . . . . . . . . .
. . . . . . . . . . . . . . . . . . . . . . . . . . . . . . . . . . . . . . . . . . . . . . . . . . . . . . .

**7.6.7.**

**Describe a students' dormitory you like in Poland.**

. . . . . . . . . . . . . . . . . . . . . . . . . . . . . . . . . . . . . . . . . . . . . . . .
. . . . . . . . . . . . . . . . . . . . . . . . . . . . . . . . . . . . . . . . . . . . . . . .
. . . . . . . . . . . . . . . . . . . . . . . . . . . . . . . . . . . . . . . . . . . . . . . .
. . . . . . . . . . . . . . . . . . . . . . . . . . . . . . . . . . . . . . . . . . . . . . . .
. . . . . . . . . . . . . . . . . . . . . . . . . . . . . . . . . . . . . . . . . . . . . . . .

**7.6.8.**

**Do you like living in the dormitory? Give reasons for and against staying in the dormitory.**

. . . . . . . . . . . . . . . . . . . . . . . . . . . . . . . . . . . . . . . . . . . . . . . .
. . . . . . . . . . . . . . . . . . . . . . . . . . . . . . . . . . . . . . . . . . . . . . . .
. . . . . . . . . . . . . . . . . . . . . . . . . . . . . . . . . . . . . . . . . . . . . . . .
. . . . . . . . . . . . . . . . . . . . . . . . . . . . . . . . . . . . . . . . . . . . . . . .

**7.6.9.**

**Answer the following questions about the countries of the European Union.**

**Example:**

Które miasto jest stolicą Niemiec? *Berlin jest stolicą Niemiec.*

Które miasto jest stolicą Irlandii?

. . . . . . . . . . . . . . . . . . . . . . . . . . . . . . . . . . . . . . . . . . . . . . . .

Które miasto jest stolicą Portugalii?

. . . . . . . . . . . . . . . . . . . . . . . . . . . . . . . . . . . . . . . . . . . . . . . .

Które miasto jest stolicą Unii Europejskiej?

. . . . . . . . . . . . . . . . . . . . . . . . . . . . . . . . . . . . . . . . . . . . . . . .

Które miasto jest stolicą Holandii?

. . . . . . . . . . . . . . . . . . . . . . . . . . . . . . . . . . . . . . . . . . . . . . . .

Które miasto jest stolicą Grecji?

. . . . . . . . . . . . . . . . . . . . . . . . . . . . . . . . . . . . . . . . . . . . . . . .

Które miasto jest stolicą Norwegii?

. . . . . . . . . . . . . . . . . . . . . . . . . . . . . . . . . . . . . . . . . . . . . . . .

Które miasto jest stolicą Hiszpanii?

. . . . . . . . . . . . . . . . . . . . . . . . . . . . . . . . . . . . . . . . . . . . . . . .

Które miasto jest stolicą Włoch?

. . . . . . . . . . . . . . . . . . . . . . . . . . . . . . . . . . . . . . . . . . . . . . . .

# Lekcja 8

Michel went to Radomyśl to meet his grandmothers' family – that is, his family. It was cold and windy, and it was snowing. Michel caught a cold. He feels bad and today he is seeing a doctor. The doctor is examining Michel and says that he has got flu. He has to stay in bed for six days and take medication.

While Michel is seeing a doctor, Agnieszka and Basia are taking a walk in the city. Basia was ill and today she has to go for a check-up. Agnieszka has got some time and wants to see her to the clinic. She doesn't know yet she will see Michel there.

In this lesson you will learn how to ask permission and give commands. You will also learn comparison of adverbs and how to use such forms in sentences.

CD

# Lekcja 8

## 8.1. Chyba mam grypę

**8.1.1.** W czasie podróży do rodziny Michel przeziębił się. Dzisiaj czuł się tak źle, że poszedł do lekarza. Właśnie wchodzi do gabinetu lekarskiego w przychodni.

Michel: Dzień dobry, panie doktorze.

Doktor: Dzień dobry. Proszę siadać. Co panu dolega?

Michel: Od poniedziałku czuję się źle. Jestem zmęczony, mam katar, kaszlę. Poza tym boli mnie głowa, gardło i plecy. Chyba mam grypę.

Doktor: Czy ma pan gorączkę?

Michel: Tak, mam 38,6.

Doktor: Proszę się rozebrać. Muszę pana zbadać.

**8.1.2.** Przychodnia. Gabinet lekarski. Doktor skończył badać Michela.

Michel: Czy już mogę się ubrać?

Doktor: Bardzo proszę. Tak, to rzeczywiście grypa, ale proszę jej nie lekceważyć. Jest pan bardzo przeziębiony i musi pan leżeć w łóżku przez 6 dni. Proszę, tu są recepty.

Michel: Dziękuję bardzo. Ile płacę za wizytę?

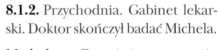

LEKCJA 8

**8.1.3.** Agnieszka ma przyjaciółkę, Basię. Wyszły z Biblioteki Jagiellońskiej i spacerują po mieście.

Basia: Przepraszam, muszę już iść. Za 15 minut mam wizytę u lekarza. Czuję się już dobrze, ale pani doktor kazała mi przyjść do kontroli.

Agnieszka: Czy mogę cię odprowadzić do przychodni? Chciałabym skończyć naszą rozmowę.

## Vocabulary

badać + Ac. (**badam, badasz, -ają** Imperf.) *to examine, to investigate;* → **zbadać** + Ac. (**zbadam, zbadasz, -ają** Perf.) *to examine, to investigate*

biblioteka (f G **biblioteki**) *library*

boleć (**boli, bolało, będzie boleć** Imperf.) *to ache, to hurt, to pain;* → **zaboleć** (**zabolało, zaboli** Perf.) *to ache, to hurt, to pain*

czuć się (**czuję się, -esz** Imperf.) *to feel;* → **poczuć się** (**poczuję się, -sz** Perf.) *to feel;* → **czuć się dobrze** *to feel well*

dolegać (only **dolega, dolegało, będzie dolegać**) *to pain, to irk;* → **co panu dolega?** *what's the matter with you?*

gardło (n G **gardła**) *throat*

głowa (f G **głowy**) *head*

gorączka (f G **gorączki**) *fever*

grypa (f G **grypy**) *flu*

kaszleć (**kaszlę, kaszlesz** Imperf.) *to cough*

katar (m G **kataru**) *cold*

kazać (**każę, każesz** Imperf.) *to order*

lekarz (m G **lekarza**) *doctor, physician*

lekceważyć + Ac. (**lekceważę, lekceważysz** Imperf.) *to disregard*

leżeć (**leżę, leżysz** Imperf.) *to lie;* → **leżeć w łóżku** *to stay in bed*

łóżko (n G **łóżka**) *bed*

odprowadzać + Ac. (**odprowadzam, -sz** Imperf.) *to accompany;* → **odprowadzić** + Ac. (**odprowadzę, odprowadzisz** Perf.) *to accompany*

plecy (pl. only G **pleców**) *back*

po + L *to, up to, for, on*

po mieście *to stroll about the streets*

podróż (f G **podróży**) *travel, trip*

przeziębiać się (**przeziębiam się, -sz** Imperf.) *to catch cold;* → **przeziębić się** (**przeziębię się, przeziębisz** Perf.) *to catch cold*

przeziębiony, -a, -e Adj. (**jestem przeziębiony**) *I have a cold*

przychodnia (f G **przychodni**) *clinic for outpatients*

recepta (f G **recepty**) *prescription*

rozbierać się (**rozbieram się, -sz, -ają** Imperf.) *to undress;* → **rozebrać się** (**rozbiorę się, rozbierzesz** Perf.) *to undress*

spacerować (**spaceruję, -esz** Imperf.) *to take a walk, to walk*

ubierać się w + Ac. (**ubieram się, -sz, -ają** Imperf.) *to dress;* → **ubrać się w** + Ac. (**ubiorę się, ubierzesz** Perf.) *to dress*

źle Adv. *badly, ill*

# CZŁOWIEK – BUDOWA CIAŁA

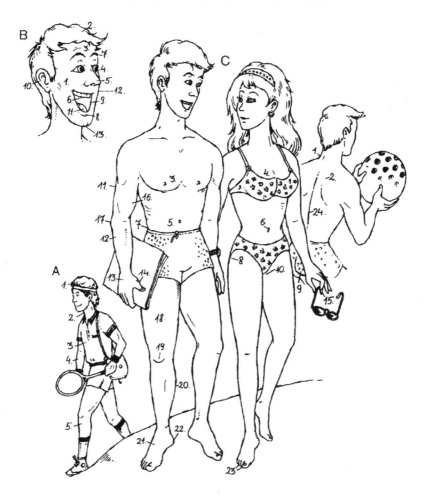

LEKCJA 8

**A. CIAŁO CZŁOWIEKA:** 1. głowa; 2. szyja; 3. tułów; 4. ręka; 5. noga

**B. GŁOWA:** l. twarz; 2. włosy; 3. czoło; 4. oko, oczy; 5. nos; 6. ząb, zęby; 7. brwi; 8. warga; 9. usta (pl.); 10. ucho, uszy; 11. język; 12. policzek; 13. broda.

**C. TUŁÓW:** 1. kark; 2. plecy; 3. piersi; 4. pierś (kobieca); 5. brzuch; 6. pępek; 7. pas; 8. biodra; 9. pośladki; 10. krocze; 24. kręgosłup.

**RĘKA:** 11. ramię; 12. przedramię; 13. dłoń; 14. palec, palce; 15. paznokieć; 16. biceps; 17. łokieć.

**NOGA:** 18. udo; 19. kolano; 20. łydka; 21. stopa; 22. pięta; 23. palce.

## 8.2. Gramatyka jest ważna

### GRAMMATICAL COMMENTARY

#### 8.2.1.
**Comparison of adverbs**

**A.** Adverbs, similarly to adjectives, express the intensity of an action's characteristic. Just like in the case of adjectives, we divide them into three degrees: positive, comparative and superlative.

All the adverbs in lesson 8 are in the positive degree.

The comparative degree is formed by adding the morpheme *-ej* (instead of the *-o, -e* morphemes, characteristic for the positive degree). In case of adverbs ending in the morphemes *-ko, -oko, -eko*, the comparative is formed after dropping these morphemes:

| | | | | |
|---|---|---|---|---|
| *tani-o* | *tani-ej* | | cheap(ly) | more cheap(ly) |
| *drog-o* | *droż-ej* | g : ż | expensive(ly) | more expensive(ly) |
| *częst-o* | *częśći-ej* | s : ś; t : ci | frequent(ly) | more frequent(ly) |
| *rzad-ko* | *rzadzi-ej* | d : dzi | rarely | more rarely |
| *wys-oko* | *wyż-ej* | s : ż | highly | more highly |
| *nis-ko* | *niż-ej* | s : ż | low | lower |
| *dal-eko* | *dal-ej* | | far | further |

The following adverbs form the comparative degree in an irregular manner:

| | | |
|---|---|---|
| *dobrze* | *lepiej* | better |
| *źle* | *gorzej* | worse |
| *dużo* | *więcej* | more |
| *mało* | *mniej* | less |

The superlative degree of adverbs is formed by adding the prefix *naj-* to the comparative form, e.g.:

| | | | |
|---|---|---|---|
| tanio | taniej | najtaniej | the most cheap(ly) |
| wysoko | wyżej | najwyżej | the most highly |
| daleko | dalej | najdalej | the furthest |
| dobrze | lepiej | najlepiej | the best |
| dużo | więcej | najwięcej | the most |

Like adjectives, some adverbs are compared by adding the words *bardziej, najbardziej; mniej, najmniej*, e.g.:

*interesująco – bardziej interesująco – najbardziej interesująco*

*Michel opowiada interesująco.*
Michel is talking in an interesting way.

*Peter opowiada bardziej interesująco niż Michel.*
Peter is talking in a more interesting way than Michel.

### B. Syntax of comparisons with adverbs
The syntax of comparisons with adverbs is similar to that of adjectives and is done in accordance with the following schemes:

**Positive degree:**

> *tak (samo)* + Adv. + *jak* + Nom.

*Ewa mieszka tak daleko jak Basia.*
*Ewa mieszka tak samo daleko jak Basia.*
Ewa lives as far (from here) as Basia.

**Comparative degree:**

> Adv. + *od* + Gen.
> Adv. + *niż* + Nom.

*Agnieszka mieszka dalej od Ewy.*
*Agnieszka mieszka dalej niż Ewa.*
Agnieszka lives further (from here) than Basia.

**Superlative degree:**

> Adv. + *z(e)* + Gen. pl.

*Zosia mieszka najdalej z dziewcząt.*
Zosia lives the furthest of all the girls.

*Zosia mieszka najdalej ze wszystkich.*
Zosia lives the furthest of all.

### 8.2.2.
### Combining modal verbs with infinitives

The most common use of the infinitive in Polish is in combination with modal verbs. Modal verbs express an action's certainty, probability, possibility or impossibility.

The most common modal verbs are:

### A. inflected according to person:

| | |
|---|---|
| **musieć** (Imperf.) must, have to | *muszę, musisz; musiałbym* |
| **móc** (Imperf.) can, be able to | *mogę, możesz; mógłbym* |
| **powinienem** should | *powinieneś, powinien* |
| **prosić** (Imperf.) [(ask)(may)(please)] | *proszę, prosisz; prosiłbym* |
| **chcieć** (Imperf.) want | *chcę, chcesz; chciałbym* |
| **kazać** (Imperf.) order | *każę, każesz; kazałbym* |

### B. not inflected:

| | |
|---|---|
| *można* | [(can, could) (may, might)] |
| *wolno* | [(be allowed)(may)] |
| *warto* | [worth (doing)] |
| *trzeba* | [(must)(be necessary)] |

### Examples:

*Muszę już iść.*
*Musi pan leżeć w łóżku.*
*Muszę płacić za mieszkanie, gaz, prąd.*
*Mogę pracować po południu.*
*Można pracować na godziny.*

*W Polsce może być ciepło w październiku.*
*Adam powinien już tu być.*
*Język polski nie powinien być trudny.*

## 8.3. *Jak to powiedzieć?*

**COMMUNICATIVE** COMMENTARY

**8.3.1.**

### A. Asking for permission

Asking for permission we employ the verb *móc* in the present tense (*mogę, możesz*) or in the conditional mood (*mógłbym, mogłabym*). The conditional mood is assumed to be more polite. It is also used when the speaker is not sure whether he will receive permission. Examples:

> – *Czy mogę się ubrać?*
> – *Proszę bardzo.*

> – *Czy mogę odprowadzić cię do przychodni?*
> – *Tak, proszę.*

> – *Czy mogę tu zaparkować?*
> – *Owszem, może pan.*

> – *Czy mógłbym tu zaparkować na chwilę?*
> – *Nie, tu nie wolno parkować.*

### B. Rules for using *czy mogę, czy można*

The personal form (*czy mogę...*) is a request for permission directed to the listener. It is used whenever the permission depends upon the listener's will, i.e. when he himself decides whether to grant it or not.

The impersonal form *można* is employed when we are aware of the existence of the general regulations forbidding or allowing something, but we are not sure if these apply in the given situation, e.g.:

– *Czy tu można palić?*
– *Tu tak, tylko w klasach nie wolno palić.*

– *Czy można już wziąć pieniądze?*
– *Tak, jest dziesiąta i kasa jest otwarta.*

## 8.3.2.
### Giving orders

Polite commands are formulated by combining the verb *proszę* with an infinitive, e.g.:

*Proszę czytać.* Read, please.
*Proszę pisać.* Write, please.

*Proszę przeczytać to zdanie.* Read this sentence, please.
*Proszę napisać na jutro list.* Write a letter for tomorrow.

Firmer commands are constructed in Polish by combining the verb *móc* with an infinitive, like in the example:

– *Czy możesz zamknąć drzwi?* Can you close the door?
– *Czy może pan zamknąć okno?* Can you close the window?

Strong commands may refer to starting or stopping an action. Then, the verb *może* will be followed by two infinitives, as in the examples below:

– *Czy może pan zacząć pisać?* Can you start writing?
– *Czy może pan przestać rozmawiać?* Can you stop talking?

## 8.3.3.
### Expressing possibility

We express possibility with the verb *móc* followed by the infinitive, e.g.:

*Michel **może dzwonić**. Jeśli zadzwoni, proszę mu powiedzieć, że będę wieczorem.*
*Za tydzień **możemy jechać** w góry.*
*Za tydzień **moglibyśmy wyjechać** w góry. (suggestion)*
***Mogę zrobić** śniadanie, jeśli chcesz.*
***Mogę opiekować się** tobą, jeśli chcesz.*

**Note:**

Pay special attention to the use the impersonal *można*. This word indicates that the possibility of doing something exists, but does not specify who should do it, or whether it will be done at all. E.g.:

*Można zrobić śniadanie.*

This sentence indicates that it is possible to make breakfast (all the conditions are met), but we do not know whether the speaker or anybody else will start preparing it. The sentence suggests that the listener would be allowed to make breakfast if he or she wished to.

Thus, it is evident that when people say: *Można pracować,* they do not necessarily mean they are going to start working.

## 8.4. *Powiedz to poprawnie!*

### EXERCISES IN GRAMMAR

LEKCJA 8

**8.4.1.**

**Use the comparative form of adverbs:**

**Example:**

*Uczę się polskiego **dłużej** (długo) niż ty.*

Chodzimy do kina . . . . . . . . . . . . . . . (często) niż wy. Adam mieszka
. . . . . . . . . . . . . . (daleko) niż Robert. Napisałem zadanie . . . . . . . . . .
(dobrze) niż ty. On mówi po polsku . . . . . . . . . . . . . . . (źle) niż ona.
Pan ma . . . . . . . . . . . (mało) bagażu niż pani. Pani ma . . . . . . . . . . .
(dużo) pieniędzy niż ja. Peter odpowiada . . . . . . . . . . . . . . . . . . . . .
(interesująco) niż ty. Dzisiaj czuję się . . . . . . . . . . . . . (źle) niż wczoraj.

**8.4.2.**

**Use the comparative forms of adverbs following the model:**

**Example:**

*Mówisz już dobrze po polsku? **Jeszcze nie dobrze, ale coraz lepiej.***

Czy rozumiecie dużo po polsku?

. . . . . . . . . . . . . . . . . . . . . . . . . . . . . . . . . . . . . . . . . . . . . . . . . .

142

Czy pisze pan już poprawnie po polsku?

. . . . . . . . . . . . . . . . . . . . . . . . . . . . . . . . . . . . . . . . . . . . . . . . . . . . .

Czy mówią już państwo dobrze po polsku?

. . . . . . . . . . . . . . . . . . . . . . . . . . . . . . . . . . . . . . . . . . . . . . . . . . . . .

Czy znają państwo dobrze gramatykę polską?

. . . . . . . . . . . . . . . . . . . . . . . . . . . . . . . . . . . . . . . . . . . . . . . . . . . . .

## 8.4.3.
**Use the superlative form of adverbs following the model:**

**Example:**
*Najcieplej jest latem (ciepło).*

. . . . . . . . . . . . . . . . (zimno) jest zimą. . . . . . . . . . . . . . . . . . (szybko)
można podróżować samolotem. Myślę, że . . . . . . . . . . . . . . . (dobrze)
podróżować samochodem. Michel dostał . . . . . . . . . . . . . . . . . (dużo)
listów. Joel jest w Polsce . . . . . . . . . . . . . . . . (długo), bo już dwa lata.
Chcę jak . . . . . . . . . . . . . . (szybko) nauczyć się języka polskiego.
Chciałbym jak . . . . . . . . . . . . . . (dobrze) nauczyć się po polsku.

## 8.4.4.
**Answer the questions as in the example.**

**Example:**
Czujesz się dobrze? *Nie, czuję się źle.*

Jest ci wesoło? . . . . . . . . . . . . . . . . . . . . . . . . . . . . . . . . . . . . . . . . .
Jest ci zimno? . . . . . . . . . . . . . . . . . . . . . . . . . . . . . . . . . . . . . . . . . .
Jest ci gorąco? . . . . . . . . . . . . . . . . . . . . . . . . . . . . . . . . . . . . . . . . . .
Jest ci miło? . . . . . . . . . . . . . . . . . . . . . . . . . . . . . . . . . . . . . . . . . . . .

## 8.4.5.
**Using the sentences from 8.4.4., answer the questions as in the example.**

**Example:**
Czujesz się dobrze? *Nie, czuję się coraz gorzej.*

Jest ci wesoło? . . . . . . . . . . . . . . . . . . . . . . . . . . . . . . . . . . . . . . . . .
Jest ci zimno? . . . . . . . . . . . . . . . . . . . . . . . . . . . . . . . . . . . . . . . . . .
Jest ci gorąco? . . . . . . . . . . . . . . . . . . . . . . . . . . . . . . . . . . . . . . . . . .
Jest ci miło? . . . . . . . . . . . . . . . . . . . . . . . . . . . . . . . . . . . . . . . . . . . .

**8.4.6.**

**Using the sentences from 8.4.4., answer the questions as in the example.**

**Example:**

Czujesz się dobrze? *Tak, czuję się coraz lepiej.*

Jest ci wesoło? . . . . . . . . . . . . . . . . . . . . . . . . . . . . . . . . . .
Jest ci zimno? . . . . . . . . . . . . . . . . . . . . . . . . . . . . . . . . . . . .
Jest ci gorąco? . . . . . . . . . . . . . . . . . . . . . . . . . . . . . . . . . . .
Jest ci miło? . . . . . . . . . . . . . . . . . . . . . . . . . . . . . . . . . . . . .

**8.4.7.**

**Look at the map of Poland and answer the questions as in the example. In brackets you can find the name of the place from which the distance is estimated.**

**Example:**

[Kraków] Gdzie jest dalej – do Tarnowa czy do Rzeszowa?
   *Do Rzeszowa jest dalej niż do Tarnowa.*
albo
   *Do Tarnowa jest bliżej niż do Rzeszowa.*

[Kraków]  Gdzie jest dalej – do Katowic czy do Opola?
. . . . . . . . . . . . . . . . . . . . . . . . . . . . . . . . . . . . . . . . . . . . .

[Szczecin] Gdzie jest dalej – do Berlina czy do Warszawy?
. . . . . . . . . . . . . . . . . . . . . . . . . . . . . . . . . . . . . . . . . . . . .

[Warszawa] Gdzie jest dalej – do Łodzi czy do Kielc?
. . . . . . . . . . . . . . . . . . . . . . . . . . . . . . . . . . . . . . . . . . . . .

[Gdańsk]  Gdzie jest dalej – do Torunia czy do Bydgoszczy?
. . . . . . . . . . . . . . . . . . . . . . . . . . . . . . . . . . . . . . . . . . . . .

[Wrocław]  Gdzie jest dalej – do Poznania czy do Kalisza?
. . . . . . . . . . . . . . . . . . . . . . . . . . . . . . . . . . . . . . . . . . . . .

**8.4.8.**

**Complete the text below with the appropriate words from section 8.1.1.**

W czasie podróży do . . . . . . . . . . . . w Radomyślu Michel . . . . . . . . . .
. . . . . . . . . . się. Dzisiaj . . . . . . . . . . . . . . się tak . . . . . . ., że poszedł do
lekarza. Kiedy lekarz zapytał, co mu . . . . . . . . . . . ., Michel odpowie-
dział, że czuje się . . . . . . . ., jest . . . . . . . . . . . . . . ., ma . . . . . . . . .
i . . . . . . . . . . . . Poza tym boli go . . . . . . . . . ., gardło i . . . . . . . . . .
Michel powiedział też, że ma . . . . . . . . . . . . . – 38,6. Kiedy . . . . . . . .
zbadał go, powiedział mu, że ma . . . . . . . . . .i że musi . . . . . . . . . . . .
w łóżku przez sześć dni.

144

## 8.5. *Muszę to zrozumieć!*

### COMPREHENSION EXERCISES

**8.5.1.**

**Check whether you understand the dialogues 8.1.1. and 8.1.2.:**

| | *prawda* | *fałsz* | *brak informacji* |
|---|---|---|---|
| *Michel przeziębił się w Mielcu.* *Dzisiaj Michel nie czuje się dobrze.* *Michel myśli, że ma anginę.* *Michel nie ma temperatury.* *Michel musi leżeć w łóżku przez tydzień.* | | | |

**8.5.2.**

**You will hear a short text twice. Choose the correct answer by circling the appropriate letter A, B or C.**

Ta wypowiedź jest możliwa:
A) w aptece,
B) u lekarza,
C) w biurze pracy.

**8.5.3.**

**You will hear a short text twice. Choose the correct answer by circling the appropriate letter A, B or C.**

Ta wypowiedź jest możliwa:
A) u lekarza,
B) w domu,
C) w aptece.

**8.5.4.**

**Read the text below twice and choose the correct answer by circling the appropriate letter A, B or C.**

## NAJMILEJ WSPOMINAM POBYT W BELGII

*Wojtek, student prawa*
*na Uniwersytecie Jagiellońskim:*
Na stypendiach zagranicznych byłem trzy razy. Za każdym razem w innym kraju: na III roku na Katolickim Uniwersytecie w belgijskim Leuven, na IV roku we Francji na Uniwersytecie Paryż X Nanterre, a na V roku w Saint Catherines College Oxford w Wielkiej Brytanii. Pierwsze dwa stypendia związane były z programem Tempus, ostatnie fundowali Japończycy. I chyba ten wyjazd był najbardziej naukowy. Pojechałem wtedy sam, na dwa i pół miesiąca, i zajmowałem się głównie nauką. Przygotowywałem się do pracy magisterskiej, mnóstwo czasu spędzałem w czytelni. Zupełnie inne było pierwsze stypendium, to w belgijskim Leuven. Tam każdy z nas miał bezpośredni kontakt ze swoim profesorem. Wykładowcy przychodzili na dyżury i dla wszystkich mieli czas. Nie brakowało nam wtedy także rozrywek. Zwiedziliśmy Brukselę, Brugię i Gandawę.

Filipinka, styczeń 2002, s. 53

Student prawa, Wojtek opowiada o:
A) studiach zagranicznych.
B) wycieczkach zagranicznych.
C) zajęciach zagranicznych.

Wojtek studiował za granicą w(e):
A) Belgii, Francji i Hiszpanii.
B) Belgii, Francji i Wielkiej Brytanii.
C) Francji, Holandii i Irlandii.

W Oxfordzie Wojtek przygotowywał się do:
A) pracy doktorskiej.
B) pracy zawodowej.
C) pracy magisterskiej.

Wojtek najmilej wspomina studia w(e):
A) Francji.
B) Belgii.
C) Anglii.

**8.5.5.**

**Listen to the text twice. Choose the correct answer by circling the appropriate letter A, B or C.**

Kiedy Michel był w Radomyślu, padał:

A) deszcz.

B) śnieg.

C) grad.

Doktor mówi, że Michel ma:

A) anginę.

B) grypę.

C) przeziębienie.

Michel musi leżeć w łóżku przez:

A) 6 dni.

B) tydzień.

C) 5 dni.

## 8.6. *Czy umiesz to powiedzieć?*

### COMMUNICATIVE ACTIVITIES

**8.6.1.**

**Do you remember what happened in the previous lesson? Say it in Polish.**

**8.6.2.**

**Name the parts of human body in Polish:**

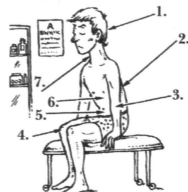

1) . . . . . . . . . . . . . . .

2) . . . . . . . . . . . . . .

3) . . . . . . . . . . . . . .

4) . . . . . . . . . . . . . .

5) . . . . . . . . . . . . . . .

6) . . . . . . . . . . . . . .

7) . . . . . . . . . . . . . . .

### 8.6.3.

Answer the question *Co pana (panią) boli?* naming the parts of human body.

### 8.6.4.

You are sick and can not speak. With a gesture show your friend what hurts you. He (she) is supposed to guess and say it in Polish.

### 8.6.5.

Ask your colleagues some questions in order to find out who has had a health problem in Poland. He or she should describe the problem he or she has had.

### 8.6.6.

You call up the ambulance service because your friend does not feel well. The doctor on duty asks about the symptoms, your friend's name and the address:

– Pogotowie, słucham.

– . . . . . . . . . . . . . . . . . . . . . . . . . . . . . . . . . . . . . . . . . . . . . . . . . . . . . . . . . . . . . . . . . . . . . . . . . . . . . . . . . . . . . . . . . . . . . . . . . . . . . . . . . . . . . . . . . . . . . . . . .

– Co go boli?

– . . . . . . . . . . . . . . . . . . . . . . . . . . . . . . . . . . . . . . . . . . . . . . . . . . . . . . . . . . . . . . . . . . . . . . . . . . . . . . . . . . . . . . . . . . . . . . . . . . . . . . . . . . . . . . . . . . . . . . . . .

– Jak on(a) się nazywa?

– . . . . . . . . . . . . . . . . . . . . . . . . . . . . . . . . . . . . . . . . . . . . . . . . . . . . . . . . . . . . . . . . . . . . . . . .

– Jaki adres?

– . . . . . . . . . . . . . . . . . . . . . . . . . . . . . . . . . . . . . . . . . . . . . . . . . . . . . . . . . . . . . . . . . . . . . . . .

– Zaraz przyjedziemy.

### 8.6.7.

Give your friend orders following the model:

*Dlaczego rozmawiasz? Czy możesz przestać rozmawiać?*
*Dlaczego nie pijesz? Czy możesz zacząć pić?*

Dlaczego nie piszesz? . . . . . . . . . . . . . . . . . . . . . . . . . . . . . . . . . . . . . . . . .

Dlaczego nie czytasz? . . . . . . . . . . . . . . . . . . . . . . . . . . . . . . . . . . . . . . . . .

Dlaczego czytasz gazetę? . . . . . . . . . . . . . . . . . . . . . . . . . . . . . . . . . . . . . .

Dlaczego nie słuchasz? . . . . . . . . . . . . . . . . . . . . . . . . . . . . . . . . . . . . . . . .

Dlaczego się śmiejesz? . . . . . . . . . . . . . . . . . . . . . . . . . . . . . . . . . . . . . . . .

Dlaczego piszesz? . . . . . . . . . . . . . . . . . . . . . . . . . . . . . . . . . . . . . . . . . . . .

Dlaczego mnie nie kochasz? . . . . . . . . . . . . . . . . . . . . . . . . . . . . . . . . . . . .

Dlaczego mnie nie lubisz? . . . . . . . . . . . . . . . . . . . . . . . . . . . . . . . .

Dlaczego gadasz? . . . . . . . . . . . . . . . . . . . . . . . . . . . . . . . . . . . . . . .

**8.6.8.**

**Change the modality following the model:**

*Mogę płacić za mieszkanie.* **Nie możesz, musisz.**

Możemy mieszkać w hotelu. . . . . . . . . . . . . . . . . . . . . . . . . . . . . . .

Możesz zacząć studiować w Polsce. . . . . . . . . . . . . . . . . . . . . . . . .

Ona może mieszkać z nim. . . . . . . . . . . . . . . . . . . . . . . . . . . . . . . .

Możecie zacząć pracować. . . . . . . . . . . . . . . . . . . . . . . . . . . . . . . .

One mogą zacząć pisać pracę. . . . . . . . . . . . . . . . . . . . . . . . . . . . . .

On może jechać do Anglii. . . . . . . . . . . . . . . . . . . . . . . . . . . . . . . .

Możemy zacząć przygotowywać koncert. . . . . . . . . . . . . . . . . . . . . .

Zima w okolicach Krakowa

# Lekcja 9

Agnieszka said goodbye to Basia near the clinic. Suddenly she saw Michel leaving the building. It surprised her, because Michel had not called nor seen her. That's why she thought he wasn't in Poland.

Michel was happy to see Agnieszka. He was ill and had to stay in bed, but he was in Kraków, he had found family in Poland, and here was Agnieszka, now his closest person in Poland. He needed warmth and care, therefore he asked timidly whether Agnieszka could look after him.

Robert found an advertisement for a job in a Polish-English company. When he went to the company's office, he learned that he could receive the job, but he had to be trained in England first. In a week's time Robert is to answer if he accepts the offer.

In this lesson you will learn how to form the conditional mood and use it in polite offers, invitations, and requests.

Londyn

# Lekcja 9

## 9.1. Zaopiekujesz się mną?

**9.1.1.** Agnieszka pożegnała Basię. Michel właśnie wychodził z przychodni.

Michel: Agnieszka, dzień dobry!

Agnieszka: Dzień dobry. Jak to, jesteś już w Polsce?

Michel: Jak widzisz. Wróciłem tydzień temu.

Agnieszka: W liście obiecywałeś, że zadzwonisz zaraz po powrocie.

Michel: Zadzwoniłbym na pewno, gdyby nie moja polska rodzina. Wyobraź sobie, że znalazłem rodzinę babci koło Mielca i strasznie chciałem ich natychmiast odwiedzić. W niedzielę, kiedy do nich pojechałem, była okropna pogoda: zimno, wiatr, deszcz ze śniegiem. Przeziębiłem się i właśnie wracam od lekarza.

Agnieszka: To co, żałujesz tej podróży?

Michel: Ależ skąd, nie żałuję niczego. Właściwie to jestem szczęśliwy, że mam rodzinę w Polsce.

Agnieszka: Widzę, że łatwo cię uszczęśliwić.

Michel: O nie, wcale nie tak łatwo. Zresztą mogłabyś spróbować. Właśnie jestem ciężko chory, potrzebuję ciepła i opieki. Zaopiekujesz się mną?

---

## Vocabulary

akceptować + Ac. (**akceptuję, -esz** Imperf.) *to accept*; → **zaakceptować** + Ac. (**zaakceptuję, -esz** Perf.) *to accept*

**ależ skąd** *why no, nothing of the kind*

**bliski, -a, -e** Adj. *close, near*

**chory, -a, -e** Adj. *ill, sick*

**ciepło** (n G **ciepła**) *warmth, heat*

**czerwiec** (m G **czerwca**) *June*

152

**9.1.2.** Robert przeczytał w „Gazecie Wyborczej" interesującą ofertę pracy. Firma polsko-angielska poszukuje młodych ekonomistów ze znajomością języka angielskiego. Postanowił się zgłosić do biura firmy i przedstawić swoją kandydaturę.

## Vocabulary

czytać + Ac. (**czytam, -sz** Imperf.) *to read*; → **przeczytać** + Ac. (**przeczytam, -sz** Perf.) *to read*

deszcz (m G **deszczu**) *rain*

ekonomista (m G **ekonomisty**) *economist*

firma (f G **firmy**) *business, firm, establishment*

gazeta (f G **gazety**) *newspaper*

gdyby *if*

interesujący, **-a, -e** Adj. *interesting*

kandydatura (f G **kandydatury**) *candidature*

koleżanka (f G **koleżanki**) *colleague; girl friend*

kontrola (f G **kontroli**) *control*

łatwo Adv. *easily*

młody, **-a, -e** Adj. *young*

natychmiast *at once, immediately*

obiecywać + Ac. (**obiecuję, -esz** Imperf.) *to promise*

odpowiedź (f G **odpowiedzi**) *answer, reply*

oferta (f G **oferty**) *offer*

okropny, **-a, -e** Adj. *horrible, terrible, awful*

opiekować się + I (**opiekuję się, -esz** Imperf.) *to take care of sb*; → **zaopiekować się** + I (**zaopiekuję się, -esz**, Perf.) *to take care of sb.*

pański, **-a, -e** Adj. *your, yours (formal)*

pogoda (f G **pogody**) *weather*

poniedziałek (m G **poniedziałku**) *Monday*

postanowić + Ac. (**postanawiam, -sz** Imperf.) *to resolve, to determine*; → **postanowić** + Ac. (**postanowię, postanowisz** Perf.) *to resolve, to determine*

poszukiwać + G (**poszukuję, -esz** Imperf.) *to search, to seek*; → **poszukać** + G (**poszukam, -sz** Perf.) *to search, to seek*

potrzebować + G (**potrzebuję, -esz** Imperf.) *to need, to want*

pożegnać + Ac. (**pożegnam, -sz, -ają** Perf.) *to take leave*; → **pożegnać się z** + I *to say good-bye to sb*

153

Pan: Pańska kandydatura nas interesuje. Ale żeby zacząć pracę u nas, musiałby pan skończyć studia i przejść półroczne przeszkolenie w Anglii. Wyjazd byłby w czerwcu. Za tydzień proszę o odpowiedź, czy akceptuje pan propozycję.

## Vocabulary

**półroczny, -a, -e** Adj. *half-yearly*
**propozycja** (f G **propozycji**) *proposal*
**próbować** + G (**próbuję, -esz** Imperf.) *to try, to test;* → **spróbować** + G (**spróbuję, -esz** Perf.) *to try, to test*
**przejść** + Ac. (**przejdę, przejdziesz** Perf.) *to pass by, to cross, to go over*
**przeszkolenie** (n G **przeszkolenia**) *training, schooling, reeducation*
**szczęśliwy, -a, -e** Adj. *happy, lucky*
**śnieg** (m G **śniegu**) *snow*
**tydzień temu** *one week ago*
**uszczęśliwiać** + Ac. (**uszczęśliwiam, -sz, -ają** Imperf.) *to make happy;* → **uszczęśliwić** + Ac. (**uszczęśliwię, uszczęśliwisz** Perf.) *to make happy*
**wcale nie** *not at all*
**wiatr** (m G **wiatru**) *wind*

**wyborczy, -a, -e** Adj. *electoral*
**wyjazd** (m G **wyjazdu**) *departure*
**wyobrażać sobie** + Ac. (**wyobrażam, -sz, -ają** Imperf.) *to figure out;* → **wyobrazić sobie** + Ac. (**wyobrażę, wyobrazisz** Perf.) *to figure out*
**zgłaszać się** + Ac. (**zgłaszam, -sz, -ają** Imperf.) *to present oneself;* **zgłosić się** + do + Gen. (**zgłoszę, zgłosisz** Perf.) *to present oneself*
**zimno** (n G **zimna**) *cold*
**znajdować** + Ac. (**znajduję, znajdujesz** Imperf.) *to find out;* → **znaleźć** + Ac. (**znajdę, znajdziesz** Perf.) *to find out*
**znajomość** (f G **znajomości**) *knowledge, the know-how*
**żałować** + G (**żałuję, -esz** Imperf.) *to regret*

### Warto zapamiętać te słowa!

## EUROPA

| | | |
|---|---|---|
| 1. Andora | 8. Watykan | 15. Jugosławia |
| 2. Holandia | 9. San Marino | 16. Albania |
| 3. Belgia | 10. Słowacja | 17. Macedonia |
| 4. Luksemburg | 11. Austria | 18. Mołdawia |
| 5. Szwajcaria | 12. Słowenia | |
| 6. Liechtenstein | 13. Chorwacja | |
| 7. Monako | 14. Bośnia i Hercegowina | |

## 9.2. *Gramatyka jest ważna*

### GRAMMATICAL COMMENTARY

#### 9.2.1.
#### The conditional mood

#### A. Construction of the conditional mood

The conditional mood is formed of the infinitive stem, which is also the basis for forming the past tense. As you will see, in the conditional forms, there are many elements already known to you from the past tense. Keep in mind, however, that the morpheme typical for conditional mood is -*by*.

Below we list the conditional forms for the verbs *chcieć* and *móc*.

| | | *CHCIEĆ* (sg.) | | |
|---|---|---|---|---|
| | | masc. | fem. | neut. |
| 1. | *(ja)* | chciał-bym | chciała-bym | – |
| 2. | *(ty)* | chciał-byś | chciała-byś | – |
| 3. | on, pan | chciał-by | – | – |
| | ona, pani | – | chciała-by | – |
| | ono, to | – | – | chciało-by |

| | | *CHCIEĆ* (pl.) | |
|---|---|---|---|
| | | virile | nonvirile |
| 1. | *(my)* | chcieli-byśmy | chciały-byśmy |
| 2. | *(wy)* | chcieli-byście | chciały-byście |
| 3. | oni, państwo | | |
| | panowie | chcieli-by | – |
| | one, panie | – | chciały-by |

| MÓC (sg.) | | | |
|---|---|---|---|
| | masc. | fem. | neut. |
| 1. (ja) | mógł-bym | mogła-bym | – |
| 2. (ty) | mógł-byś | mogła-byś | – |
| 3. on, pan | mógł-by | – | – |
| ona, pani | – | mogła-by | – |
| ono, to | – | – | mogło-by |

| MÓC (pl.) | | |
|---|---|---|
| | virile | nonvirile |
| 1. (my) | mogli-byśmy | mogły-byśmy |
| 2. (wy) | mogli-byście | mogły-byście |
| 3. oni, państwo | | |
| panowie | mogli-by | – |
| one, panie | – | mogły-by |

As you see, it is most convenient to construct the conditional forms from the 3rd person past tense sg. and pl., by adding the morphemes *-bym, -byś, -by, -byśmy, -byście, -by*:

| | number | past tense | conditional mood |
|---|---|---|---|
| **CHCIEĆ** | sg. | chciał, chciała | chciałby, chciałaby |
| | pl. | chcieli, chciały | chcieliby, chciałyby |
| **MÓC** | sg. | mógł, mogła | mógłby, mogłaby |
| | pl. | mogli, mogły | mogliby, mogłyby |

Here is the detailed analysis of the conditional form of the 2nd person sg. feminine verb:

| chcia | -ł | -a | -by | -ś |
|---|---|---|---|---|
| infinitive stem | past tense suffix | feminine suffix | conditional suffix | 2nd p. sg. ending |

In order to construct conditional forms we select the past tense, because it contains all the stem alternations which are repeated in the conditional mood.

The verbs *chcieć* and *móc* have been presented as examples, because these verbs occur the most frequently in the conditional mood. Please, learn them by heart!

### B. Accent and movability of morphemes

The present-day conditional forms used to consist earlier of the two parts: active past participle and the word *bym, byś, by, byśmy, byście, by*. There are two phenomena that testify to this: 1) the morpheme *bym, byś*, etc. is movable i.e. it may be added either to the verb, or to any other initial word in a sentence; 2) the accent in the plural is on the third or fourth syllable from the last, and in the singular on the third, e.g.: *chciałbyś, chciałoby, chcielibyśmy, chcielibyście, chcieliby*.

Here are some examples of the movability of morphemes:

*Chciałabym wyjechać na wakacje do Sopotu.*
*Ja bym chciała wyjechać na wakacje do Sopotu.*
I would like to go on holiday to Sopot.

The second sentence is perceived as being colloquial.

*Czy myślisz, że on mógłby pracować w Anglii?*
*Czy myślisz, że on by mógł pracować w Anglii?*
Do you think he could work in England?

The second sentence is perceived as being colloquial.

### C. Functions of the conditional

**CA.** Conditional forms express uncertainty, or not so strong certainty as in the affirmative mood, and that is why they are considered more polite than affirmative forms. For this reason we introduced conditional expressions lexically before this lesson, in order to express polite request, suggestion, invitation, etc. E.g.:

*Mam imieniny w sobotę.*
I have my name day on Saturday.

**Chciałabym zaprosić panią** *na małe przyjęcie.* (invitation)
I would like to invite you to a little party.

***Chciałbym skończyć*** *naszą rozmowę.* (suggestion)
I would like to finish our conversation.

***Czy mógłbym zaprosić panią*** *na śniadanie?* (invitation)
Could I invite you to breakfast?

***Czy mogłabym zobaczyć*** *tę bluzkę?* (request)
Could I see that blouse?

***Mogłabyś spróbować*** *(mnie uszczęśliwić).* (suggestion)
You could try (to make me happy).

**CB.** Conditional forms express actions that are probable, but of which the speaker remains uncertain. Often, these are merely people's dreams, e.g.:

*Chciałbym wyjechać na wakacje do Sopotu, ale chyba nie będę mieć dość pieniędzy.*
*On chciałby mówić dobrze po polsku, ale nie uczy się pilnie.*

**CC.** The conditional mood is used to express actions that are possible in the future, or impossible in the past:

*Zadzwoniłbym na pewno, gdyby nie moja polska rodzina.*
I would surely have called you if it hadn't been for my Polish family.

*Żeby zacząć pracę u nas, musiałby pan przejść półroczne przeszkolenie w Anglii.*
In order to start working you would have to undergo the 6-month training in England.

*Wyjazd byłby w czerwcu.*
If you make up your mind, you will leave in June.

# 9.3. *Jak to powiedzieć?*

## COMMUNICATIVE COMMENTARY

9.3.1.

---

### UNIA EUROPEJSKA

Unia Europejska jest nowym typem związku między państwami. Głównym zadaniem Unii Europejskiej jest organizacja współpracy między krajami członkowskimi i między ich mieszkańcami. Do najważniejszych celów Unii należy zapewnienie bezpieczeństwa, postępu gospodarczego i społecznego oraz ochrona wolności praw i interesów obywateli. Unia respektuje tożsamość narodową państw, ich historię, tradycję i kulturę. Unia Europejska to gwarancja demokracji, praw człowieka, prywatnej własności i wolnego rynku.

Państwami założycielskimi Wspólnot Europejskich były Francja, Włochy, Republika Federalna Niemiec, Belgia, Holandia i Luksemburg. Drugi etap integracji zainaugurowany został w roku 1972 decyzją o poszerzeniu Wspólnot o Danię, Irlandię i Wielką Brytanię. Potem, w roku 1974, powołano Radę Europy oraz wprowadzono unię celną. Wybory do Parlamentu Europejskiego odbyły się w 1979 roku. Wybory zakończyły drugi etap rozwoju Unii.

Trzeci etap, który objął lata osiemdziesiąte, miał przełamać kryzys integracji. W tym czasie zostały przyjęte nowe państwa: Grecja [1981] oraz Portugalia i Hiszpania [1985].

Podczas czwartego etapu został przyjęty traktat o Unii Europejskiej [Maastricht 1992]. Unia została powiększona o Austrię, Finlandię i Szwecję [1995]. Od stycznia 1995 Unia liczyła 15 państw. Polska weszła do Unii Europejskiej 1 maja 2004 roku razem z dziewięcioma innymi państwami. Te państwa to Cypr, Czechy, Estonia, Litwa, Łotwa, Malta, Słowacja, Słowenia i Węgry. Od 1 maja 2004 roku Unia Europejska liczy 25 państw.

[według Leksykonu współczesnych międzynarodowych
stosunków politycznych pod red. prof. Cz. Mojsiewicza.
Wrocław 2000, s. 370]

---

## 9.4. *Powiedz to poprawnie!*

### EXERCISES IN GRAMMAR

**9.4.1.**

**Use correct forms of the verb *chcieć* in conditional:**

**Example:**

*(ja) Chciałbym mówić dobrze po polsku.*

(my) . . . . . . . . . . . . . . . . znać dobrze polską gramatykę. (ty) . . . . . . .
. . . . . . . . poznać dobrze polską historię. Pan . . . . . . . . . . . . . . . . . . . . .
zrozumieć polską historię. Pani . . . . . . . . . . . . . . . . . . . . . umieć gotować
polskie zupy. (wy) . . . . . . . . . . . . . . . . . . . . . . wyjechać na tydzień do
Gdańska. (one) . . . . . . . . . . . . . . . . . . . umieć śpiewać polskie piosenki.
(oni). . . . . . . . . . . . . . . mieć dobre oceny. (ja) . . . . . . . . . . . . . . . . . .
zrobić karierę!

**9.4.2.**

**Use correct forms of the verb *móc* in conditional:**

**Example:**

*Czy (ja) mógłbym zapalić?*

Czy . . . . . . . . . . . . . . . pan zacząć pisać? Czy . . . . . . . . . . . . . pani zacząć
czytać? Czy (wy) . . . . . . . . . . . . . . . . . . . . przestać rozmawiać? Czy (ja)
. . . . . . . . . . . . . . . . . . . zatelefonować? Czy (ty fem.) . . . . . . . . . . . . . . . .
przyjść do mnie? Za tydzień (my) . . . . . . . . . . . . . . . . . . wyjechać w góry.
Czy . . . . . . . . . . . . . . . państwo zacząć pracować? Czy . . . . . . . . . . . . . .
panowie przestać palić?

**9.4.3.**

**Answer the questions using the verb *chcieć* in conditional:**

**Example:**

*Czy znasz już dobrze język polski? Chciałbym, ale jeszcze nie znam.*

Czy mówicie już płynnie po polsku?

. . . . . . . . . . . . . . . . . . . . . . . . . . . . . . . . . . . . . . . . . . . . . . . . . . . . . . . . .

Czy piszesz już dobrze po polsku?

. . . . . . . . . . . . . . . . . . . . . . . . . . . . . . . . . . . . . . . . . . . . . . . . . . . . . . . . .

Czy rozumie pan wszystko?

. . . . . . . . . . . . . . . . . . . . . . . . . . . . . . . . . . . . . . . . .

Czy zna pani wszystkie słowa?

. . . . . . . . . . . . . . . . . . . . . . . . . . . . . . . . . . . . . . . . .

### 9.4.4.
**Be more polite using the verb *móc* in the conditional mood:**

Czy mogę (masc.) dostać zupy? . . . . . . . . . . . . . . . . . . . . . . . .

Czy możemy (masc.) napić się kawy? . . . . . . . . . . . . . . . . . . . . . .

Czy mogę (fem.) zatelefonować? . . . . . . . . . . . . . . . . . . . .

Czy możemy (fem.) iść do domu? . . . . . . . . . . . . . . . . . . . . . . .

Czy mogę (fem.) pojechać do miasta? . . . . . . . . . . . . . . . . . . . . . .

### 9.4.5.
**Put the verbs in brackets into the appropriate forms of the conditional mood.**

Gdybym dostał tę pracę – myśli Robert – . . . . . . . . . . . . . . . . (pojechać)
do Anglii. Tam . . . . . . . . . . . . . . . . (przejść) półroczne przeszkolenie,
to znaczy . . . . . . . . . . . . . . . (nauczyć się) fachowego języka angielskiego i . . . . . . . . . . . . . . . (poznać) praktycznie angielską ekonomię.
Pewnie . . . . . . . . . . . . . . . . (zwiedzić) też okolice miasta, w którym
. . . . . . . . . . . . . . . . . (mieszkać). A może nawet . . . . . . . . . . . . . . . .
(pojechać) do Irlandii, bo to jest od dawna moje marzenie.

### 9.4.6.
**Consider what are the meanings of the following words that are deri-
ved from the word *praca*. Give their meanings in English.**

praca. . . . . . . . . . . . . . . . .    pracować . . . . . . . . . . . . . . . .
pracownik. . . . . . . . . . . . .    pracownica. . . . . . . . . . . . . . .
pracowity . . . . . . . . . . . . .    pracownia. . . . . . . . . . . . . . .

### 9.4.7.
**Put the words in proper order to form correct sentences.**

interesującej szuka pracy młodego dla Robert ekonomisty

. . . . . . . . . . . . . . . . . . . . . . . . . . . . . . . . . . . . . . . . .

pracy gazecie w ofertę znalazł wyborczej interesującą

. . . . . . . . . . . . . . . . . . . . . . . . . . . . . . . . . . . . . . . . .

pójść przedstawić firmy do swoją postanowił i kandydaturę biura

. . . . . . . . . . . . . . . . . . . . . . . . . . . . . . . . . . . . . . . . .

## 9.5. *Muszę to zrozumieć!*

### COMPREHENSION EXERCISES

**9.5.1.**

**Check whether you understand the dialogues 9.1.1. and 9.1.2.:**

|  | *prawda* | *fałsz* | *brak informacji* |
|---|---|---|---|
| *Agnieszka odprowadza Basię do przychodni.*<br>*Agnieszka spotyka Michela.*<br>*Michel zadzwonił do Agnieszki po powrocie.*<br>*Agnieszka nie wierzy, że Michel jest już w Polsce.*<br>*Michel żałuje, że ma rodzinę w Polsce.* |  |  |  |

**9.5.2.**

**Fill out the blanks with appropriate prepositions and conjunctions (compare with the dialogue 9.1.1. – 9.1.2.):**

Michel wychodził . . . . . . przychodni, . . . . . . . . . spotkał Agnieszkę. Ona nie wiedziała, . . . . . Michel wrócił tydzień temu. Zdziwiła się, . . . . . . nie zadzwonił . . . . . . niej. Michel powiedział, . . . . . znalazł rodzinę . . . . . . Mielca . . . . . bardzo chciał ją odwiedzić. Pojechał tam . . . . . niedzielę, . . . . . . . . . była zła pogoda: zimno, deszcz . . . . śniegiem . . . . . . wiatr. Michel przeziębił się . . . . . teraz wraca . . . . doktora. Jest chory . . . . nie żałuje tej podróży. Jest nawet szczęśliwy, . . . ma rodzinę . . . . . . . Polsce.

**9.5.3.**

**You will hear a short text twice. Choose the correct answer by circling the appropriate letter A, B or C.**

Ta wypowiedź to:
A) prośba,
B) sugestia,
C) rozkaz.

**9.5.4.**

**You will hear a short text twice. Choose the correct answer by circling the appropriate letter A, B or C.**

Ta wypowiedź to:
A) prośba,
B) sugestia,
C) polecenie.

**9.5.5.**

**Read the text in 9.3.1. twice and choose the correct answer by circling the appropriate letter A, B or C.**

**A.** Unię Europejską założyły:
A) Francja, Włochy, RFN, Belgia i Holandia.
B) Francja, Włochy, RFN, Belgia, Holandia i Luksemburg.
C) Francja, Włochy i RFN.

Wielka Brytania weszła do Unii w roku:
A) 1970.
B) 1972.
C) 1974.

Portugalia stała się członkiem Unii w roku:
A) 1985.
B) 1986.
C) 1981.

Szwecja weszła do Unii w roku:
A) 1992.
B) 1993.
C) 1995.

**B. Czy wiesz, w którym roku Polska weszła do Unii Europejskiej?**
Polska weszła do Unii. . . . . . . . . . . . . . . . . . . . . . . . . . . . . . . . . . . . . .

**C. Jakie państwa weszły do Unii razem z Polską? Wymień je:**
Razem z Polską do Unii weszły. . . . . . . . . . . . . . . . . . . . . . . . . . . . . . .
. . . . . . . . . . . . . . . . . . . . . . . . . . . . . . . . . . . . . . . . . . . . . . . . . . . . . .
. . . . . . . . . . . . . . . . . . . . . . . . . . . . . . . . . . . . . . . . . . . . . . . . . . . . . .

**9.5.6.**

**Listen to the text twice. Choose the correct answer by circling the appropriate letter A, B or C.**

Agnieszka pożegnała Basię koło:
A) zajezdni.
B) przychodni.
C) szpitala.

Agnieszka jest dla Michela osobą:
A) najlepszą.
B) najmilszą.
C) najbliższą.

Michel prosi Agnieszkę o:
A) pomoc.
B) opiekę.
C) miłość.

## 9.6. *Czy umiesz to powiedzieć?*

### COMMUNICATIVE ACTIVITIES

9.6.1.

**Using the information about the area and population of European countries, answer the following questions.**

1) Które z krajów europejskich należą do Unii Europejskiej?

2) Które z krajów Unii Europejskiej są największe pod względem powierzchni? Podaj 10 największych krajów.

3) Które z krajów Unii Europejskiej są największe pod względem ludności? Podaj 10 największych krajów?

4) Które z krajów europejskich są najmniejsze pod względem powierzchni i ludności? Podaj 5 najmniejszych krajów.

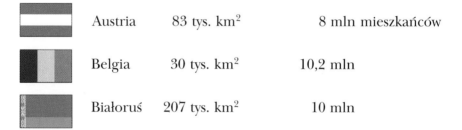

| | Austria | 83 tys. km$^2$ | 8 mln mieszkańców |
| | Belgia | 30 tys. km$^2$ | 10,2 mln |
| | Białoruś | 207 tys. km$^2$ | 10 mln |

| | | | |
|---|---|---|---|
| | Bułgaria | 111 tys. km$^2$ | 8 mln |
| | Chorwacja | 56 tys. km$^2$ | 4,5 mln |
| | Dania | 43 tys. km$^2$ | 5,5 mln |
| | Estonia | 45 tys. km$^2$ | 1,5 mln |
| | Finlandia | 338 tys. km$^2$ | 5 mln |
| | Francja | 544 tys. km$^2$ | 60 mln |
| | Grecja | 132 tys. km$^2$ | 11 mln |
| | Hiszpania | 506 tys. km$^2$ | 43 mln |
| | Irlandia | 70 tys. km$^2$ | 4 mln |
| | Islandia | 102 tys. km$^2$ | 34 tys. |
| | Liechtenstein | 0,2 tys. km$^2$ | 0, 5 mln |
| | Litwa | 65 tys. km$^2$ | 3,5 mln |
| | Luksemburg | 2,6 tys. km$^2$ | 0,5 mln |
| | Łotwa | 64 tys. km$^2$ | 2,5 mln |
| | Macedonia | 25 tys. km$^2$ | 2 mln |

| | | | |
|---|---|---|---|
| | Malta | 0,3 tys. km² | 0,4 mln |
| | Niderlandy | 41 tys. km² | 16 mln |
| | Niemcy | 357 tys. km² | 82 mln |
| | Norwegia | 323 tys. km² | 4, 5 mln |
| | Polska | 312 tys. km² | 38,2 mln |
| | Portugalia | 92 tys. km² | 10 mln |
| | Republika Czeska | 78 tys. km² | 10,2 mln |
| | Rosja | 17075 tys. km² | 115 mln |
| | Rumunia | 237 tys. km² | 22 mln |
| | Serbia i Czarnogóra | 102 tys. km² | 10,5 mln |
| | Słowacja | 49 tys. km² | 5,5 mln |
| | Słowenia | 20 tys. km² | 2 mln |
| | Szwajcaria | 41 tys. km² | 7,5 mln |
| | Szwecja | 450 tys. km² | 9 mln |
| | Ukraina | 603 tys. km² | 48 mln |

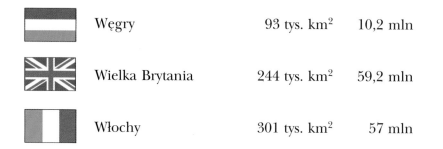

| | | |
|---|---|---|
| Węgry | 93 tys. km² | 10,2 mln |
| Wielka Brytania | 244 tys. km² | 59,2 mln |
| Włochy | 301 tys. km² | 57 mln |

**9.6.2.**

**Here is a list of the most prestigious occupations in Poland, which was published in "Gazeta Wyborcza" on 24 November 2004. Look at the list and answer the questions.**

### KOGO NAJBARDZIEJ POWAŻAMY

| | Średnia ocena prestiżu |
|---|---|
| Profesora uniwersytetu | 81,61 |
| Górnika | 77,25 |
| Pielęgniarkę | 77,02 |
| Nauczyciela | 76,35 |
| Lekarza | 75,22 |
| Informatyka – analityka komputerowego | 74,27 |
| Rolnika indywidualnego na średnim gospodarstwie | 73,64 |
| Oficera zawodowego w randze kapitana | 72,32 |
| Inżyniera pracującego w fabryce | 72,06 |
| Dziennikarza | 71,70 |

A. Jak myślicie, dlaczego najbardziej prestiżowy jest zawód profesora?

. . . . . . . . . . . . . . . . . . . . . . . . . . . . . . . . . . . . . . . . . . . . . . . . . . . .

. . . . . . . . . . . . . . . . . . . . . . . . . . . . . . . . . . . . . . . . . . . . . . . . . . . .

B. Jak moglibyście wytłumaczyć prestiż zawodu górnika? Które zawody z tej listy świadczą o prestiżu pracy fizycznej?

. . . . . . . . . . . . . . . . . . . . . . . . . . . . . . . . . . . . . . . . . . . . . . . . . . . .

. . . . . . . . . . . . . . . . . . . . . . . . . . . . . . . . . . . . . . . . . . . . . . . . . . . .

. . . . . . . . . . . . . . . . . . . . . . . . . . . . . . . . . . . . . . . . . . . . . . . . . . . .

C. Które zawody z tej listy świadczą o prestiżu edukacji w Polsce?

. . . . . . . . . . . . . . . . . . . . . . . . . . . . . . . . . . . . . . . . . . . . . . . . . . . .

. . . . . . . . . . . . . . . . . . . . . . . . . . . . . . . . . . . . . . . . . . . . . . . . . .
. . . . . . . . . . . . . . . . . . . . . . . . . . . . . . . . . . . . . . . . . . . . . . . . . .

D. Który zawód jest dla ciebie najbardziej prestiżowy? Dlaczego?
. . . . . . . . . . . . . . . . . . . . . . . . . . . . . . . . . . . . . . . . . . . . . . . . . .
. . . . . . . . . . . . . . . . . . . . . . . . . . . . . . . . . . . . . . . . . . . . . . . . . .
. . . . . . . . . . . . . . . . . . . . . . . . . . . . . . . . . . . . . . . . . . . . . . . . . .

E. Czy myślisz, że prestiż zawodu znaczy tyle samo co pieniądze zarabia-
ne przez ludzi wykonujących ten zawód?
. . . . . . . . . . . . . . . . . . . . . . . . . . . . . . . . . . . . . . . . . . . . . . . . . .
. . . . . . . . . . . . . . . . . . . . . . . . . . . . . . . . . . . . . . . . . . . . . . . . . .
. . . . . . . . . . . . . . . . . . . . . . . . . . . . . . . . . . . . . . . . . . . . . . . . . .

Canterbury

# Lekcja 10

Robert has got a job offer and he very much would like to talk to Agnieszka about it. Robert is afraid that Agnieszka will not accept this offer and she will object to his internship period in England. That is why he would like to talk to her and convince her that it is a very good offer.

However, Agnieszka is nowhere to be found, not at her place, nor at her parents'. Over the phone, Robert asks Agnieszka's mother to tell her he will call her late in the evening. After all he has got a very important matter to discuss.

Agnieszka's parents know that Michel is ill and Agnieszka is looking after him. But her mother did not tell it to Robert. She doesn't want to worry him. She knows Robert doesn't notice Agnieszka's interest in Michel. Mr Nowak thinks Agnieszka has fallen in love with Michel, but she doesn't realize it herself. And she only thinks of helping Michel.

In this lesson you will learn phrases and expressions used in telephone conversations.

Morze Bałtyckie

# Lekcja 10

## 10.1. Czy mógłbym rozmawiać z Agnieszką?

**10.1.1.** Robert chciałby porozmawiać z Agnieszką o propozycji pracy. Chce się z nią umówić na spotkanie. Dzwoni do państwa Nowaków, bo Agnieszki nie ma w domu.

Pani N.:    Halo.

Robert:    Dzień dobry pani. Mówi Robert. Czy mógłbym rozmawiać z Agnieszką?

Pani N.:    Niestety, Agnieszki nie ma w domu. Nie wiem nawet, kiedy będzie. Może jest u siebie?

Robert:    Nie, też jej nie ma. Bardzo chciałbym się z nią skontaktować.

Pani N.:    W takim razie może coś przekazać?

Robert:    Proszę jej powiedzieć, że zadzwonię do niej dziś wieczorem, ale późno. Mam ważną sprawę do omówienia.

Pani N.:    Dobrze, przekażę.

Robert:    Dziękuję bardzo. Do widzenia pani.

Pani N.:    Do widzenia.

---

### Vocabulary

**kochać** + Ac. (**kocham, -sz, -ają** Imperf.) *to love*, → **zakochać się w** + L (**zakocham się, -sz, -ają** Perf.) *to fall in love*
**kochać się w** + L (**kocham się, -sz, -ają** Imperf.) *to be in love*
**kontaktować** + Ac., **z** + I (**kontaktuję, -esz** Imperf.) *to contact*; → **skontak-**

**tować** + Ac. **z** + I (**skontaktuję, -esz** Perf.) *to contact*
**łączyć** + Ac., **z** + I (**łączę, łączysz** Imperf.) *to unite*
**omówienie** (n G **omówienia**) *discussion*
**opieka** (f G **opieki**) *care, protection, custody*

**10.1.2.** Mieszkanie państwa Nowaków. Pan Nowak chciałby dowiedzieć się, kto dzwonił.

Pan: Kto to dzwonił? Robert?

Pani: Tak. Szuka Agnieszki.

Pan: Pewnie jest gdzieś z Michałem.

Pani: Zapominasz, że on jest chory i nie może wychodzić.

Pan: W takim razie ona chętnie nim się opiekuje.

Pani: Proszę cię, nie żartuj.

Pan: Nie żartuję. Widzę tylko, że ona zakochała się w nim. Tymczasem wmawia sobie, że to pomoc i opieka... Biedny Robert, który nic nie widzi! To taki wartościowy chłopiec!

Pani: I Robert, i Agnieszka nie wiedzą chyba jeszcze, że to, co ich teraz łączy, to tylko przyjaźń.

---

## Vocabulary

**pewnie, pewno** *certainly, for sure*
**pomoc** (f G **pomocy**) *help*
**przyjaźń** (f G **przyjaźni**) *friendship*
**sprawa** (f G **sprawy**) *affair, matter*
**tymczasem** *meanwhile*
**u siebie** *at her (his) place*
**wartościowy, -a, -e** Adj. *valuable*

**wmawiać** + Ac. (**wmawiam, -sz, -ają** Imperf.) *to make sb believe sth*
**zapominać** + Ac. (**zapominam, -sz, -ają** Imperf.) *to forget;* → **zapomnieć** + Ac. (**zapomnę, zapomnisz** Perf.) *to forget*
**żartować z** + G (**żartuję, -esz** Imperf.) *to joke*

# MIESZKANIE: ŁAZIENKA I TOALETA (WC)

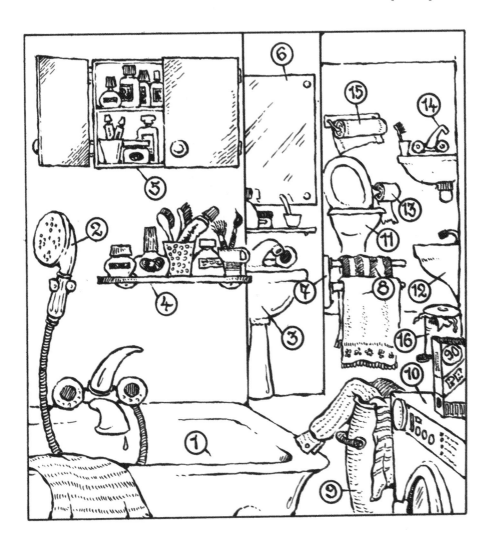

**A.** Łazienka: 1. wanna; 2. prysznic; 3. umywalka; 4. półka na kosmetyki; 5. szafka na kosmetyki; 6. lustro; 7. wieszaki na ręczniki; 8. ręczniki; 9. kosz na bieliznę; 10. pralka.

**B.** Toaleta: 11. muszla klozetowa, 12. bidet, 13. papier toaletowy, 14. kran, 15. ręcznik papierowy, 16. kosz na śmieci.

# 10.2. *Gramatyka jest ważna*

## GRAMMATICAL COMMENTARY

### 10.2.1.
### Dative singular and plural of nouns

#### A. Forms of the dative

The dative is one of the two grammatical cases which are rarely used in Polish. In Polish sentences there are positions where this case must appear and for this reason it is necessary to know its forms and functions. To see how to form the dative, compare the forms of the nominative and the dative in the following sentences:

| | Nominative | | Dative |
|---|---|---|---|
| To jest | Robert. | Daję prezent | Robert- owi. |
| | profesor. | | profesor- owi. |
| | pan Nowak. | | pan-u Nowak- owi. |
| | ojciec. | | ojc-u. |
| | brat. | | brat-u. |
| To jest | Agnieszka. | Daję prezent | Agnieszc- e. |
| | matka. | | matc- e. |
| | siostra. | | siostrz- e. |
| | pani Basia. | | pan- i  Bas- i. |
| To jest | dziecko. | Daję prezent | dzieck- u. |
| To są | dzieci. | Daję prezenty | dzieci- om. |

Careful analysis of the table allows you to establish the rules of forming the dative in the singular and plural. Masculine nouns in the dative singular have the ending *-owi*, with the exception of several nouns which have the ending *-u*, e.g. *panu, bratu, ojcu, psu, kotu*. The ending *-u* is typical of neuter nouns in the dative singular.

Feminine nouns in the dative singular have the same forms as in the locative. You learned how to form the locative singular in the first part of this coursebook (see A1: 13.2.1).

Nouns of all three genders in the dative plural have the ending *-om*. For example:

*Daję prezenty dzieciom.*
*Daję prezenty synowi i córkom.*
*Robię niespodzianki studentom.*

## B. Functions of the dative

**BA.** The dative appears as indirect object with selected verbs, e.g.:

kupuję co? komu?
daję co? komu?
mówię co? komu?
powiem co? komu?
życzę komu? czego?
pomagam komu? w czym?

Because the dative answers the question *komu? czemu?*, forms of the dative appear along with the question *komu?* For example:

*Kupuję prezent rodzicom na rocznicę ślubu.*
I am buying my parents a present for their wedding anniversary.

*Daje prezent rodzicom na rocznicę ślubu.*
I'm giving my parents a present for their wedding anniversary.

*Daję mleko kotu.*
I'm giving the cat milk.

*Robert mówi matce Agnieszki, że chce się skontaktować z Agnieszką.*
Robert is telling Agnieszka's mother that he want to contact her.

*Matka powie Agnieszce, że Robert chce się z nią skontaktować.*
Mother will tell Agnieszka that Robert wants to contact her.

*Robert życzy Agnieszce sukcesów na studiach.*
Robert wishes Agnieszka every success in her studies.

*Przyjaciele pomagają Robertowi w podjęciu decyzji.*
Friends are helping Robert to make a decision.

It is worth noting that the receivers of the actions are persons or animate beings (animals) and that is why examples of dative forms are personal and animate nouns.

**BB.** In Lesson 4 (see A2: 4.2.1), there are examples of another function of the dative, when the pronoun in the dative refers to a person who is experiencing a certain physical or mental state, an emotion. For example:

*Film Krzysztofa Kieślowskiego podobał się Agnieszce i Michelowi.*
*Film Kieślowskiego podobał im się.*
*Latem Polska podoba mi się bardzo.*
*Michelowi jest zimno. Jest mu zimno.*

Because expressions with pronouns such as *Film podoba mi się* or *Jest mi miło* are often used in Polish, they are introduced earlier than the dative of nouns.

## 10.2.2.
### Dative singular and plural of adjectives

Adjectives and pronouns that agree with masculine and neuter nouns in the dative singular have the ending *-emu*. Adjectives and pronouns that agree with feminine nouns in the dative singular have the ending *-ej*.

In the dative plural all adjectives and pronouns have two endings: the ending *-ym* after hard consonants (with the exception of *-k*, *-g*), and the ending *-im* after soft consonants and after *-k*, *-g*. For instance:

*Kupuję prezent swojemu bratu i swojemu ojcu.*
I am buying my brother and father a present.

*Składam życzenia swojemu najlepszemu przyjacielowi.*
I extend my best wishes to my best friend.

*Agnieszka składa życzenia Basi, swojej dobrej koleżance.*
Agnieszka extends her best wishes to Basia, her good friend.

*Pomagam zagranicznym studentkom w nauce języka polskiego.*
I help foreign students to learn Polish.

*Z okazji Dnia Dziecka dajemy prezenty naszym dzieciom.*
On Children's Day we give our children presents.

LEKCJA 10

## 10.2.3.
### Declension of the nouns *tydzień, rok*

The noun *rok* is an irregular noun, because its plural forms are derived from a different stem than its singular forms. We paid attention to it indirectly by introducing the expressions *dwa lata temu* and *za dwa lata* (see A2: 5.2.3). Here is the complete declension paradigm of this noun:

| Nom.  | rok    | lata     |
|-------|--------|----------|
| Gen.  | roku   | lat      |
| Dat.  | rokowi | latom    |
| Acc.  | rok    | lata     |
| Instr.| rokiem | latami   |
| Loc.  | o roku | o latach |
| Voc.  | roku!  | lata!    |

Declension of the noun *tydzień* is irregular in that the stem is different in the nominative and accusative singular from the one in all other cases where the stem is *tygodni-*. For example:

*Od tygodnia czekam na ważny list polecony.*
I have been waiting for an important registered letter for a week.

*Matka Michela była chora przez kilka tygodni.*
Michel's mother has been ill for several weeks.

## 10.3. *Jak to powiedzieć?*

**COMMUNICATIVE** COMMENTARY

### 10.3.1.
**Telephone conversations**

**A. Answering the telephone**

*Halo.*
Hello.

*Słucham.*
Hello.

*Uniwersytet Jagielloński, słucham.*
Jagiellonian University, how can I help you?

## B. Asking for the stranger's identity

*Kto mówi?*
Who is speaking?

*Przepraszam, ale kto mówi?*
Excuse me, but who is speaking?

## C. Introducing oneself

*Mówi Robert. Tu Robert.*
This is Robert. Robert speaking.

*(Tu) mówi Robert Kowalski.*
This is Robert Kowalski speaking.

## D. Calling the proper person

*Czy mogę rozmawiać z panem Janem Nowakiem?*
Could I speak to Mr Jan Nowak?

*Chciałbym prosić do telefonu pana Nowaka.*
I'd like to speak to Mr Jan Nowak.

*Przy telefonie.*
= This is he/she; Speaking

*Zaraz poproszę.*
Hold on a minute, please.

*Pana Nowaka nie ma w biurze.*
Mr Nowak is not in the office.

*Męża nie ma w domu.*
My husband is out at the moment.

## E. Conveying information

*Czy coś przekazać?*
Would you like to leave a message?

*Może coś przekazać?*
Would you like me to take a message?

*Proszę jej przekazać, że mam dla niej książkę.*
Please tell her I have a book for her.

*Proszę jej powiedzieć, że zadzwonię wieczorem.*
Please tell her I'll call her tonight.

**F. Finishing a conversation**

*Przepraszam, muszę już kończyć. Cześć.*
I am sorry I have to finish now. Bye.

*To wszystko. Dziękuję za rozmowę.*
That is all. Thank you.

Do widzenia.
Goodbye.

*Dziękuję pani bardzo. Do widzenia.*
Thank you very much. Goodbye.

## 10.4. *Powiedz to poprawnie!*

### EXERCISES IN GRAMMAR

**10.4.1.**
**Use the nouns in brackets in the dative.**

**Example:**
Agnieszka chce kupić prezent *mamie* (mama).

Robert chce kupić prezent. . . . . . . . . . . .(siostra).
Peter chce kupić prezent. . . . . . . . . . . . . . . . . .(brat).
Agnieszka chce kupić prezent . . . . . . . . . . (matka).
Paweł chce kupić prezent . . . . . . . . . . . . (ojciec).
Kuba chce kupić prezent . . . . . . . . . . . . . .(kolega).
Pani Nowakowa chce kupić prezent . . . . . . . .(mąż).

**10.4.2.**
**Complete the sentences with the nouns in the dative.**

**Example:**
Ja dam prezent *matce* (matka), a ty dasz *ojcu* (ojciec).

Ja dam prezent . . . . . . . . . . (Robert), a ty dasz . . . . . . . . (Agnieszka).
Ja dam prezent . . . . . . . . . . (Michel), a ty dasz . . . . . . . . . . . . (Peter).
Ja dam prezent . . . . . . . . . . (Anka) , a ty dasz . . . . . . . . . (Przemek).
Ja dam prezent . . . . . . . . . . (lektor), a ty dasz . . . . . . . . . (lektorka).

## 10.4.3.
**Complete the sentences with the nouns in the dative.**

**Example:**
Czy ten film podobał się *panu Nowakowi* (pan Nowak)?

Czy ta książka podobała się . . . . . . . . . . . . . . . . . . . (pani Nowakowa)?
Czy ten film podobał się . . . . . . . . . . . . . . . . (Barbara)?
Czy Polska podoba się . . . . . . . . . . . . . . . . . . (cudzoziemcy)?
Czy Polska podoba się . . . . . . . . . . . . . . . . . . (Europejczycy)?
Czy poznański rynek podobał się . . . . . . . . . . . (John)?
Czy wrocławski rynek podobał się . . . . . . . . . . . (Ania)?

## 10.4.4.
**Answer the questions from 10.4.3 in the positive or in the negative, using personal pronouns in the dative.**

**Example:**
Ten film podobał *mu* się.

. . . . . . . . . . . . . . . . . . . . . . . . . . . . . . . . . . . . . . . . . . . . . . . . . . . . . . . . . . . . . . . . . . . .
. . . . . . . . . . . . . . . . . . . . . . . . . . . . . . . . . . . . . . . . . . . . . . . . . . . . . . . . . . . . . . . . . . . .
. . . . . . . . . . . . . . . . . . . . . . . . . . . . . . . . . . . . . . . . . . . . . . . . . . . . . . . . . . . . . . . . . . . .
. . . . . . . . . . . . . . . . . . . . . . . . . . . . . . . . . . . . . . . . . . . . . . . . . . . . . . . . . . . . . . . . . . . .
. . . . . . . . . . . . . . . . . . . . . . . . . . . . . . . . . . . . . . . . . . . . . . . . . . . . . . . . . . . . . . . . . . . .
. . . . . . . . . . . . . . . . . . . . . . . . . . . . . . . . . . . . . . . . . . . . . . . . . . . . . . . . . . . . . . . . . . . .

## 10.4.5.
**Complete the following sentences with the appropriate forms of the pronouns in the dative. Note that in cases where there are two forms, in the examples below shorter forms should be used.**

**Example:**
Jest ci zimno, a *mnie* (ja) nie jest.

Jest mi zimno, a . . . . . . . . . (ty) nie jest?
Jest mi ciepło. A . . . . . . . . . (wy)?
Jest mi przyjemnie. A . . . . . . . . . (pan)?
Jest mi chłodno. A . . . . . . . . . (pani)?

Jest nam tu dobrze. A . . . . . . . . . (państwo)?
Mnie jest zimno, a . . . . . . . . . (wy) nie?
Tobie jest gorąco, a . . . . . . . . . (oni) nie?
Mnie jest tu miło, a . . . . . . . . . (one) nie?

## 10.4.6.
**Complete the sentences with the appropriate forms of the pronouns in the dative.**

**Example:**
Nie umiem kupować prezentów. Proszę *mi pomóc.*

Nie umiemy kupować prezentów. Proszę . . . . . . . . . . . . . . . . . . . . .
Nie umiecie kupować prezentów. Muszę . . . . . . . . . . . . . . . . . . . . .
Nie umiesz kupować prezentów. Muszę . . . . . . . . . . . . . . . . . . . . .
Michel nie lubi kupować prezentów. Proszę . . . . . . . . . . . . . . . . . . . .
Basia nie umie kupować prezentów. Muszę . . . . . . . . . . . . . . . . . . . .
Oni nie umieją kupować prezentów. Proszę . . . . . . . . . . . . . . . . . . . .

## 10.4.7.
**Complete the sentences with the appropriate forms of the nouns with pronouns or adjectives.**

**Example:**
Agnieszka opowiada o Madrycie *swojej koleżance* (jej koleżanka).

Michel opowiada o Krakowie . . . . . . . . . . . . . . . . . . . . . . . . (jego matka).
Opowiadamy o Berlinie . . . . . . . . . . . . . . . . . . . . . . . . (nasz nauczyciel).
Musicie opowiedzieć o Irlandii . . . . . . . . . . . . . . . . . . . . (wasz profesor).
Chcę opowiedzieć o Lizbonie . . . . . . . . . . . . . . . . . . . . . (pan dyrektor).
Muszę opowiedzieć o Polsce . . . . . . . . . . . . . . . . . . . . . . . (twoi rodzice).
Opowiadasz o wycieczce do Wenecji . . . . . . . . . . . . . . . . . . . . . . . . . . .
. . . . . . . . . . . . . . . . . . . . . . . . . . . . . . . . . . . . . (jego dobra koleżanka).

## 10.4.8.
**Put the words in proper order to form correct sentences.**

porozmawiać pracy o Agnieszką Robert z propozycji chciałby

. . . . . . . . . . . . . . . . . . . . . . . . . . . . . . . . . . . . . . . . . . . . . . . . . . . . . . . .

się nią chce na z spotkanie umówić

. . . . . . . . . . . . . . . . . . . . . . . . . . . . . . . . . . . . . . . . . . . . . . . . . . . . . . . .

domu ma Agnieszki Nowaków dzwoni do bo nie w państwa

. . . . . . . . . . . . . . . . . . . . . . . . . . . . . . . . . . . . . . . . . . . . . . . . . . . . . . . .

## 10.5. *Muszę to zrozumieć!*

## COMPREHENSION EXERCISES

**10.5.1.**

**Check whether you understand the dialogues 10.1.1. and 10.1.2.:**

|  | *prawda* | *fałsz* | *brak informacji* |
|---|---|---|---|
| *Robert nie chce rozmawiać z Agnieszką o pracy.* |  |  |  |
| *Robert telefonuje do rodziców Agnieszki.* |  |  |  |
| *Matka Agnieszki wie, kiedy ona będzie w domu.* |  |  |  |
| *Robert mówi, że zadzwoni do Agnieszki dziś wieczorem.* |  |  |  |
| *Agnieszka jest teraz z Michelem.* |  |  |  |
| *Agnieszka zakochała się w Michelu.* |  |  |  |
| *Robert wie, że Agnieszka kocha Michela.* |  |  |  |

**10.5.2.**

**You will hear a short dialog twice. Choose the correct answer by circling the appropriate letter A, B or C.**

Ta rozmowa jest możliwa:
A) w domu.
B) w pracy.
C) przez telefon.

**10.5.3.**

**Read the text below twice and choose the correct answer by circling the appropriate letter A, B or C.**

## Co możesz zrobić już dziś, jeżeli chcesz kiedyś pracować za granicą

### 1. SZLIFUJ JĘZYKI OBCE
Wysokie kwalifikacje w jakiejś dziedzinie mogą nie wystarczyć. Jeśli zależy Ci na dobrej pracy, musisz jeszcze mówić jakimś językiem. Najlepiej oczywiście językiem kraju, w którym chcesz pracować. (...)

### 2. IDŹ NA KURS OBSŁUGI KOMPUTERA
Oprócz znajomości języków, (...) ważna jest też umiejętność posługiwania się komputerem. (...) Z pewnością konieczne będzie swobodne korzystanie z Internetu i poczty elektronicznej oraz swobodne posługiwanie się programami używanymi w biurach.

### 3. WYBIERZ RENOMOWANĄ UCZELNIĘ
W staraniach o pracę na Zachodzie mile widziany jest dyplom zdobyty za granicą. Ale i ten otrzymany na którejś z kilku głównych polskich uczelni wcale nie będzie taki zły. Jeśli tylko na tym nie poprzestaniesz.

### 4. ZDOBYWAJ DOŚWIADCZENIE
Same studia to jeszcze nie wszystko. Liczy się cały Twój życiorys, z którego jasno wynika, jakie umiejętności i doświadczenia zdobyłaś do tej pory. Musisz też pamiętać o tym, by wszystkie szkolenia i znajomość języków obcych potwierdzać odpowiednimi certyfikatami. (...)

### 5. POZNAJ OBCĄ KULTURĘ
Koniecznie zapoznaj się z kulturą i zwyczajami kraju, do którego chciałbyś wyjechać. Czytaj o jego historii i wydarzeniach współczesnych, a przede wszystkim nawiąż osobiste kontakty z obywatelami tego kraju (na przykład koresponduj z nimi przez Internet).

### 6. NAUCZ SIĘ REKLAMOWAĆ SIEBIE
Dowiedz się jak poprawnie pisać CV i listy motywacyjne, by były oryginalne. Staraj się podczas rozmowy o pracę jak najlepiej zareklamować siebie. (...) Nie lekceważ więc zajęć lub kursów z autoprezentacji.

S. Orłowska, *Z dobrą pracą nie zginiesz*
Filipinka, styczeń 2002, s. 51;

**A.**

„Szlifować języki obce" to rozumieć i mówić tymi językami:
A) szybko.
B) trochę.
C) coraz lepiej.

„Renomowana uczelnia" to szkoła wyższa, która jest:
A) znana i bardzo dobra.
B) znana i dość dobra.
C) znana, ale niedobra.

„Reklamować siebie" to znaczy pokazywać siebie:
A) dobrze.
B) atrakcyjnie.
C) źle.

**B.**

Proszę wymienić trzy języki europejskie – poza swoim – które uważasz za najważniejsze w Europie. Proszę uzasadnić swoją opinię.

Trzy najważniejsze języki europejskie to . . . . . . . . . . . . . . . . . . . . . . . . .
. . . . . . . . . . . . . . . . . . . . . . . . . . . . . . . . . . . . . . . . . . . . . . . . . . . . . . .
. . . . . . . . . . . . . . . . . . . . . . . . . . . . . . . . . . . . . . . . . . . . . . . . . . . . . . .
. . . . . . . . . . . . . . . . . . . . . . . . . . . . . . . . . . . . . . . . . . . . . . . . . . . . . . .

**C.**

Co jest najważniejsze twoim zdaniem dla kogoś, kto chce pracować za granicą? Uzasadnij swoją opinię.

Ktoś, kto chce pracować za granicą, musi przede wszystkim . . . . . . . . . .
. . . . . . . . . . . . . . . . . . . . . . . . . . . . . . . . . . . . . . . . . . . . . . . . . . . . . . .
. . . . . . . . . . . . . . . . . . . . . . . . . . . . . . . . . . . . . . . . . . . . . . . . . . . . . . .
. . . . . . . . . . . . . . . . . . . . . . . . . . . . . . . . . . . . . . . . . . . . . . . . . . . . . . .

**D.**

Jaka twoim zdaniem powinna być hierarchia czynników sprzyjających pracy za granicą? Podaj pięć najważniejszych czynników i uzasadnij swój wybór.

. . . . . . . . . . . . . . . . . . . . . . . . . . . . . . . . . . . . . . . . . . . . . . . . . . . . . . .
. . . . . . . . . . . . . . . . . . . . . . . . . . . . . . . . . . . . . . . . . . . . . . . . . . . . . . .
. . . . . . . . . . . . . . . . . . . . . . . . . . . . . . . . . . . . . . . . . . . . . . . . . . . . . . .
. . . . . . . . . . . . . . . . . . . . . . . . . . . . . . . . . . . . . . . . . . . . . . . . . . . . . . .
. . . . . . . . . . . . . . . . . . . . . . . . . . . . . . . . . . . . . . . . . . . . . . . . . . . . . . .

**10.5.4.**

**Listen to the text twice. Choose the correct answer by circling the appropriate letter A, B or C.**

Robert szuka Agnieszki u:
A) rodziców.
B) Michela.
C) Wojtka.

Robert zadzwoni do Agnieszki późno:
A) po południu.
B) wieczorem.
C) w nocy.

Ojciec myśli, że Agnieszka zakochała się w Michelu, ale o tym:
A) nie myśli.
B) nie mówi.
C) nie wie.

## 10.6. *Czy umiesz to powiedzieć?*

### COMMUNICATIVE ACTIVITIES

**10.6.1.**
**Do you remember what happened in the last lesson? Say it in Polish.**

**10.6.2.**
**You call up your professor to tell him that you will be absent for one week. Give a reason for your absence.**

– Halo.
– . . . . . . . . . . . . . . . . . . . . . . . . . . . . . . . . . . . . . . . . . . . . . . . . . .
– Przy telefonie.
– . . . . . . . . . . . . . . . . . . . . . . . . . . . . . . . . . . . . . . . . . . . . . . . . . .
– A, to pan(i). Słucham.
– . . . . . . . . . . . . . . . . . . . . . . . . . . . . . . . . . . . . . . . . . . . . . . . . . .
– A dlaczego?
– . . . . . . . . . . . . . . . . . . . . . . . . . . . . . . . . . . . . . . . . . . . . . . . . . .

– Kolega weźmie tekst dla pana/pani. Proszę go przeczytać w domu i zrobić zadanie.

– . . . . . . . . . . . . . . . . . . . . . . . . . . . . . . . . . . . . . . . . . . . . .

– Do widzenia.

## 10.6.3.

**You call up your friend. He/she is absent. Leave a message.**

– Halo.

– . . . . . . . . . . . . . . . . . . . . . . . . . . . . . . . . . . . . . . . . . . . . .

– Dzień dobry.

– . . . . . . . . . . . . . . . . . . . . . . . . . . . . . . . . . . . . . . . . . . . . .

– Adama nie ma w domu. Będzie wieczorem. Coś przekazać?

– . . . . . . . . . . . . . . . . . . . . . . . . . . . . . . . . . . . . . . . . . . . . .

– Dobrze, powiem. Proszę jeszcze powtórzyć, kto mówi.

– . . . . . . . . . . . . . . . . . . . . . . . . . . . . . . . . . . . . . . . . . . . . .

– Do widzenia.

## 10.6.4.

**You call up your friend to invite him/her to a party:**

– Halo.

– . . . . . . . . . . . . . . . . . . . . . . . . . . . . . . . . . . . . . . . . . . . . .

– Cześć. Co słychać?

– . . . . . . . . . . . . . . . . . . . . . . . . . . . . . . . . . . . . . . . . . . . . .

– Wszystko w porządku.

– . . . . . . . . . . . . . . . . . . . . . . . . . . . . . . . . . . . . . . . . . . . . .

– Kiedy to będzie?

– . . . . . . . . . . . . . . . . . . . . . . . . . . . . . . . . . . . . . . . . . . . . .

– Dobrze. W sobotę mogę przyjść. A kto tam będzie?

– . . . . . . . . . . . . . . . . . . . . . . . . . . . . . . . . . . . . . . . . . . . . .

– Gdzie będzie ta impreza?

– . . . . . . . . . . . . . . . . . . . . . . . . . . . . . . . . . . . . . . . . . . . . .

– Jak tam dojechać?

– . . . . . . . . . . . . . . . . . . . . . . . . . . . . . . . . . . . . . . . . . . . . .

– Dziękuję ci bardzo za zaproszenie. Do zobaczenia w sobotę.

– . . . . . . . . . . . . . . . . . . . . . . . . . . . . . . . . . . . . . . . . . . . . .

**10.6.5.**

**You are calling someone who is out. Ask the person who answered the phone to take the following messages:**

a) dzwoniła wspólna znajoma, że przyjedzie w niedzielę i bardzo chce się z wami zobaczyć;

b) prosisz o telefon wieczorem;

c) jedziesz na weekend do Zakopanego, zapraszasz go/ ją;

d) wyjeżdżasz nagle i nie możesz się jutro spotkać;

e) będzie koncert zespołu „Myslovitz", zapraszasz go/ ją;

f) koledzy organizują ognisko, zapraszasz go/ ją.

**10.6.6.**

**Agnieszka is coming back home. On the table there is a note from her father:**

> *Marysiu!*
>
> *Musiałem nagle wyjechać do Warszawy. Mam załatwić kilka spraw w Ministerstwie. Wrócę jutro wieczorem. Proszę, żebyś wyjechała po mnie na dworzec. Zadzwonię dziś wieczorem.*
>
> *Całuję – Janek*

Agnieszka is calling her mother at work. Act out the conversation between Agnieszka and her mother.

# Lekcja 11

Agnieszka is at her place. In a week's time she has got an examination in contemporary literature. She knows contemporary Latin American literature, but she has to read a lot of contemporary Spanish literature.

When Michel is ringing the doorbell, Agnieszka is taken by surprise. He has brought her flowers to thank her for looking after him when he was ill. Agnieszka was so good and kind to him that Michel remembers his illness with pleasure. Now he is very kind to her; he wants her to feel nice.

Agnieszka is reading Spanish poetry and listening to old songs by Marek Grechuta. With her, Michel is listening to the song "Ocalić od zapomnienia" ("Rescue from oblivion"). He doesn't understand the whole song, but he remembers the final words in the song: "więc ja chciałbym twoje serce ocalić od zapomnienia" ("and so I would like to rescue your heart from oblivion"). These words are beautiful in his opinion.

In this lesson you will learn forms of the genitive and accusative plural. You will also learn the syntax of the verb "chcę". Finally, you will learn how to express positive emotions, including the phrases "podoba mi się" and "lubię".

Rynek Główny w Krakowie

# Lekcja 11

## 11.1. Chciałem, żeby ci było miło

**11.1.1.** Agnieszka jest u siebie w mieszkaniu. Za tydzień ma egzamin z literatury współczesnej. Przedtem musi jeszcze dużo przeczytać. Dzwonek do drzwi.

Agnieszka: Już otwieram. Kto tam?
Michel: To ja.
Agnieszka: Michel? Ty? To niemożliwe.
Michel: Dzień dobry. A właśnie że możliwe. To ja, ale nie sam. Z kwiatami, żeby ci podziękować za opiekę podczas choroby. Byłaś tak bardzo serdeczna i troskliwa, że wspominam tę chorobę z przyjemnością. Było mi tak dobrze! Dziękuję ci.
Agnieszka: Jestem naprawdę zaskoczona i nie wiem, co powiedzieć.
Michel: Nie mów nic. Chciałem tylko, żeby ci było miło.
Agnieszka: Jest mi bardzo miło. Te kwiaty to prawdziwa niespodzianka. Jestem naprawdę wzruszona. Proszę, wejdź do pokoju. Przepraszam za bałagan, ale właśnie czytam książki do egzaminu.
Michel: I słuchasz jakiejś interesującej muzyki...
Agnieszka: To stare piosenki Marka Grechuty, ale lubię je. A wiesz, że to ciebie powinno zainteresować. To przecież polska poezja śpiewana. O, na przykład ta piosenka do tekstu Gałczyńskiego. Proszę, posłuchaj.

## 11.1.2. Ocalić od zapomnienia

Oto wiersz K.I. Gałczyńskiego, który śpiewa M. Grechuta:

*Ile razem dróg przebytych?*
*Ile ścieżek przedeptanych?*
*Ile deszczów, ile śniegów*
*wiszących nad latarniami?*

*Ile listów, ile rozstań,*
*ciężkich godzin w miastach wielu?*
*I znów upór, żeby powstać*
*i znów iść, i dojść do celu.*

*Ile w trudzie nieustannym*
*wspólnych zmartwień, wspólnych dążeń?*
*Ile chlebów rozkrajanych?*
*Pocałunków? Schodów? Książek? (...)*

*Twe oczy jak piękne świece,*
*a w sercu źródło promienia.*
*Więc ja chciałbym twoje serce*
*ocalić od zapomnienia.*

Konstanty Ildefons Gałczyński
(1905–1953)
Pieśń III z 1953 r.

## Vocabulary

**bałagan** (m G **bałaganu**) *mess*
**cel** (m G **celu**) *aim, goal, purpose*
**choroba** (f G **choroby**) *illness, disease*
**ciężki, -a, -e** Adj. *heavy, weighty*
**czytać** + Ac. (**czytam, czytasz, -ają** Imperf.) *to read;* → **przeczytać** + Ac. (**przeczytam, -sz, -ają** Perf.) *to read*
**dążenie** (n G **dążenia**) *aspiration, pursuit*
**dojść do** + G (**dojdę, dojdziesz** Perf.) *to reach*
**drzwi** (pl. G **drzwi**) *door*
**interesować** + Ac. (**interesuję, -esz** Imperf.) *to interest, to concern;* → **zainteresować** + Ac. (**zainteresuję, -esz** Perf.) *to interest, to concern*

**kwiat** (m G **kwiatu**) *flower*
**latarnia** (f G **latarni**) *lantern, lamp*
**nad** + I *over, above, on*
**niespodzianka** (f G **niespodzianki**) *surprise*
**nieustanny, -a, -e** Adj. *incesant, unceasing*
**ocalać** + Ac., **od** + G (**ocalam, -sz, -ają** Imperf.) *to save, to rescue;* → **ocalić** + Ac., **od** + G (**ocalę, ocalisz** Perf.) *to save, to rescue*
**oko** (n G **oka**, pl. **oczy**) *eye*
**otwierać** + Ac. (**otwieram, -sz, -ają** Imperf.) *to open;* → **otworzyć** + Ac. (**otworzę, otworzysz** Perf.) *to open*
**pieśń** (f G **pieśni**) *song*

**11.1.3.** Mieszkanie Agnieszki. Michel uważnie wysłuchał piosenki Grechuty.

Michel: Nie wszystko rozumiem, ale piosenka podoba mi się. Jaki jest jej tytuł?

Agnieszka: *Ocalić od zapomnienia.* Taki, jak ostatnie słowa piosenki.

Michel: „Więc ja chciałbym twoje serce ocalić od zapomnienia". To piękne, wiesz?

## Vocabulary

**piękny, -a, -e** Adj. *beautiful, handsome, lovely*
**piosenka** (f G **piosenki**) *song*
**pocałunek** (m G **pocałunku**) *kiss*
**podczas** + G *during*
**podobać się, to podoba mi się** *I like it*
**poezja** (f G **poezji**) *poetry*
**posłuchać** + G (**posłucham, -sz, -ają** Perf.) *to listen to sth (for a while)*; → **posłuchaj** (Imperat.) *to listen*
**powstawać** (**powstaję, powstajesz** Imperf.) *to stand up, to rise*; → **powstać** (**powstanę, powstaniesz** Perf.) *to stand up, to rise*
**promień** (m G **promienia**) *ray*
**przebyty** -a, -e *passed, crossed*
**przedeptany** -a, -e *trampled*
**przyjemność** (f G **przyjemności**) *pleasure*
**przykład** (m G **przykładu**) *example*
**razem** *together*
**rozkrajany** -a, -e *sliced*
**rozstanie** (n G **rozstania**) *separation, parting*
**schody** (pl. G **schodów**) *stairs*
**serdeczny, -a, -e** Adj. *cordial, hearty*
**słowo** (n G **słowa**) *word*
**ścieżka** (f G **ścieżki**) *path, footpath*
**śpiewany, -a, -e** *sung*
**świeca** (f G **świecy**) *candle*

**tekst** (m G **tekstu**) *text*
**troskliwy, -a, -e** Adj. *careful, attentive*
**trud** (m G **trudu**) *pains*
**twe = twoje**
**tytuł** (m G **tytułu**) *title*
**umawiać na** + Ac. (**umawiam, -sz, -ają** Imperf.) *to make an appointment*; → **umówić na** + Ac. (**umówię, umówisz** Perf.) *to make an appointment*
**upór** (m G **uporu**) *obstinacy*
**więc** *now, well, so*
**wiele, wielu** *many, much*
**wiszący, -a, -e** *hanged*
**wspominać** + Ac. (**wspominam, -sz, -ają** Imperf.) *to remember, to mention*; → **wspomnieć** + Ac. (**wspomnę, wspomnisz** Perf.) *to remember, to mention*
**wspólny, -a, -e** Adj. *common*
**współczesny, -a, -e** Adj. *contemporary*
**wychodzić** (**wychodzę, wychodzisz** Imperf.) *to go out, to come out*
**wzruszony, -a, -e** *moved*
**zapomnienie** (n G **zapomnienia**) *oblivion*
**zaskoczony, -a, -e** *surprised*
**zmartwienie** (n G **zmartwienia**) *worry, grief*
**znów, znowu** *again*
**źródło** (n G **źródła**) *source*

## *Warto zapamiętać te słowa!*

# MIESZKANIE: KUCHNIA

1. stół; 2. krzesło; 3. kuchenka gazowa; 4. szafka; 5. talerz (płytki i głę-
boki); 6. talerzyk; 7. łyżka; 8. nóż; 9. widelec; 10. łyżeczka; 11. czajnik;
12. garnek; 13. patelnia; 14. rondel; 15. szklanka; 16. filiżanka; 17. telefon.

## 11.2. *Gramatyka jest ważna*

### GRAMMATICAL COMMENTARY

### 11.2.1.

**A. Genitive plural of nouns and modifiers**

Compare the nominative sg. and genitive pl. forms:

|  | Nom. sg. |  | Gen. pl. | Ending |
|---|---|---|---|---|
| To jest | pan Nowak. | Nie ma | panów Nowaków. | -ów |
|  | profesor. |  | profesorów. |  |
|  | student. |  | studentów. |  |
|  | pocałunek. |  | pocałunków. |  |
|  | chleb. |  | chlebów. |  |
|  | śnieg. |  | śniegów. |  |
|  | list. |  | listów. |  |
|  | liść. |  | liści. | -i |
|  | gość. |  | gości. |  |
|  | koń. |  | koni. |  |
|  | lekarz. |  | lekarzy. | -y |
|  | listonosz. |  | listonoszy. |  |
|  | deszcz. |  | deszczów. | -ów |
| To jest | Polka. | Nie ma | Polek. |  |
|  | Francuzka. |  | Francuzek. |  |
|  | godzina. |  | godzin. | ∅ |
|  | droga. |  | dróg. |  |
|  | książka. |  | książek. |  |
|  | pani. |  | pań. |  |
|  | miłość. |  | miłości. | -i |
|  | złość. |  | złości. |  |
|  | rzecz. |  | rzeczy. | -y |
| To jest | słowo. | Nie ma | słów. |  |
|  | zdanie. |  | zdań. | ∅ |
|  | zmartwienie. |  | zmartwień. |  |
|  | rozstanie. |  | rozstań. |  |

Note that in the genitive two endings predominate: -ów, -∅ (zero).

The ending -ów is normally applied to masculine nouns ending in a hard consonant. Feminine and neuter nouns whose nominatives end in -a, -i (fem.) and -o, -e (neut.) take the zero ending. Since what remains at the end of a word after the ending disappears are clusters of consonants which are difficult to pronounce, the zero ending (∅) is accompanied by the following alternations:

| | |
|---|---|
| *Polka – Polek* | ∅ : e |
| *książka – książek* | ∅ : e |
| *droga– dróg* | o : ó |
| *ręka – rąk* | ę : ą |
| *święto – świąt* | ę : ą · |

It is time now to admit that there are in Polish less usual feminine nouns, which end the nominative in the soft consonant (*miłość*) or the hardened consonant (*rzecz*). As with masculine nouns, feminine nouns whose nominative sg. forms end in a soft consonant (*ś, ć, ź, dź, ń, l*), in genitive plural take the ending -i. Masculine and feminine nouns ending in nominative sg. in a hardened consonant (*c, cz, dz, rz, ż, sz*) take the ending -y in the genitive plural.

Note that the genitive plural form of the feminine nouns ending in a soft or hardened consonant is identical with the genitive and locative singular forms of these nouns.

Remember some of the irregular forms of genitive plural:

| | |
|---|---|
| *dzień* | *dni* |
| *tydzień* | *tygodni* |
| *miesiąc* | *miesięcy* |
| *rok* | *lat* |
| | |
| *przyjaciel* | *przyjaciół* |
| *brat* | *braci* |
| *ojciec* | *ojców* |
| *człowiek* | *ludzi* |

## B. Genitive plural of modifiers

| | |
|---|---|
| *To jest nowy student.* | *Nie ma nowych studentów.* |
| *To jest dobry kolega.* | *Nie ma dobrych kolegów.* |
| *To jest tania książka.* | *Nie ma tanich książek.* |

*To jest droga rzecz.    Nie ma drogich rzeczy.*
*To jest mój gość.    Nie ma moich gości.*

The genitive plural of the modifiers is formed by adding the ending *-ych* to the stems with a hard consonant at the end (except *-k*, *-g*), and the ending *-ich* to the stems with a soft consonant or *-k*, *-g* at the end.

**C. Use of genitive after the word *ile***

Examples given in the lesson show that the genitive plural is used in the same syntactic structures as the genitive singular.

There are contexts, however, which prefer either the genitive plural, or the genitive singular. One such case occurs with the use of the genitive after the word *ile.*

Polish *ile* does not require that the speaker attend to the fact whether he or she is refering to countable or uncountable nouns. In both cases we use the same word *ile.* However, when it appears together with nouns in the genitive singular, it indicates that the speaker does not want to know their exact number. Whenever it is used with nouns in the genitive plural, it indicates that the speaker is interested in the exact number of things he refers to, e.g.:

| *ile* + Gen. sg. | *ile* + Gen. pl. |
|---|---|
| *Ile mleka wypiłeś?* | *Ile godzin pisałeś?* |
| How much milk did you drink? | How many hours were you writing? |
| *Ile zupy zjadłeś?* | *Ile dni byłaś w Gdańsku?* |
| How much soup did you eat? | How many days did you spend in Gdańsk? |
| *Ile piwa kupiłeś?* | *Ile tygodni chorowałeś?* |
| How much beer did you buy? | How many week were you ill? |

Of course, it may happen that the speaker wants to know the exact quantity of beer or milk, as measured, for example, in bottles. In such a case he will use another type of question:

*Ile butelek mleka wypiłeś?*
How many bottles of milk did you drink?

*Ile butelek piwa kupiłeś?*
How many bottles of beer did you buy?

Compare those questions with the following:

*Ile paczek papierosów kupiłeś?*
How many packets of cigarettes did you buy?

where there are two nouns in the genitive plural.

In the poem by K. I. Gałczyński, quoted in this lesson, we can find rhetorical questions with the word *ile*, e.g.: *Ile listów? Ile rozstań? Ile wspólnych zmartwień?* These questions do not require any precise answer. They suggest the answer „*dużo*".

## 11.2.2.
### Accusative plural of masculine personal nouns

The accusative plural form of masculine personal nouns is identical with the genitive plural of these nouns, e.g.:

| | |
|---|---|
| *To jest profesor.* | *Nie ma profesorów.* (Gen.) |
| | *Znam profesorów.* (Acc.) |
| *To jest student.* | *Nie ma studentów.* (Gen.) |
| | *Lubię studentów.* (Acc.) |
| *To jest gość.* | *Nie ma gości.* (Gen.) |
| | *Lubię gości.* (Acc.) |
| *To jest lekarz.* | *Nie lubię lekarzy.* (Gen.) |
| | *Znam lekarzy.* (Acc.) |

## 11.2.3.
### Syntax of the verb *chcieć*

#### A. *Chcę pić, chce mi się pić*
The verb *chcieć* followed by an infinitive is used whenever we refer to an inclination to do something, and it is the speaker who wishes to perform the action, e.g.:

*Chcę pisać.*
*Chcę jeść.*
*Chcę iść do kina.*

The speaker is a subject in both actions.

In Polish, there is another way of conveying this information: the verb *chcieć* appears then in its impersonal form *chce się*, the subject is expressed by the dative of the proper pronoun, and an infinitive concludes the clause, e.g.:

*Chcę pić.*    *Chce mi się pić.*
I am thirsty. / I want to drink.

*Chcesz jeść.*   *Chce ci się jeść.*
You are hungry. / You want to eat.

*On chce pić.*   *Chce mu się pić.*
He is thirsty. / He wants to drink.

*Ona chce jeść.*   *Chce jej się jeść.*
She is hungry. / She wants to eat.

The expression *chce mi się pić* is used frequently in colloquial Polish.

### B. *Chcę, żebyś pojechał*

If the speaker wants another person to perform an action, then after the verb *chcieć* we employ the conjunction *żebym, żebyś, żeby, żebyśmy, żebyście, żeby* followed by the former active past participle, e.g.:

*Mówię do ciebie: „Proszę, pojedź ze mną do Gdańska.”*
*Proszę, żebyś pojechał ze mną do Gdańska.*
May I ask you to go to Gdańsk with me?
*Chcę, żebyś pojechał ze mną do Gdańska.*
I want you to go to Gdańsk with me.

*Lektorka mówi do Michela: „Proszę napisać zadanie na jutro”.*
*Chcę, żeby pan napisał zadanie na jutro.*
I want you to write this assignment for tomorrow.
*Proszę, żeby pan napisał zadanie na jutro.*
Could I ask you to write this assignment for tomorrow?

*Agnieszka mówi do Michela: „Proszę, posłuchaj tej piosenki”.*
*Chcę, żebyś posłuchał tej piosenki.*
I want you to listen to this song.
*Proszę, żebyś posłuchał tej piosenki.*
Can you listen to this song, please?

Other examples :

*Agnieszka chce, żeby Michel posłuchał piosenki.*
Agnieszka wants Michel to listen to the song.

*Michel chce, żeby Agnieszce było miło.*
Michel wants Agnieszka to have a nice time.

*Chciałem tylko, żeby ci było miło.*
I only wanted you to have a nice time.

**Note:**

The form *(chcę), żebyś pojechał* resembles very much the conditional mood, but it differs from it, as the morpheme *-byś* can not be combined with the verb. It is permanently connected with the conjunction *że*.

Because the forms like *żebyś pojechał* are most commonly used in wishes, we will call them "the wishing mood".

The syntactic scheme of such forms is as follows:

$$
\begin{array}{l}
\text{chcieć} \\
\text{prosić +} \\
\text{życzyć}
\end{array}
\left|
\begin{array}{l}
\textit{żebym} \\
\textit{żebyś} \quad \Big\rangle + \quad 3^{\text{rd}} \text{ person sg. past tense} \\
\textit{żeby} \\[2ex]
\textit{żebyśmy} \\
\textit{żebyście} \Big\rangle + \quad 3^{\text{rd}} \text{ person pl. past tense} \\
\textit{żeby}
\end{array}
\right.
$$

The choice of the proper form (*żebym, żebyś,* etc.) depends upon the person, who is supposed to perform the action, e.g. *żebyś* refers to the listener (you).

Here, Polish syntax differs very much from English, as is illustrated by the diagram below:

| I want | you | to meet | him. |
|--------|------|---------|------|
| *Chcę,* | *żebyś* | *poznał* | *go.* |

# 11.3. Jak to powiedzieć?

## COMMUNICATIVE AND CULTURAL COMMENTARY

### 11.3.1.

### A. Expressing positive feelings

Expressing positive feelings as a reaction to other people's behaviour

| formal contact | informal contact |
|---|---|
| *Jest pan bardzo miły.* | *Jesteś miły. Jesteś bardzo miły.* |
| *Jest pani bardzo miła.* | *Jesteś miła. Jesteś bardzo miła.* |
| *Jest pani bardzo serdeczna.* | *Jesteś bardzo serdeczna.* |
| *Jest pan troskliwy.* | *Byłaś tak bardzo serdeczna i troskliwa.* |
| *Lubię z panem rozmawiać.* | *Lubię z tobą rozmawiać.* |
| *Lubię z panią tańczyć.* | *Lubię z tobą tańczyć.* |

### B. Expression of one's own feelings

*Jest mi bardzo miło.*
It is very nice of you. / Nice to meet you.

*Wspominam to z przyjemnością.*
I remember it with pleasure.

*Wspominam tę rozmowę z przyjemnością.*
I remember that conversation with pleasure.

*Czuję się tu bardzo dobrze = Jest mi tu bardzo dobrze.*
I feel very good here.

*Czułem się tak dobrze = Było mi tak dobrze.*
I felt so good there.

*Lubię Marka Grechutę.*
I like Marek Grechuta.

*Lubię stare piosenki.*
I like old songs.

*Piosenka podoba mi się.*
I like this song.

LEKCJA 11

*Jestem naprawdę wzruszona.*
I am really touched.

*Jestem taki szczęśliwy!*
I am so happy!

*Jestem taka szczęśliwa!*
I am so happy!

*Lubię cię.*
I like you.

*Bardzo cię lubię.*
I like you very much.

*Kocham cię.*
I love you.

*Dlaczego go/ ją / ich lubisz?*
Why do you like him / her / them?

> *Bo jest bardzo sympatyczny.*
> Because he is very nice and friendly.
>
> *Bo jest bardzo miła / inteligentna.*
> Because she is very nice / intelligent.
>
> *Bo są mili.*
> Because they are nice.
>
> *Bo lubią mnie.*
> Because they like me.
>
> *Bo czuję, że mnie lubią.*
> Because I feel they like me.

### 11.3.2.

**Expressions: *podoba mi się* and *lubię***

In Polish, the expression *podoba mi się* is used to convey the first positive impression implied by confronting a work of art, a person, or a city, e.g.:

> *Gdańsk **bardzo podoba mi się**.*
> I like Gdańsk very much.
>
> *Ta piosenka **podoba mi się**.*
> I like this song.

*Film **podobał mi się bardzo**.*
I like the film very much.

*Dziewczyna **spodobała mi się od pierwszego wejrzenia**.*
I liked the girl at first sight.

We say *podoba mi się* when we refer to person's appearance:

*Piotr **bardzo podoba mi się**.*
I like Piotr very much.

*Jego oczy **podobają mi się bardzo**.*
I like his eyes very much.

*Jego twarz **podoba mi się bardzo**.*
I like his face very much.

The verb *lubić* is employed whenever, due to closer contacts, we develop warm feelings towards something, e.g.:

*Mieszkałam w Gdańsku dwa lata. Mogę powiedzieć, że **lubię Gdańsk**.*
I lived in Gdańsk for two years. I can say I like Gdańsk.

*Często słucham piosenek Grechuty. **Lubię poezję śpiewaną**.*
I often listen to songs by Grechuta. I like poetry set to music.

***Bardzo lubię Piotra**. To mój najlepszy przyjaciel.*
I like Piotr very much. He is my best friend

The verb *lubić* is used when we talk about meals that we like or not, e.g.:

*Bardzo **lubię zupę grzybową**.*
I like mushroom soup very much.

***Nie lubię bigosu**.*
I don't like cabbage stew very much.

***Lubię zieloną sałatę**.*
I like green salad.

*Bardzo **lubię pączki**.*
I like doughnuts very much.

*Czy **lubisz piwo**?*
Do you like beer?

The verb *lubić* is also used to define the actions which we often do, which we like doing or which seem pleasant to us:

*On lubi się spóźniać.*
He likes to be late.

*Lubi długo spać.*
He likes to sleep long.

*Bardzo lubi pić.*
He likes to drink very much.

*Nie lubię dużo jeść.*
I don't like to eat much.

## 11.4. *Powiedz to poprawnie!*

### EXERCISES IN GRAMMAR

**11.4.1.**
**Ask for fruits and vegetables using nouns in the genitive plural:**

**Example:**
*Czy ma pani jabłka? Proszę dwa kilo jabłek.*

Czy ma pani pomidory? Proszę kilo . . . . . . . . . . . . . . .
Czy ma pan gruszki? Proszę dwa kilo . . . . . . . . . . . . . .
Czy ma pani śliwki? Proszę kilo . . . . . . . . . . . . . . . . . .
Czy ma pani grzyby? Proszę pół kilo . . . . . . . . . . . . . . .
Czy ma pani pieczarki? Proszę kilo . . . . . . . . . . . . . . . .
Czy ma pani cytryny? Proszę pół kilo . . . . . . . . . . . . . .
Czy ma pani banany? Proszę kilo . . . . . . . . . . . . . . . .
Czy ma pani pomarańcze? Proszę kilo . . . . . . . . . . . . . .
Czy ma pani ogórki? Proszę dwa kilo . . . . . . . . . . . . . .

**11.4.2.**
**Use nouns in the genitive plural:**

**Example:**
*Ile godzin (godzina) pisałeś test?*

Ile ........ (dzień) byliście w Warszawie? Ile ............. (tydzień)
byłaś w Kijowie? Ile ............ (miesiąc) byłeś w Polsce? Ile ......
(rok) studiowaliście w Polsce?

## 11.4.3.
**Answer the questions using nouns in the genitive plural:**

**Example:**
*Czy są w tej grupie Polki? Nie, nie ma tu Polek.*

Czy są w tej grupie Australijki?
Nie, ....................................................
Czy są w tej grupie Francuzki?
Nie, ....................................................
Czy są w tej grupie Japonki?
Nie, ....................................................
Czy są w tej grupie Chinki?
Nie, ....................................................
Czy są w tej grupie Koreanki?
Nie, ....................................................
Czy są w tej grupie Rosjanki?
Nie, ....................................................
Czy są w tej grupie Amerykanki?
Nie, ....................................................
Czy są w tej grupie Kanadyjki?
Nie, ....................................................

## 11.4.4.
**Complete sentences with subordinate clauses following the model:**

**Example:**
*Mówię do ciebie: „Proszę, pojedź ze mną do Gdańska". Proszę, żebyś pojechał ze*
*mną do Gdańska.*

Mówię do pana: „Proszę pojechać do Warszawy".
Proszę, ....................................................
Mówię do pani: „Proszę zatelefonować do mnie jutro".
Proszę, ....................................................
Mówię do państwa: „Proszę napisać zadanie na jutro".
Proszę, ....................................................
Mówię do was: „Przeczytajcie ten tekst".
Proszę, ....................................................

On mówi do nas: „Przyjdźcie na moje imieniny".
On prosi, . . . . . . . . . . . . . . . . . . . . . . . . . . . . . . . . . . . .
Ona mówi do was: „Proszę przyjść do mnie na kawę".
Ona prosi, . . . . . . . . . . . . . . . . . . . . . . . . . . . . . . . . . . . .

## 11.4.5.
**Answer the questions following the model:**

**Example:**
*Czy on chce pić? Tak, bardzo chce mu się pić!*

Czy ona chce pić?
Tak, . . . . . . . . . . . . . . . . . . . . . . . . . . . . . . . . . . . .
Czy wy chcecie pić?
Tak, . . . . . . . . . . . . . . . . . . . . . . . . . . . . . . . . (my)
Czy ty chcesz pić?
Tak, . . . . . . . . . . . . . . . . . . . . . . . . . . . . . . . . . (ja)
Czy oni chcą pić?
Tak, . . . . . . . . . . . . . . . . . . . . . . . . . . . . . . . . . . .
Czy ty chcesz jeść?
Tak, . . . . . . . . . . . . . . . . . . . . . . . . . . . . . . . . (ja)
Czy one chcą jeść?
Tak, . . . . . . . . . . . . . . . . . . . . . . . . . . . . . . . . . . .
Czy wy chcecie jeść?
Tak, . . . . . . . . . . . . . . . . . . . . . . . . . . . . . . . (my)
Czy on chce jeść?
Tak, . . . . . . . . . . . . . . . . . . . . . . . . . . . . . . . . . . .

## 11.4.6.
**Answer the questions following the model:**

**Example:**
*Dlaczego nie pijesz? Nie chce mi się pić.*

Dlaczego nie jecie?
. . . . . . . . . . . . . . . . . . . . . . . . . . . . . . . . . . . .
Dlaczego nie śpisz?
. . . . . . . . . . . . . . . . . . . . . . . . . . . . . . . . . . . .
Dlaczego on nie pracuje?
. . . . . . . . . . . . . . . . . . . . . . . . . . . . . . . . . . . .
Dlaczego ona nic nie gotuje?
. . . . . . . . . . . . . . . . . . . . . . . . . . . . . . . . . . . .

Dlaczego nic nie mówisz?

. . . . . . . . . . . . . . . . . . . . . . . . . . . . . . . . . . . . . . . . . . .

Dlaczego nie piszecie?

. . . . . . . . . . . . . . . . . . . . . . . . . . . . . . . . . . . . . . . . . . .

### 11.4.7.
**Complete the sentences following the model:**

**Example:**

*Ona chce, żebym (ja) był jutro w domu.*

Profesor chce, . . . . . . . . . . . . . . (my) napisali zadanie na jutro. Chcę,
. . . . . . . . . . . . . (wy) poszli w niedzielę do teatru. Życzymy ci, . . . . . . .
(ty) była szczęśliwa. Życzę panu, . . . . . . . . . . . pan był zdrowy. Proszę,
. . . . . . . . . państwo byli tu o 10:00. Proszę, . . . . . . . . . . . . panowie
napisali do mnie.

### 11.4.8.
**Answer the questions using the nouns in the genitive plural.**

**Example:**

*Czy są w tej grupie Czesi? Nie, nie ma Czechów.*

| | |
|---|---|
| Czy są w tej grupie Hiszpanie? | Nie, . . . . . . . . . . . . . . . . . . . . . . . . |
| Czy są w tej grupie Włosi? | Nie, . . . . . . . . . . . . . . . . . . . . . . . . |
| Czy są w tej grupie Niemcy? | Nie, . . . . . . . . . . . . . . . . . . . . . . . . |
| Czy są w tej grupie Irlandczycy? | Nie, . . . . . . . . . . . . . . . . . . . . . . . . |
| Czy są w tej grupie Szwedzi? | Nie, . . . . . . . . . . . . . . . . . . . . . . . . |
| Czy są w tej grupie Grecy? | Nie, . . . . . . . . . . . . . . . . . . . . . . . . |
| Czy są w tej grupie Belgowie? | Nie, . . . . . . . . . . . . . . . . . . . . . . . . |
| Czy są w tej grupie Holendrzy? | Nie, . . . . . . . . . . . . . . . . . . . . . . . . |

### 11.4.9.
**Put the nouns in brackets into the correct forms.**

Agnieszka jest w swoim . . . . . . . . . . . . . . . . . (mieszkanie). Za tydzień
ma egzamin z . . . . . . . . . . . . . . . . . . . . (literatura) hiszpańskiej. Dlatego
czyta . . . . . . . . . . . . . . . (poezja). Do . . . . . . . . . . . . . . . (drzwi) dzwoni
Michel, który przyszedł podziękować za . . . . . . . . . . . (opieka) w czasie
. . . . . . . . . . . . . . (choroba). Agnieszka była dla niego taka serdeczna,
że Michel wspomina tę . . . . . . . . . . . . . (choroba) z . . . . . . . . . . . . . . . .
(przyjemność). Agnieszka jest zaskoczona i wzruszona. Zaprasza . . . . . .
. . . . . . . . (Michel) do . . . . . . . . . . (pokój), gdzie czyta . . . . . . . . . . .

(poezja) i słucha . . . . . . . . . . . . . . . . . (piosenki) . . . . . . . . . . . . .
. . . . . . . . (Marek Grechuta).

**11.4.10.**
**Consider the meanings of words related to the word *serce* and give their English equivalents.**

serce . . . . . . . . . . . . . . .          serdeczny . . . . . . . . . . . . . . .
serdecznie . . . . . . . . . . .          serdeczności (w zakończeniu listu)
                                                       . . . . . . . . . . . . . . . . . . . . . . . . . . .

## 11.5. *Muszę to zrozumieć!*

### COMPREHENSION EXERCISES

**11.5.1.**
**Check whether you understand the dialogues 11.1.1.–11.1.3.:**

|  | *prawda* | *fałsz* | *brak informacji* |
|---|---|---|---|
| *Agnieszka czyta literaturę współczesną.* *Michel przyszedł, żeby podziękować za opiekę.* *Agnieszka jest bardzo zaskoczona, ale jest jej miło.* *Agnieszka słucha starych piosenek Grechuty.* *Michel mówi, że piosenka nie podoba mu się.* *Michel nie wie, kto to jest K. I. Gałczyński.* |  |  |  |

**11.5.2.**
**Fill out the blanks with appropriate prepositions and conjunctions (compare with the dialogue 11.1.1.)**

Agnieszka jest . . . . . . domu . . . . . . . czyta teksty literackie, . . . . . . . . .
ma egzamin . . . . . literatury współczesnej! Ktoś dzwoni . . . . . . . drzwi.
Agnieszka otwiera . . . . widzi, . . . . . to Michel. Michel przyszedł . . . . .
niej . . . . kwiatami, . . . . . . . podziękować . . . . . . . opiekę . . . . . . . . . .

choroby. Agnieszka nie wie, . . . . . . powiedzieć. Michel mówi jej, . . . . .
chciał, . . . . . . było jej miło.

### 11.5.3.

**You will hear a short dialog twice. Choose the correct answer by circling the appropriate letter A, B or C.**

Książeczka Jimmy'ego Liao jest:
A) bardzo ładna,
B) nieładna,
C) bolą od niej oczy.

### 11.5.4.

**You will hear a short dialog twice. Choose the correct answer by circling the appropriate letter A, B or C.**

Pączki są :
A) bez smaku,
B) bardzo dobre,
C) niedobre.

### 11.5.5.

**Read the text below twice and choose the correct answer by circling the appropriate letter A, B or C.**

**Rozmowa ze Scottem Simpsonem, Amerykaninem, asystentem naukowym w Katedrze Europeistyki, opiekunem studentów zagranicznych**

– *Jak znalazłeś się w Polsce?*

– W zasadzie przypadkiem. Miałem kolegę, który pracował w firmie sprzedającej polskiemu rządowi pewne urządzenia. Firma chciała przeszkolić polskich inżynierów, bo w tamtych czasach najczęściej znali oni język rosyjski. Ja miałem ich nauczyć angielskiego. Pracowałem z nimi jakieś trzy lata, z czasem jednak coraz mniej. To był 1992 r. i wtedy człowiek, który miał zdrowe ręce i nogi, mówił po angielsku, w Warszawie mógł znaleźć mnóstwo ciekawej roboty.

– *Na Uniwersytet Jagielloński nie trafiłeś chyba przypadkowo?*

– Do Krakowa przyjechałem w związku z pracą, jaką wykonywałem dla warszawskiej szkoły. Spodobało mi się i potem przyjeżdżałem tutaj jako turysta. W Stanach skończyłem religioznawstwo i byłem ciekaw, jak wygląda religioznawstwo na UJ. Kiedyś zajrzałem do instytutu i porozmawiałem z bardzo miłą panią profesor Grzymałą-Moszczyńską, która zrobiła na mnie bardzo pozytywne wrażenie. Wkrótce potem odwiedzili mnie rodzice. Podczas zwiedzania Collegium Maius moja mama powiedziała, że to jest takie miejsce, które na pewno każdy polubi. W tym momencie stwierdziłem, że może rzeczywiście warto tu zostać. Zrobiłem magisterium z religioznawstwa, ale wtedy nie próbowałem zostać na UJ. Na krótko wyjechałem do Irlandii, a później wróciłem do Warszawy. Na uniwersytecie znalazłem się znów dzięki swojemu koledze, który przygotowywał nowy program polsko-angielskojęzyczny na europeistyce i zaprosił mnie do pracy. (...)

– *A co sądzisz o studentach zagranicznych studiujących w Polsce?*

– Cudzoziemskich studentów jest wielu, ale nie tworzą oni jednolitej grupy. Najłatwiej do polskich warunków przyzwyczajają się studenci z byłych republik radzieckich. Studenci ze Stanów i Kanady są „najgłośniejsi", bo tego są nauczeni. Klient płaci i wymaga. Studentów bardzo denerwuje biurokracja uczelniana. Niepisane zasady też mogą być trudne do opanowania. Na przykład studenci ze Stanów często ubierają się na egzamin „niewłaściwie", bo w USA obowiązuje zasada, żeby na egzamin wkładać jak najwygodniejsze ubranie. Myślę, że studenci obcokrajowcy są bardzo potrzebni na uniwersytecie, szczególnie ci z Zachodu, bo chociaż UJ jest bardzo starą uczelnią, nie jest dzisiaj szerzej znany na świecie. Jego dyplom na Zachodzie nie wszędzie i nie zawsze jest rozpoznawany. Absolwenci UJ przywożą do swojego kraju informacje, że jest taki uniwersytet i coś znaczy, a zatem są potrzebni, bo robią mu reklamę. To z kolei może przydać się polskim absolwentom wyjeżdżającym na Zachód.

Rozmawiał Eryk Kozieł
Dziennik Polski, 21 IV 2005

**A.** Scott opowiada o:
A) podróżach do Polski.
B) studiach w Polsce.
C) pracy i studiach w Polsce.

Od roku 1992 Scott uczył w Polsce:
A) rosyjskiego.
B) angielskiego.
C) polskiego.

Na uniwersytecie w Krakowie Scott studiował:
A) religioznawstwo.
B) studia europejskie.
C) studia polskie.

„Miejsce, które każdy polubi" to
A) Collegium Medicum.
B) Collegium Maius.
C) Uniwersytet Jagielloński.

**B.** Zaproponuj tytuł rozmowy ze Scottem Simpsonem

. . . . . . . . . . . . . . . . . . . . . . . . . . . . . . . . . . . . . . . . . . . . .

**C.** Czy zgadzasz się z opiniami Scotta o studentach zagranicznych?

. . . . . . . . . . . . . . . . . . . . . . . . . . . . . . . . . . . . . . . . . . . . .
. . . . . . . . . . . . . . . . . . . . . . . . . . . . . . . . . . . . . . . . . . . . .
. . . . . . . . . . . . . . . . . . . . . . . . . . . . . . . . . . . . . . . . . . . . .

**11.5.6.**
**Listen to the text twice. Choose the correct answer by circling the appropriate letter A, B or C.**

Agnieszka czyta współczesną literaturę
A) latynoamerykańską.
B) hiszpańską.
C) meksykańską.

W czasie choroby Agnieszka była dla Michela bardzo
A) miła.
B) serdeczna.
C) wesoła.

Michel słucha z Agnieszką piosenki „Ocalić od
A) zapamiętania".
B) zapewnienia".
C) zapomnienia".

## 11.6. *Czy umiesz to powiedzieć?*

### COMMUNICATIVE ACTIVITIES

**11.6.1.**

**Think of five things you like about Polish people or about Polish culture. Next choose one and justify why you like it most.**

1) . . . . . . . . . . . . . . . . . . . . . . . .
2) . . . . . . . . . . . . . . . . . . . . . . .
3) . . . . . . . . . . . . . . . . . . . . . . .
4) . . . . . . . . . . . . . . . . . . . . . . .
5) . . . . . . . . . . . . . . . . . . . . . . .

Najbardziej podoba mi się . . . . . . . . . . . . . . . . . . . . . . . . . . . . . . . . . . .
. . . . . . . . . . . . . . . . . . . . . . . . . . . . . . . . . . . . . . . . . . . . . . . . . . . . .
. . . . . . . . . . . . . . . . . . . . . . . . . . . . . . . . . . . . . . . . . . . . . . . . . . . . .

**11.6.2.**

**Think of several dishes and/or beverages you like most in Polish cuisine. Compare your choice with that of the other members of your group. Together decide which is the favourite Polish dish in your group.**

. . . . . . . . . . . . . . . . . . . . . .          . . . . . . . . . . . . . . . . . . . . . . .
. . . . . . . . . . . . . . . . . . . . . .          . . . . . . . . . . . . . . . . . . . . . . .
. . . . . . . . . . . . . . . . . . . . . .          . . . . . . . . . . . . . . . . . . . . . . .

Najbardziej lubiana potrawa polska to . . . . . . . . . . . . . . . . . . . . . . . . . .

**11.6.3.**

**Use the verbs *lubić, kochać,* or the expression *podoba mi się* following the model:**

*Zupa pomidorowa? Bardzo lubię zupę pomidorową.*

Polska?

. . . . . . . . . . . . . . . . . . . . . . . . . . . . . . . . . . . . . . . . . . . . . . . . . . . . .
Sałata?

. . . . . . . . . . . . . . . . . . . . . . . . . . . . . . . . . . . . . . . . . . . . . . . . . . . . .
Gdańsk?

. . . . . . . . . . . . . . . . . . . . . . . . . . . . . . . . . . . . . . . . . . . . . . . . . . . . .

Wino?

. . . . . . . . . . . . . . . . . . . . . . . . . . . . . . . . . . . . . . . . . . . . . . . . . . .

Moja siostra?

. . . . . . . . . . . . . . . . . . . . . . . . . . . . . . . . . . . . . . . . . . . . . . . . . . .

Polskie piosenki?

. . . . . . . . . . . . . . . . . . . . . . . . . . . . . . . . . . . . . . . . . . . . . . . . . . .

Amerykańskie filmy?

. . . . . . . . . . . . . . . . . . . . . . . . . . . . . . . . . . . . . . . . . . . . . . . . . . .

Mój kolega?

. . . . . . . . . . . . . . . . . . . . . . . . . . . . . . . . . . . . . . . . . . . . . . . . . . .

Nasza lektorka?

. . . . . . . . . . . . . . . . . . . . . . . . . . . . . . . . . . . . . . . . . . . . . . . . . . .

Jej oczy?

. . . . . . . . . . . . . . . . . . . . . . . . . . . . . . . . . . . . . . . . . . . . . . . . . . .

### 11.6.4.

**Ask your classmates some questions in order to find someone who**

a) had mostly positive feelings about Poland,
b) likes this textbook,
c) has visited Poland.

### 11.6.5.

**Write a fifteen-sentence paragraph about somebody you would like to rescue from oblivion. Stress your positive feelings toward this person.**

Ktoś, kogo chciałbym ocalić od zapomnienia

. . . . . . . . . . . . . . . . . . . . . . . . . . . . . . . . . . . . . . . . . . . . . . . . . . . . . . .

. . . . . . . . . . . . . . . . . . . . . . . . . . . . . . . . . . . . . . . . . . . . . . . . . . . . . . .

. . . . . . . . . . . . . . . . . . . . . . . . . . . . . . . . . . . . . . . . . . . . . . . . . . . . . . .

. . . . . . . . . . . . . . . . . . . . . . . . . . . . . . . . . . . . . . . . . . . . . . . . . . . . . . .

. . . . . . . . . . . . . . . . . . . . . . . . . . . . . . . . . . . . . . . . . . . . . . . . . . . . . . .

. . . . . . . . . . . . . . . . . . . . . . . . . . . . . . . . . . . . . . . . . . . . . . . . . . . . . . .

. . . . . . . . . . . . . . . . . . . . . . . . . . . . . . . . . . . . . . . . . . . . . . . . . . . . . . .

### 11.6.6.

**How do you understand the poem *Ocalić od zapomnienia?* Write a five-
-sentence paragraph.**

. . . . . . . . . . . . . . . . . . . . . . . . . . . . . . . . . . . . . . . . . . . . . . . . . . .

. . . . . . . . . . . . . . . . . . . . . . . . . . . . . . . . . . . . . . . . . . . . . . . . . . .

. . . . . . . . . . . . . . . . . . . . . . . . . . . . . . . . . . . . . . . . . . . . . . . . . . . .
. . . . . . . . . . . . . . . . . . . . . . . . . . . . . . . . . . . . . . . . . . . . . . . . . . . .

## 11.6.7.

**Together with your friends choose the nicest female student of Polish and conduct an interview with her. Note down the questions you would like to ask her.**

. . . . . . . . . . . . . . . . . . . . . . . . . . . . . . . . . . . . . . . . . . . . . . . . . . . .
. . . . . . . . . . . . . . . . . . . . . . . . . . . . . . . . . . . . . . . . . . . . . . . . . . . .
. . . . . . . . . . . . . . . . . . . . . . . . . . . . . . . . . . . . . . . . . . . . . . . . . . . .
. . . . . . . . . . . . . . . . . . . . . . . . . . . . . . . . . . . . . . . . . . . . . . . . . . . .

## 11.6.8.

**Tell the group about the nicest event you have experienced connected with learning Polish.**

. . . . . . . . . . . . . . . . . . . . . . . . . . . . . . . . . . . . . . . . . . . . . . . . . . . .
. . . . . . . . . . . . . . . . . . . . . . . . . . . . . . . . . . . . . . . . . . . . . . . . . . . .
. . . . . . . . . . . . . . . . . . . . . . . . . . . . . . . . . . . . . . . . . . . . . . . . . . . .
. . . . . . . . . . . . . . . . . . . . . . . . . . . . . . . . . . . . . . . . . . . . . . . . . . . .

## 11.6.9.

**Which European city do you like most? Tell the group about the city and justify your positive opinion of it.**

. . . . . . . . . . . . . . . . . . . . . . . . . . . . . . . . . . . . . . . . . . . . . . . . . . . .
. . . . . . . . . . . . . . . . . . . . . . . . . . . . . . . . . . . . . . . . . . . . . . . . . . . .
. . . . . . . . . . . . . . . . . . . . . . . . . . . . . . . . . . . . . . . . . . . . . . . . . . . .
. . . . . . . . . . . . . . . . . . . . . . . . . . . . . . . . . . . . . . . . . . . . . . . . . . . .

## 11.6.10.

**Which old town market square is the most beautiful one in Poland: in Warszawa, Kraków, Poznań, Gdańsk or Wrocław?**

. . . . . . . . . . . . . . . . . . . . . . . . . . . . . . . . . . . . . . . . . . . . . . . . . . . .
. . . . . . . . . . . . . . . . . . . . . . . . . . . . . . . . . . . . . . . . . . . . . . . . . . . .
. . . . . . . . . . . . . . . . . . . . . . . . . . . . . . . . . . . . . . . . . . . . . . . . . . . .
. . . . . . . . . . . . . . . . . . . . . . . . . . . . . . . . . . . . . . . . . . . . . . . . . . . .
. . . . . . . . . . . . . . . . . . . . . . . . . . . . . . . . . . . . . . . . . . . . . . . . . . . .

**11.6.11.**

You and your friends work in a foreign travel agency, which organizes trips to Poland. In one of your meetings, talk about which Polish city should become the main tourist attraction in your offer, and then choose the city. Next, think of an advertising slogan for the city and design a poster together.

To aid your discussion, you can use the results of surveys conducted in Poland and excerpts from publications on attractiveness of Polish towns. When making your choice, note that foreigners may have different opinions than Poles.

## FENOMEN KRAKOWA

**Tak jak USA najbardziej kojarzą się z Nowym Jorkiem, Australia z Sydney, a Brazylia z Rio de Janeiro, tak Polska kojarzy się z Krakowem**

**NASZA WIZYTÓWKA**

**Które polskie miasto jest na tyle atrakcyjne, że mogłoby stać się wizytówką Polski na świecie?**

Odpodwiedzi w proc.

| | |
|---|---|
| Kraków | 44 |
| Warszawa | 23 |
| Poznań | 6 |
| Wrocław | 6 |
| Gdańsk | 6 |
| Zakopane | 2 |
| Łódź | 1 |
| Toruń | 1 |
| Inne | 7 |
| Trudno powiedzieć | 4 |

Źródło: TNS OBOP

Kraków, ul. Kanonicza

## KTÓRE MIASTO UWAŻASZ ZA NAJPIĘKNIEJSZE

**Kraków**
Źródło: Pentor
dla „Wprost"

**52,5**

**12,5** Warszawa

**11,7** Wrocław

% Gdańsk

**10,9**

**6,2** Poznań

**2,5** Szczecin

nie wiem **1,7** | **2,2** inne miasto

**Carlos Fuentes**
pisarz meksykański

„Kraków to najpiękniejsze miasto na świecie".

## CO WIE FRANCUZ
**Wynik sondażu przeprowadzonego we Francji.
Badano tzw. rozpoznawalność marki,
czyli: Czy wiesz, co ta nazwa oznacza.**
Odpowiedzi „tak" w proc.

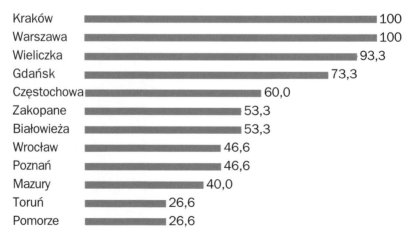

| | |
|---|---|
| Kraków | 100 |
| Warszawa | 100 |
| Wieliczka | 93,3 |
| Gdańsk | 73,3 |
| Częstochowa | 60,0 |
| Zakopane | 53,3 |
| Białowieża | 53,3 |
| Wrocław | 46,6 |
| Poznań | 46,6 |
| Mazury | 40,0 |
| Toruń | 26,6 |
| Pomorze | 26,6 |

Źródło: Polska Organizacja Turystyczna.

Polskie miasta wchodzą w modę. Jeśli jest się Niemcem, modnie jest pojechać na weekend do Wrocławia. Jeśli młodym Aglikiem – wypada polecieć na wieczór kawalerski do Krakowa. Gdy jest się odpowiednio sytuowanym Polakiem, w najlepszym tonie jest kupić apartament w Sopocie. Na udany wypad nadają się Łódź, Poznań, Zamość, Lublin, Gdańsk albo Elbląg.

## Wrocław

637 tys. mieszkańców,
2,2 mln turystów rocznie.
Polski turysta wydaje tu średnio 112 zł, a zagraniczny 400 zł dziennie

## Gdańsk

461 tys. mieszkańców,
900 tys. gości krajowych oraz 500 tys. zagranicznych rocznie. Turysta krajowy w 2004 r. wydał tu średnio 340 zł, a zagraniczny 720 zł dziennie.

## Sopot

40 tys. mieszkańców,
300 tys. przyjezdnych
(z noclegiem) rocznie,
w tym 60 proc. Polaków.
Można szacować, że w ub.r.
Polacy zostawili w Sopocie
61,2 mln zł, a obcokrajowcy
86,4 mln zł.

## Kraków

750 tys. mieszkańców,
liczba turystów niebawem,
w 2005 r., przekroczy
10 mln rocznie. W 2004 r.
po raz pierwszy liczba tych zagranicznych, zostających na dłużej niż dzień, była wyraźnie wyższa niż krajowych. Turysta z Polski wydał tu średnio ok. 300 zł, a zagraniczny – około 800 zł dziennie.

Kraków

B. Wildstein, Fenomen Krakowa, „Wprost",
28 sierpnia 2005, s. 16–25
R. Socha, M. Bunda, J.T. Kmiecik,
Oblężone miasta, „Polityka" nr 32 (2516),
13 sierpnia 2005, s. 4–11.

# Lekcja 12

Robert has a very interesting offer of work, but he has to first do his internship in England. He is still thinking whether to accept the offer. Now he is talking about it to Michel and Peter. Michel thinks it is a good opportunity for Robert, as it is hard to find a job in Poland. University graduates are unemployed too. Peter thinks it is worth going abroad to learn something new. For example, he learned a lot about Poland and Poles, but he also learned a lot about himself. He considers the year in Poland an important year in his life.

His friends' opinions are important to Robert, but the most important is Agnieszka's opinion. Robert is afraid to talk to Agnieszka, because he thinks she will be against. Agnieszka herself thinks Robert should do what he really wants: to graduate and go to England for his internship period.

In this lesson you will learn how to conduct a conversation: how to begin, control, join, and finish them.

Canterbury

# Lekcja 12

## 12.1. Samodzielne opinie, samodzielne decyzje

**12.1.1.** Dom studencki. Pokój Petera i Michela. Jest u nich Robert. Rozmawiają o decyzji Roberta.

Robert: Wiecie, że pojutrze mam podjąć decyzję?

Michel: Jeszcze nie podjąłeś?

Robert: Jeszcze nie. Jeszcze się zastanawiam. To moja pierwsza samodzielna decyzja i dlatego.

Michel: Moim zdaniem to duża szansa. Sam wiesz, jak tu trudno o pracę.Właściwie po studiach mógłbyś być bezrobotny.

Robert: To chyba przesada. Dobry ekonomista zawsze sobie coś znajdzie.

Michel: Dobry – tak. Ale młody i bez doświadczenia?...

Peter: Myślę, że każdy z nas powie ci pewnie to samo. Przecież każdy podjął decyzję, że pojedzie za granicę, żeby się uczyć. Tylko że ja na przykład przyjechałem do Polski, a ty masz wyjechać z Polski. Ale co to za różnica!?

Robert: I nie żałujesz tej decyzji?

Peter: Różnie było, ale nie żałuję. Dowiedziałem się dużo o Polakach, ale i o sobie bardzo dużo. To ważny rok w moim życiu.

### Vocabulary

**bezrobotny, -a, -e** Adj. *unemployed*
**co za, co to za różnica?** *what difference is this?*
**decyzja** (f G **decyzji**) *decision*
**doświadczenie** (n G **doświadczenia**) *experience*

**dowiedzieć się** + G, **o** + L (**dowiem się, dowiesz, dowiedzą** Perf.) *to inquire*
**dyplomowy, -a, -e** Adj. *diploma;* → **praca dyplomowa** *thesis, dissertation*
**granica** (f G **granicy**) *border;* → **wyjechać za granicę** *to go abroad*

**12.1.2.** Robert jest u Agnieszki. Rozmawia z nią wreszcie o propozycji pracy.

Agnieszka: A czy rozmawiałeś ze swoimi rodzicami?

Robert: Tak, dzwoniłem do ojca.

Agnieszka: I co on na to?

Robert: Uważa, że to duża szansa. I że powinienem spróbować.

Agnieszka: A mama?

Robert: Ona się martwi, że zajęty tą pracą, nie skończę studiów, że będę sam w obcym świecie... Przy okazji dowiedziałem się od ojca, że zawsze byłem jej oczkiem w głowie.

Agnieszka: Zawsze tak myślałam. To jasne, że ona kocha cię bardzo.

Robert: Ale dlaczego nie powiesz mi, co ty myślisz o tej możliwości!?

Agnieszka: Ja?... Powinieneś się skoncentrować na pracy dyplomowej, skończyć studia i wyjechać do Anglii. Przecież tego chcesz.

Robert: Chcę. Ale spodziewałem się, że będziesz przeciw.

## Vocabulary

**jasne** *clear*

**każdy, -a, -e** *every, each, everybody*

**koncentrować się na** + L (**koncentruję się, -esz** Imperf.) *to concentrate;* → **skoncentrować się na** + L (**skoncentruję się, -esz** Perf.) *to concentrate*

**oczko w głowie, być oczkiem w głowie** *to be the light in sb's eyes*

**opinia** (f G **opinii**) *opinion, recommendation*

**podejmować** + Ac. (**podejmuję, -esz** Imperf.) *to take up, to take (a decision);* → **podjąć** + Ac. (**podejmę, podejmiesz** Perf.) *to take up, to take (a decision)*

**pojutrze** *the day after tomorrow*

**przeciw** + D *against*

**przesada** (f G **przesady**) *exaggeration*

**przy okazji** *on that occasion*

**różnica** (f G **różnicy**) *difference*

**różnie** Adv. *differently*

**różny, -a, -e** Adj. *different, distinct*

**samodzielny, -a, -e** Adj. *independent, self, reliant*

**spodziewać się** + G (**spodziewam się, -sz, -ają** Imperf.) *to expect*

**szansa** (f G **szansy**) *chance*

**uważać** (**uważam, -sz, -ają** Imperf.) *to think, to pay attention*

**zajęty** + I *busy with sb or sth*

**zdanie** (n G **zdania**) *opinion, view; sentence;* → **moim zdaniem** *in my opinion*

## BIBLIOTEKA I CZYTELNIA

1. biblioteka, 2. bibiotekarka, 3. czytelnik, 4. czytelnia, 5. stolik, 6. lampka, 7. laptop, 8. słownik, 9. encyklopedia, 10. podręczniki, 11. powieści, 12. prasa, 13. książka, 14. autor, 15. tytuł, 16. okładka, 17. strona, 18. kartka, 19. tekst, 20. ilustracja

## 12.2. *Gramatyka jest ważna*

### GRAMMATICAL COMMENTARY

**12.2.1.**
**The vocative singular of nouns**

#### A. Forms of the vocative

Like the dative, the vocative case is rarely used in Polish, although there are situations when it must be used. Compare the forms of the nominative and the vocative:

| Nom. | Voc. |
|------|------|
| pan Krzysztof | Panie Krzysztofie! |
| pan profesor | Panie Profesorze! |
| pan dyrektor | Panie Dyrektorze! |
| pan prezydent | Panie Prezydencie! |
| Wojtek | Wojtku! |
| tatuś | Tatusiu! |
| pani profesor | Pani Profesor! |
| pani dyrektor | Pani Dyrektor! |
| mama | Mamo! |
| Agnieszka | Agnieszko! |
| Krysia | Krysiu! |
| Kasia | Kasiu! |
| dziecko | Dziecko! |

As can be seen, the endings of masculine nouns in the vocative are similar to the endings in the locative singular of masculine nouns (see A1: 13.2.1). There are several exceptions which need to be pointed out:

| Loc. | Voc. |
|------|------|
| o panu | panie! |
| o chłopcu | chłopcze! |
| o ojcu | ojcze! |
| o Bogu | Boże! |
| o człowieku | człowiecze! |

221

The vocative of neuter nouns is always the same as the nominative.

Feminine nouns in the vocative have the ending -o if in the nominative they end in -a, e.g. *Mamo! Agnieszko!* The exception to this rule are diminutive names which end in -sia, -zia, -cia, -dzia, -nia in the nominative, and which have the ending -u in the vocative, e.g. *Krysiu! Kasiu!*

Feminine nouns that end in -i or a soft consonant in the nominative have the ending -i in the vocative, e.g. *pani!* Feminine nouns that end in a functionally soft consonant adopt the ending -y in the vocative, e.g. *nocy!*

It needs to be remembered that forms of the vocative are used in the case of proper nouns and personal names of people and animals.

The vocative formed on the basis of diminutive names is particularly popular. For example:

| | | |
|---|---|---|
| Jan | Jasio, Jaś | Jasiu! |
| Krzysztof | Krzysio, Krzyś | Krzysiu! |
| Tadeusz | Tadzio | Tadziu! |
| Józef | Józio | Józiu! |
| Michał | Michałek, Michaś | Michasiu! |
| Maria | Marysia | Marysiu! |
| Katarzyna | Kasia | Kasiu! |
| Magdalena | Madzia | Madziu! |
| Ewa | Ewunia | Ewuniu! |
| Anna | Anka, Ania | Aniu! |

Polish exhibits a tendency to replace the vocative forms with the nominative, especially in colloquial language, e.g. *Marek*! instead of *Marku*!, *Magda*! instead of *Magdo*!

Adjectives and pronouns are rarely used in the vocative, and if they are used, their forms are identical with the nominative. For example:

*Mój Boże! Dobry Boże!*
*Szanowny Panie! Szanowna Pani!*
*Drogi Krzysiu! Droga Basiu!*
*Kochany Tatusiu! Kochana Mamusiu!*

## B. Functions of the vocative

The function of the noun in the vocative is not supplying the sentence with new information but rather directing particular sentences to particular people who belong to groups of listeners, e.g.:

*Basiu, zapraszam cię do nas, do domu.*

The person who is saying this sentence directs the invitation only to Basia, and not to other people who can also hear it.

The vocative serves to express the degree of closeness between the speakers; hence the frequent use of diminutives denoting friendliness and closeness between the speakers.

There are situations which require the use of the vocative, for instance when starting a speech we address all the listeners:

*Szanowni państwo!*
*Szanowne panie!*
*Szanowni panowie!*
*Panie i panowie!*

These several examples demonstrate when to use the vocative plural.

The vocative denotes in Polish the border between formal and informal use of the language, between written and spoken language. It needs to be remembered that formality requires the formal vocative, just as in written language. Even the person who always addresses their mother as *Mama!*, when writing a letter to her he or she will start with the vocative *Kochana Mamo!*

## 12.2.2.
### Declension of foreign names and surnames

The rule in Polish inflection is that foreign names and surnames are added to the declension paradigms of common nouns. The choice of the appropriate declension paradigm is determined by the phonetic character of the ending in the name and surname, i.e. its last sound (not the letter!). It means that the names ending in a consonant and the vowels *-a, -o* in the singular are inflected like nouns, whereas the names ending in the vowels *-i, -y, -e* are inflected like adjectives.

In accordance with this rule, the names of characters in this course-book are inflected like masculine nouns, e.g. *Michel, Michela, Michelowi, z Michelem, o Michelu; Peter, Petera, Peterowi, z Peterem, o Peterze.*

In the irregular names where the ending of the name is pronounced and written in different ways – e.g. *Charles* [pron. Szarl] – the inflectional ending is separated from the stem with an apostrophe, e.g. *Charles* [Szarl], *Charles'a* [Szarla], *z Charles'em* [z Szarlem]; *George* [Dżordż], *George'a* [Dżordża], *z George'm* [z Dżordżem].

If the male name ends in a vowel and a female name in a consonant, they are not inflected, e.g. *François* [Frąsła], *André, Mireille* [Mi-
rej], *Sharon* [Szaron]. Such a name can be adapted to the Polish context by means of an adjective, for example:

*Ona poznała przystojnego André.*
*Była na spotkaniu z przystojnym André.*
*Piotr zaprosił do Polski uroczą Sharon.*
*Pojechał do Gdańska z uroczą Sharon.*

## 12.3. *Jak to powiedzieć?*

### COMMUNICATIVE COMMENTARY

**12.3.1.**
**Having a conversation**

#### A. Beginning the conversation

*Powiedz mi, proszę, czy...?*
Tell me please if...?

*Czy to prawda, że...?*
Is it true that...?

*Jak myślisz, czy...?*
Do you think...?

*Musimy porozmawiać.*
We need to talk.

*Porozmawiajmy o...*
Let's talk about...

*Czy wiesz, że jutro wyjeżdżam?*
Do you know that I'm leaving tomorrow?

*Czy wiecie, że jutro mamy podjąć decyzję?*
Do you know that we are to make a decision tomorrow?

*Co myślisz o tej propozycji / książce?*
What do you think of this suggestion / book?

*Czy podoba ci się ten film?*
Do you like the film?

*Czy podoba wam się ta książka?*
Do you like this book?

## B. Joining the conversation; expressing one's attitude

*Czy mogę coś powiedzieć?*
May I say something?

*Czy mogę coś dodać?*
May I add something?

*To prawda, ale...*
It's true, but...

*Tak, ale...*
Yes, but...

*Czy wiesz, że...*
Do you know that...?

*Czy wie pan / pani, że...*
Do you know that...?

**Moim zdaniem** *to duża szansa.*
In my opinion it is a great opportunity.

**Moim zdaniem** *to dobry film.*
In my opinion it is a good film.

**Według mnie** *to zła książka.*
To my mind it is a bad book.

**Myślę, że** *to nudny film.*
I think it's a boring film.

**Myślę, że** *każdy powie to samo.*
I think everyone will say the same.

## C. Controlling the conversation

*Jak się mówi po polsku...?*
How to say... in Polish?

*Proszę mówić wolniej.*
Please speak more slowly.

*Nie tak szybko, proszę!*
Not so fast, please.

*Nic nie rozumiem.*
I don't understand anything.

*Przepraszam, ale nie rozumiem dobrze.*
I'm sorry but I don't understand it very well.

*Czy możesz powtórzyć?*
Can you repeat?

*Proszę powtórzyć.*
Please repeat.

*Co mówisz?*
What are you saying?

*Co pan powiedział?*
What did you say?

## D. Acknowledging

*No nie, naprawdę?*
Oh no, really?

*Naprawdę?*
Really?

*Poważnie? / Serio?*
Are you serious? / Serious?

*I co z tego?*
And so what?

*I co ty na to?*
And what do you say to that?

*I co teraz (będzie)?*
And what now?

*No tak. Tak.*
Erm yes. Yes.

*Rzeczywiście. Oczywiście.*
Indeed. Obviously.

*Jasne.*
Sure. / Certainly.

*Naprawdę?*
Really?

*I co potem? I co dalej?*
And what then?

## E. Finishing the conversation

*To wszystko. Nie mam czasu, muszę kończyć.*
That is all. I don't have any more time. I need to finish.

*To wszystko, co chciałem (o tym) powiedzieć.*
And that is all I wanted to tell (about it).

*Dziękuję za uwagę.*
Thank you for your attention.

*Przepraszam, ale muszę kończyć.*
I am sorry but I must be finishing.

### 12.3.2.

### Polish writers who are most frequently translated into foreign languages

In May 2005 Congress of the Translators of Polish Literature was held in Kraków. On this occasion much was written about the reception of Polish literature abroad, focusing on the fact that most literary works are translated into German and Russian. "Gazeta Wyborcza" from 2-3 May 2005 published a list of 11 writers whose books are most frequently translated into foreign languages, and the number of translations was taken as the basic criterion (see the list below).

One does not usually think of students who are learning Polish at the elementary level, e.g. at level A2, as future translators. The way from the elementary student to translator seems too long. Nevertheless it does happen like that, which was confirmed by the congress of the translators of Polish literature. It was attended by 160 participants, including many people of foreign origin who learned Polish as a foreign language – from the beginning.

Here are the names of Polish writers who are most frequently translated into foreign languages:

KOGO NAJWIĘCEJ TŁUMACZĄ*

**JOANNA CHMIELEWSKA** — 107 tłumaczeń, 2 języki

**STANISŁAW LEM** — 71 tłumaczeń, 16 języków

**CZESŁAW MIŁOSZ** — 61 tłumaczeń, 18 języków

**RYSZARD KAPUŚCIŃSKI** — 60 tłumaczeń, 25 języków

**WITOLD GOMBROWICZ** — 47 tłumaczeń, 16 języków

**WISŁAWA SZYMBORSKA** — 41 tłumaczeń, 19 języków

**SŁAWOMIR MROŻEK** — 38 tłumaczeń, 14 języków

**OLGA TOKARCZUK** — 45 tłumaczeń, 15 języków

**KAROL WOJTYŁA** — 33 tłumaczeń, 17 języków

**TADEUSZ RÓŻEWICZ** — 29 tłumaczeń, 17 języków

**ANDRZEJ STASIUK** — 29 tłumaczeń, 12 języków

*Tłumaczenia polskiej literatury pięknej od 2000r. do marca 2005r. (uwzględniono także antologie) na podstawie danych Pracowni Poloników Zagranicznych Instytutu Bibliograficznego Biblioteki Narodowej

Using the data from the list, do the following tasks:

1) Zrób listę rankingową pisarzy polskich według liczby języków, na które tłumaczono ich dzieła.
2) Czy wiesz, kim jest pisarz tłumaczony na 25 języków?
3) Którzy z pisarzy polskich na tej liście dostali Nagrodę Nobla?
4) Nazwiska których pisarzy na tej liście znasz? Czy wiesz, jaką literaturę oni tworzą?

## 12.4. *Powiedz to poprawnie!*

### EXERCISES IN GRAMMAR

**12.4.1.**

**Use the correct forms of the verb *podjąć* in the past tense:**

**Example:**

*Czy już (ty) podjąłeś decyzję?*

Czy pani już . . . . . . . . . . . . . . . . . . . . . . decyzję?
Czy oni już . . . . . . . . . . . . . . . . . . . . . . decyzję?
Czy my już. . . . . . . . . . . . . . . . . . . . . . . decyzję?
Czy pan już. . . . . . . . . . . . . . . . . . . . . . decyzję?
On nie wie, że ja już . . . . . . . . . . . . . . . . decyzję.
Ona nie wie, że wy już . . . . . . . . . . . . . . . decyzję.

**12.4.2.**

**Answer the questions using right words:**

**Example:**

*Czy rozmawiałeś z rodzicami? Tak, dzwoniłem do ojca.*

Czy rozmawiałeś z rodzeństwem?
Tak, . . . . . . . . . . . . . . . . . . . . . . . . . . . . . . . . . . . . . . . .
Czy rozmawiałeś z dziadkami?
Tak, . . . . . . . . . . . . . . . . . . . . . . . . . . . . . . . . . . . . . . . .
Czy rozmawiałeś z dziećmi?
Tak, . . . . . . . . . . . . . . . . . . . . . . . . . . . . . . . . . . . . . . . .
Czy rozmawiałeś z wnukami?
Tak, . . . . . . . . . . . . . . . . . . . . . . . . . . . . . . . . . . . . . . . .

**12.4.3.**

**Use the correct forms of the word *decyzja:***

**Example:**

*To jest trudna decyzja.*

Nie podjąłeś jeszcze . . . . . . . . . . . . .? Czekamy na pańską . . . . . . . . . . .!
Porozmawiajmy o twojej . . . . . . . . . . .! Myślę, że pańskie . . . . . . . . . . .
są interesujące. Nie zgadzam się z twoją . . . . . . . . . . . . . .! To twoja
samodzielna . . . . . . . . . . . . . .!

**12.4.4.**

**Answer the questions using personal pronouns in the genitive:**

**Example:**

*Znasz dobrze Roberta? Niestety, nie znam go dobrze.*

Znasz dobrze Polaków?
Niestety, . . . . . . . . . . . . . . . . . . . . . . . . . . . . . . . . . . . . . .

Znasz dobrze Agnieszkę?

Niestety, . . . . . . . . . . . . . . . . . . . . . . . . . . . . . . .

Znasz dobrze państwa Nowaków?

Niestety, . . . . . . . . . . . . . . . . . . . . . . . . . . . . . . .

Znasz nas dobrze?

Niestety, . . . . . . . . . . . . . . . . . . . . . . . . . . . . . . .

Znasz mnie dobrze?

Niestety, . . . . . . . . . . . . . . . . . . . . . . . . . . . . . . .

Znam cię dobrze!

Niestety, . . . . . . . . . . . . . . . . . . . . . . . . . . . . . . .

## 12.4.5.
**Answer the questions following the model:**

**Example:**

*Czy lubisz zwierzęta? Tak, lubię psy.*

Czy lubisz drzewa? Tak, . . . . . . . . . . . . . . . . . . . . . . . . . . . . .

Czy lubisz kwiaty? Tak, . . . . . . . . . . . . . . . . . . . . . . . . . . . . .

Czy lubisz zwierzęta? Tak, . . . . . . . . . . . . . . . . . . . . . . . . . . .

Czy lubisz ptaki? Tak, . . . . . . . . . . . . . . . . . . . . . . . . . . . . .

## 12.4.6.
**Complete each blank in the text below with the name Peter in the appropriate form.**

Wojtek poznał . . . . . . . . . . . . . . . . . w Szkole języków Obcych. Wojtek
i . . . . . . . . . . . . . . . prowadzili zajęcia po południu i dlatego zaprzyjaź-
nili się. Wojtek czasami odwoził . . . . . . . . . . . . . . . samochodem do
akademika. Lubił też rozmawiać z . . . . . . . . . . . . . . . i porównywać życie
w Polsce z życiem w Niemczech. Przedstawił . . . . . . . . . . . . . . . swoją
rodzinę, a także zaprosił go do domu na święta. Teraz można powiedzieć, że . . . . . . . . . . . . . . . ma w Polsce swoją drugą rodzinę.

## 12.4.7.
**Complete each blank in the text below with the name Michel in the appropriate form.**

Robert spotkał . . . . . . . . . . . . . na lotnisku w Warszawie. . . . . . . . . . .
jechał do Krakowa, gdzie przez rok studiuje język i kulturę polską na
Uniwersytecie Jagiellońskim. Robert zaprzyjaźnił się z . . . . . . . . . . . . . .,
często zapraszał go na spotkania, na których była jego dziewczyna,
Agnieszka. Agnieszka bardzo zainteresowała się . . . . . . . . . . . . . . i lubiła
spędzać z nim wolny czas. Kiedy zachorował, Agnieszka zaopiekowała
się . . . . . . . . . . . . . . . . . Ta opieka bardzo podobała się . . . . . . . . . . . .
To dziwne, ale . . . . . . . . . . . . . . wpomina chorobę z przyjemnością.

## 12.4.8.
**Complete in Polish the application form to the Center of the Polish Language and Culture in the World at the Jagiellonian University.**

**Formularz Aplikacyjny**
**Centrum Języka i Kultury Polskiej w Świecie UJ**

**Program:**
☐ Roczny Program Języka i Kultury Polskiej
☐ Semestralny Program Języka i Kultury Polskiej rozpoczynający się:
    ☐ w październiku ☐ w lutym

**Zakwaterowanie**
☐ Dom Studencki „Piast"
☐ Dom Studencki „Żaczek"
*Proszę postawić „X" w odpowiednim okienku*

*Proszę wypełnić formularz drukowanymi literami*

1. Nazwisko . . . . . . . . . . . . . . . . . . . . . . . . . . . . . . . . . . . . . . . . . . . . .
2. Imię . . . . . . . . . . . . . . . . . . . . . . . . Płeć: . . . . . . . . . . . . . . . . . . . .
3. Data i miejsce urodzenia . . . . . . . . . . . . . . . . . . . . . . . . . . . . . . . . . . . .
                                   dzień    miesiąc    rok    kraj
4. Obywatelstwo . . . . . . . . . . . . . . . . . . . . . . . . . . . . . . . . . . . . . . . . .
5. Adres do korespondencji . . . . . . . . . . . . . . . . . . . . . . . . . . . . . . . . . . .
. . . . . . . . . . . . . . . . . . . . . . . . . . . . . . . . . . . . . . . . . . . . . . . . . . . . . . .
 Fax . . . . . . . . . . . . . . . . . . . . . . E-mail . . . . . . . . . . . . . . . . . . . . .
6. Adres stałego zamieszkania
. . . . . . . . . . . . . . . . . . . . . . . . . . . . . . . . . . . . . . . . . . . . . . . . . . . . . .
7. Wykształcenie i zawód
a. dyplom ukończenia szkoły średniej: rok . . . . . . . . . . . . . . . . . . . . . . . . . . .
   nazwa szkoły . . . . . . . . . . . . . . . . . . . . . . . . . . . . . . . . . . . . . . . . .
b. Jeśli zakończył/a już Pan/i edukację, proszę podać:
   zawód . . . . . . . . . . . . . . . . . . . . . . . . . . . . . . . . . . . . . . . . . . . . . .
   miejsce pracy . . . . . . . . . . . . . . . . . . . . . . . . . . . . . . . . . . . . . . . . .
   adres . . . . . . . . . . . . . . . . . . . . . . . . . . . . . . . . . . . . . . . . . . . . . . .
c. Jeśli jest Pan/i studentem/studentką, proszę podać
nazwę i adres uczelni . . . . . . . . . . . . . . . . . . . . . . . . . . . . . . . . . . . . . . . .
rok studiów . . . . . . . . . . . . . . . . . . . . . . . . . . . . . . . . . . . . . . . . . . . . . . .
8. Proszę określić swą znajomość języka polskiego:

| | | | | | |
|---|---|---|---|---|---|
| ustna | ☐ | ☐ | ☐ | ☐ | ☐ |
| | brak | słaba | dostateczna | dobra | bardzo dobra |
| pisemna | ☐ | ☐ | ☐ | ☐ | ☐ |
| | brak | słaba | dostateczna | dobra | bardzo dobra |

9. Proszę podać nazwiska i adresy krewnych lub przyjaciół, z którymi należy się skontaktować w razie konieczności:
w Pana/Pani kraju zamieszkania . . . . . . . . . . . . . . . . . . . . . . . . . . . . . . .
w Polsce . . . . . . . . . . . . . . . . . . . . . . . . . . . . . . . . . . . . . . . . . . . . . . . .
10. W jaki sposób dowiedział/a się Pan/i o naszym programie:
. . . . . . . . . . . . . . . . . . . . . . . . . . . . . . . . . . . . . . . . . . . . . . . . . . . . . .

 Podpis: . . . . . . . . . . . . . . . . . . . . . . . . Data . . . . . . . . . . . . . . . . .

# 12.5. *Muszę to zrozumieć!*

## COMPREHENSION EXERCISES

### 12.5.1.

**Check whether you understand the dialogues 12.1.1. and 12.1.2.:**

|  | *prawda* | *fałsz* | *brak informacji* |
|---|---|---|---|
| *Robert jeszcze nie podjął decyzji.* <br> *Michel myśli, że ta praca to duża szansa.* <br> *Peter myśli, że dobrze jest wyjechać za granicę.* <br> *Dla Petera rok w Krakowie to był ważny rok.* <br> *Robert jest bardzo ważny dla swojej matki.* <br> *Agnieszka chce, żeby Robert wyjechał do Anglii.* <br> *Agnieszka chce jechać z Robertem do Anglii.* |  |  |  |

### 12.5.2.

**You will hear a short dialog twice. Choose the correct answer by circling the appropriate letter A, B or C.**

Student, który pyta o egzamin z literatury:
A) wraca na studia.
B) zmienia temat rozmowy.
C) wraca na uniwersytet.

### 12.5.3.

**You will hear a short dialog twice. Choose the correct answer by circling the appropriate letter A, B or C.**

Ta wypowiedź znaczy, że student:
A) kończy rozmowę.
B) musi lecieć samolotem.
C) chce zmienić temat rozmowy.

### 12.5.4.

**Read the text below twice and choose the correct answer by circling the appropriate letter A, B or C.**

# CO SĄDZICIE O BLOGACH?

### Ola: Pamiętniki pisze się dla siebie

Ani ja, ani żadna z moich znajomych nie zdecydowałybyśmy się na prowadzenie pamiętnika w Internecie. Przecież pisze się go tylko dla siebie, a nie dla innych. Taki blog to idealne miejsce dla wszelkiego rodzaju egzaltowanych panienek i grafomanów, którzy za pośrednictwem Internetu chcą zamęczyć innych swoimi kiepskimi dziełami.

### Kasia: Chciałabym założyć swojego bloga

Nie wiedziałam o istnieniu czegoś takiego. Gdybym miała w domu komputer i Internet, na pewno założyłabym swojego bloga. Uwielbiam zapisywać to, co mi się danego dnia wydarzyło, a świadomość, że ktoś by to czytał wcale by mi nie przeszkadzała. Rozumiem, że takie są reguły tej zabawy i to właśnie jest fajne. Poznałabym wielu ludzi, którzy mają podobne problemy.

### Magda: Ani to fajne, ani ciekawe

Moja koleżanka założyła sobie bloga, czym zresztą publicznie się chwali podając swój nick (czyli blogowy pseudonim – przyp. red.). Mam Internet, więc czasami czytam głupoty, które tam wypisuje. Nie wiem, po co to robi. Przeglądałam też inne blogi i większość z nich jest potwornie nudna: faceci opisują jakie laski właśnie poderwali, a dziewczyny, który chłopak im się teraz podoba.

Filipinka, styczeń 2002.

## A.

Polskie dziewczyny wyrażają swoje opinie o:

A) pamiętnikach.
B) Internecie.
C) blogach.

Blogi to pisane w Internecie:

A) głupoty.
B) pamiętniki.
C) poematy.

Ola myśli, że blogi to prace:

A) interesujące.
B) pasjonujące.
C) nieciekawe.

Kasia uważa, że pisanie bloga to:

A) ciekawa zabawa.

B) trudna praca.

C) straszna nuda.

**B.**

Jaka jest twoja opinia o pisaniu i czytaniu blogów? Uzasadnij swoje opinie.

Pisanie bloga . . . . . . . . . . . . . . . . . . . . . . . . . . . . . . . . . . . . . . . . . . . . . . .

. . . . . . . . . . . . . . . . . . . . . . . . . . . . . . . . . . . . . . . . . . . . . . . . . . . . . . . . . .

. . . . . . . . . . . . . . . . . . . . . . . . . . . . . . . . . . . . . . . . . . . . . . . . . . . . . . . . . .

Czytanie bloga . . . . . . . . . . . . . . . . . . . . . . . . . . . . . . . . . . . . . . . . . . . . . .

. . . . . . . . . . . . . . . . . . . . . . . . . . . . . . . . . . . . . . . . . . . . . . . . . . . . . . . . . .

. . . . . . . . . . . . . . . . . . . . . . . . . . . . . . . . . . . . . . . . . . . . . . . . . . . . . . . . . .

**12.5.5.**

**Listen to the text twice. Choose the correct answer by circling the appropriate letter A, B or C.**

Robert rozmawia o propozycji pracy z:

A) Peterem i Wojtkiem.

B) Peterem i Michelem.

C) Michelem i Wojtkiem.

Michel myśli, że propozycja pracy to dla Roberta:

A) szansa.

B) problem.

C) kłopot.

Peter mówi, że za granicą warto nauczyć się:

A) czegoś dobrego.

B) czegoś nowego.

C) czegoś innego.

## 12.6. *Czy umiesz to powiedzieć?*

### COMMUNICATIVE ACTIVITIES

**12.6.1.**

**Do you remember what happened in the last lesson? Say it in Polish.**

**12.6.2.**

**You are discussing with your friend the difficulty of Polish language:**

– Dla mnie język polski nie jest trudny.

– . . . . . . . . . . . . . . . . . . . . . . . . . . . . . . . . . . . . . . . . . . . . . . .

– No tak, gramatyka jest inna. Ale moim zdaniem jest bardzo logiczna.

– . . . . . . . . . . . . . . . . . . . . . . . . . . . . . . . . . . . . . . . . . . . . . . .

– Naprawdę?

– . . . . . . . . . . . . . . . . . . . . . . . . . . . . . . . . . . . . . . . . . . . . . . .

– Ale mówisz po polsku. Czy podoba ci się ten język?

– . . . . . . . . . . . . . . . . . . . . . . . . . . . . . . . . . . . . . . . . . . . . . . .

**12.6.3.**

**Express your opinion following the model:**

*– Dustin Hoffman jest najlepszym aktorem amerykańskim.*
*– To chyba przesada.*

Warszawa jest największym miastem w Polsce.

. . . . . . . . . . . . . . . . . . . . . . . . . . . . . . . . . . . . . . . . . . . . . . . .

Język polski jest najtrudniejszym językiem na świecie.

. . . . . . . . . . . . . . . . . . . . . . . . . . . . . . . . . . . . . . . . . . . . . . . .

Ludzie w Polsce są gościnni.

. . . . . . . . . . . . . . . . . . . . . . . . . . . . . . . . . . . . . . . . . . . . . . . .

Polki mają niebieskie oczy.

. . . . . . . . . . . . . . . . . . . . . . . . . . . . . . . . . . . . . . . . . . . . . . . .

Maj jest najpiękniejszym miesiącem.

. . . . . . . . . . . . . . . . . . . . . . . . . . . . . . . . . . . . . . . . . . . . . . . .

Warszawa jest najpiękniejszym miastem w Polsce.

. . . . . . . . . . . . . . . . . . . . . . . . . . . . . . . . . . . . . . . . . . . . . . . .

Wszyscy Polacy są solidarni.

. . . . . . . . . . . . . . . . . . . . . . . . . . . . . . . . . . . . . . . . . . . . . . . .

LEKCJA 12

### 12.6.4.

In your group present your opinions about studying abroad. Consider languages you have used, the language you have learned, people, culture, and the program of studies. After the discussion, write a 10-sentence text entitles "Studia za granicą." Pay attention to different opinions.

. . . . . . . . . . . . . . . . . . . . . . . . . . . . . . . . . . . . . . . . . . . . . . . . . . . . . . . . . . .
. . . . . . . . . . . . . . . . . . . . . . . . . . . . . . . . . . . . . . . . . . . . . . . . . . . . . . . . . . .
. . . . . . . . . . . . . . . . . . . . . . . . . . . . . . . . . . . . . . . . . . . . . . . . . . . . . . . . . . .
. . . . . . . . . . . . . . . . . . . . . . . . . . . . . . . . . . . . . . . . . . . . . . . . . . . . . . . . . . .
. . . . . . . . . . . . . . . . . . . . . . . . . . . . . . . . . . . . . . . . . . . . . . . . . . . . . . . . . . .

### 12.6.5.

In the comprehension section, you read several short accounts of Poles about studying abroad. Which account did you like best? Why? Justify your opinion.

. . . . . . . . . . . . . . . . . . . . . . . . . . . . . . . . . . . . . . . . . . . . . . . . . . . . . . . . . . .
. . . . . . . . . . . . . . . . . . . . . . . . . . . . . . . . . . . . . . . . . . . . . . . . . . . . . . . . . . .
. . . . . . . . . . . . . . . . . . . . . . . . . . . . . . . . . . . . . . . . . . . . . . . . . . . . . . . . . . .

### 12.6.6.

Think about your studies and the stay abroad. To what extent did they change you as a person? What did you learn about yourself? What did you learn in general? What would you like to learn? Prepare a short presentation about it.

. . . . . . . . . . . . . . . . . . . . . . . . . . . . . . . . . . . . . . . . . . . . . . . . . . . . . . . . . . .
. . . . . . . . . . . . . . . . . . . . . . . . . . . . . . . . . . . . . . . . . . . . . . . . . . . . . . . . . . .
. . . . . . . . . . . . . . . . . . . . . . . . . . . . . . . . . . . . . . . . . . . . . . . . . . . . . . . . . . .
. . . . . . . . . . . . . . . . . . . . . . . . . . . . . . . . . . . . . . . . . . . . . . . . . . . . . . . . . . .
. . . . . . . . . . . . . . . . . . . . . . . . . . . . . . . . . . . . . . . . . . . . . . . . . . . . . . . . . . .

### 12.6.7.

You are making preparations for a meeting with Polish young people who are interested in studying abroad. Prepare several pieces of advice for those who are interested in going and write them down.

. . . . . . . . . . . . . . . . . . . . . . . . . . . . . . . . . . . . . . . . . . . . . . . . . . . . . . . . . . .
. . . . . . . . . . . . . . . . . . . . . . . . . . . . . . . . . . . . . . . . . . . . . . . . . . . . . . . . . . .
. . . . . . . . . . . . . . . . . . . . . . . . . . . . . . . . . . . . . . . . . . . . . . . . . . . . . . . . . . .

. . . . . . . . . . . . . . . . . . . . . . . . . . . . . . . . . . . . . . . . . . . . . . . . . .
. . . . . . . . . . . . . . . . . . . . . . . . . . . . . . . . . . . . . . . . . . . . . . . . . .

## 12.6.8.

Consider differences between studying abroad and working abroad.
Would like to work abroad? Where and in what capacity? Justify your
opinions.

. . . . . . . . . . . . . . . . . . . . . . . . . . . . . . . . . . . . . . . . . . . . . . . . . .
. . . . . . . . . . . . . . . . . . . . . . . . . . . . . . . . . . . . . . . . . . . . . . . . . .
. . . . . . . . . . . . . . . . . . . . . . . . . . . . . . . . . . . . . . . . . . . . . . . . . .
. . . . . . . . . . . . . . . . . . . . . . . . . . . . . . . . . . . . . . . . . . . . . . . . . .

## 12.6.9.

You are preparing for a meeting with someone who thought that learning Polish and going to Poland did not make much sense. What will
you say to them when they ask if all this made sense?

. . . . . . . . . . . . . . . . . . . . . . . . . . . . . . . . . . . . . . . . . . . . . . . . . .
. . . . . . . . . . . . . . . . . . . . . . . . . . . . . . . . . . . . . . . . . . . . . . . . . .
. . . . . . . . . . . . . . . . . . . . . . . . . . . . . . . . . . . . . . . . . . . . . . . . . .
. . . . . . . . . . . . . . . . . . . . . . . . . . . . . . . . . . . . . . . . . . . . . . . . . .

Wykład R. Kapuścińskiego w czasie inauguracji Szkoły Letniej Języka i Kultury Polskiej UJ (lipiec 2005 r.). Fot. J. Sawicz

# Lekcja 13

It is the end of May. The end of the academic year is appro-aching. Michel is writing an assignment about what Polish pe-ople are like. He is just thinking what was his opinion of Poles when he lived in France, and what it is now, when he is studying in Poland, he knows Poles, and he even has got family in Poland.

When he lived in France, he heard Poles were hospitable, sponta-neous, sincere, loyal, but also intolerant and uneconomical. Now he knows there are different Poles: good and bad, friendly and unfriendly, tolerant and intolerant. And, luckily for him, Poles are also not stereotypical.

At the same time, Michel is thinking of himself and his own identity. He came to Poland a Frenchman. Then he rarely thought of his Polish origin. Later he got to know Poles better, found friends and even his Polish family here. After a year in Poland, he is feeling more and more like a Pole. Now he is a Frenchman, but with Polish roots.

In this lesson you will learn how to form the nominative plural of masculine no-uns, used when talking about groups of people and groups of men.

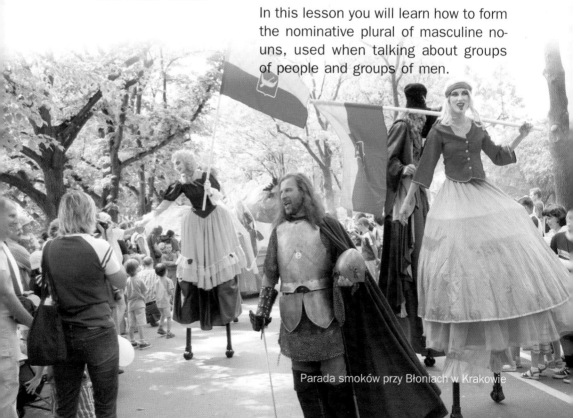

Parada smoków przy Błoniach w Krakowie

# Lekcja 13

## 13.1. Polacy są niestereotypowi

**13.1.1.** Studenci czytali na zajęciach tekst „Świat w oczach Polaków" z podręcznika „Zrozumieć Polskę". Na zadanie mają napisać, jacy ich zdaniem są Polacy. Oto zadanie Michela:

*„Jacy są Polacy? Zastanawiałem się nad tym, kiedy mieszkałem we Francji. Wtedy ludzie znad Wisły to była duża, nieznana grupa. Mówiło się o nich, że są gościnni, spontaniczni, szczerzy. Czasem, że nietolerancyjni. Potem zrobili karierę jako ludzie solidarni.*

*Po kilku miesiącach pobytu w Polsce wiem, że ludzie bywają tu gościnni, spontaniczni, szczerzy, tak jak bywają nietolerancyjni, niegospodarni, niesolidarni.*

*Po kilku miesiącach pobytu w Polsce mogę powiedzieć, jacy są studenci i profesorowie, jacy są chłopcy i jakie dziewczyny, kierowcy, taksówkarze, konduktorzy, pracownicy w biurach. Mogę powiedzieć, bo z nimi mam kontakty. Ale naprawdę nie umiem powiedzieć, jacy są Polacy. Tym bardziej, że znalazłem rodzinę w Polsce i coraz bardziej czuję się Polakiem.*

*Na szczęście dla mnie okazało się, że Polacy są różni. I niestereotypowi!"*

## Vocabulary

**biuro** (n G **biura**) *office*

**bywać** (**bywam, -sz, -ają** Imperf.) *to be sometimes, to be often, to frequent*

**duży, -a, -e** Adj. *big, large, great*

**gościnny, -a, -e** Adj. *hospitable*

**jako** *as*

**kariera** (f G **kariery**) *career*

**kierowca** (m G **kierowcy**) *driver*

**kilka, kilku** *some, a few*

**konduktor** (m G **konduktora**) *conductor*

**miesiąc** (m G **miesiąca**) *month*

**na przykład** *for example*

**niegospodarny, -a, -e** Adj. *uneconomical, thriftless*

**nietolerancyjny, -a, -e** Adj. *intolerant*

**nieznany, -a, -e** *unknown*

**okazywać (się)** + I (**okazuję się, -esz** Imperf.) *to turn out, to become evident;* → **okazać (się)** + I (**okażę się, okażesz** Perf.) *to turn out, to become evident*

**oto** *here*

**pobyt** (m G **pobytu**) *stay*

**podręcznik** (m G **podręcznika**) *textbook*

**pracownik** (m G **pracownika**) *worker, employee, clerk*

**rozumieć** + Ac. (**rozumiem, -sz, rozumieją** Imperf.) *to understand;* → **zrozumieć** + Ac. (**zrozumiem, -sz, zrozumieją** Perf.) *to understand*

**solidarny -a, -e** Adj. *solidary*

**spontaniczny, -a, -e** Adj. *spontaneous*

**sprzedawca** (m G **sprzedawcy**) *seller, shop-assistant*

**stereotypowy, -a, -e** Adj. *stereotyped*

**świat** (m G **świata**) *world*

**szczery, -a, -e** Adj. *sincere*

**szczęście** (n G **szczęścia**) *happiness;* → **na szczęście** *fortunately*

**taksówkarz** (m G **taksówkarza**) *taxi driver*

**umieć** + Ac., + Infin. (**umiem, umiesz, umieją** Imperf.) *to know, to know how*

**zadanie** (n G **zadania**) *homework, task, exercise*

**znad** + G *from above, from*

Cudzoziemcy w Krakowie

# EUROPA – MAPA GEOGRAFICZNA

# 13.2. Gramatyka jest ważna

## GRAMMATICAL COMMENTARY

### 13.2.1.
### A. Nominative plural of masculine personal nouns and modifiers

| V | Nom. sg. | V | Nom. pl. | alternations and ending | |
|---|---|---|---|---|---|
| To jest | student. | To są | studenci. | | t : ć |
| | Francuz. | | Francuzi. | | z : ź |
| | sąsiad. | | sąsiedzi. | -i | d : dź |
| | mężczyzna. | | mężczyźni. | | z : ź |
| | specjalista. | | specjaliści. | | s : ś, t : ć |
| | kolega. | | koledzy. | | g : dz |
| | pracownik. | | pracownicy. | -y | k : c |
| | konduktor. | | konduktorzy. | | r : rz |
| | chłopiec. | | chłopcy. | | e : Ø, pi : p |
| | gość. | | goście. | -e | |
| | Amerykanin. | | Amerykanie. | | |

In the nominative plural of masculine personal nouns, there are three endings that dominate. Nouns ending in a hard consonant (except -*k*, -*g*, -*r*), take the -*i* ending which is accompanied by palatalization of the preceding consonant or consonants (see the alternations in the chart).

Nouns with the stem ending in -*k*, -*g*, -*r* take the -*y* ending, whereas *k* turns into *c*, *g* into *dz*, and *r* into *rz*. The same ending is taken by nouns with the suffix -*ec* (e.g. *chłopiec : chłopcy*).

The ending -*e* is taken by nouns ending in a soft or hardened consonant and nouns with the suffix -*anin*, which in Nom. pl. is changed into -*anie* (e.g.: *Ameryk-anin: Amerykanie*).

Unfortunately, this ending's distribution is disturbed by the customary use of the additional ending -*owie*, referring mainly to kinship among people and degrees; e.g.:

| | | |
|---|---|---|
| syn | synowie | |
| ojciec | ojcowie | |
| mąż | mężowie | ą : ę |
| dziadek | dziadkowie | e : ∅ |
| wujek | wujkowie | e : ∅ |
| profesor | profesorowie | |
| inżynier | inżynierowie | |
| uczeń | uczniowie | |
| pan | panowie | |

These forms have to be learned by heart.

Remember that the nominative plural of the noun *brat* is *bracia*. It is formed irregularly.

### B. Nominative plural of the modifiers of masculine personal nouns

| To jest | | To są | |
|---|---|---|---|
| | mój uczeń. | | moi uczniowie. |
| | nasz syn. | | nasi synowie. |
| | gościnny człowiek. | | gościnni ludzie. |
| | spontaniczny chłopiec. | | spontaniczni chłopcy. |
| | tolerancyjny student. | | tolerancyjni studenci. |
| | nowy uczeń. | | nowi uczniowie. |
| | wesoły pan. | | weseli panowie. |
| | polski student. | | polscy studenci. |
| | dobry ojciec. | | dobrzy ojcowie. |
| | drogi mąż. | | drodzy mężowie. |

Modifiers whose stems end in a hard, soft, or hardened consonant, take the ending *-i* in the nominative plural. It is accompanied by palatalization, as shown in the chart below:

| cons. in Nom. sg. | p | b | m | w | ł | t | d | s | z | n | r | sz | ż | ch | k+i | g+i |
|---|---|---|---|---|---|---|---|---|---|---|---|---|---|---|---|---|
| cons. in Nom. pl. of pers. nouns | pi | bi | mi | wi | li | ci | dzi | si | zi | ni | rz+y | si | zi | si | c+y | dz+y |

Modifiers ending in *-ry, -ki, -gi* take the endings *-rzy, -cy, -dzy* in the nominative plural.

The nominative singular and plural forms of modifiers like *interesujący, uroczy* (charming) are identical, e.g.:

*To jest interesujący student.*
This is an interesting student.

*To są interesujący studenci.*
These are interesting students.

*To jest uroczy chłopiec.*
This is a charming boy.

*To są uroczy chłopcy.*
These are charming boys.

## C. Using modifiers in nominative plural of masculine personal nouns

Generally speaking, the virile nouns constitute only 2.7% of all modifiers appearances. However, because they always refer to groups of people comprising at least one man, in such contexts they can not be replaced by any other forms, e.g.:

*moi drodzy* (heading of a letter)
My dears (letter salutation)

*kochani* (heading of a letter addressed to one's family)
salutation in a letter addressed to one's family

*szanowni państwo* (heading of a letter addressed to a group of people)
Dear Sirs/Mesdames  (salutation in a letter)

*nasi sąsiedzi* (men and women)
our neighbours

*mili ludzie* (men and women)
nice people

*dobrzy ludzie* (men and women)
good people

*źli ludzie* (men and women)
bad people

*nasi synowie* (only men)
our sons

## 13.3. *Jak to powiedzieć?*

COMMUNICATIVE COMMENTARY

### 13.3.1.
### Requesting and offering help

We sometimes experience a situation in which we have to ask for help. Here are the most frequently used expressions:

> *Czy możesz coś dla mnie zrobić?*
> Can you do something for me?

> *Czy może pan/pani coś dla mnie zrobić?*
> Could you do something for me, sir/madam?

> *Czy mogę cię/pana/panią prosić o...?*
> Can I ask you to...?

> *Czy możesz mi pomóc to załatwić?*
> Can you help me fix it?

> *Czy może mi pan/pani pomóc w tej sprawie?*
> Can you help me in this matter, (sir/madam)?

Because the situation in which we have to ask for help is not very comfortable, we first use sentences where the word *pomoc* does not appear and we ask for help in a euphemistic way (*zrobić coś dla mnie*).

Reactions to requests for help below are arranged from the negative to positive ones: from reactions that mean rejection to help, the ones that denote hope for help though with (considerable) reservations, and promises of help.

> *Niestety, nie mogę tego zrobić.*  [−]
> I'm sorry I can't do it.

> *Niestety, nic nie mogę obiecać.*  [−]
> I'm sorry I can't promise anything.

> *Nie wiem, co się da zrobić.*  [−/+]
> I don't know yet what I can do.

> *Zobaczę, co się da zrobić.*  [−/+]
> I'll see what I can do.

*Spróbuję coś zrobić, jeśli się da.*  [+/−]
I'll try to do something if it's possible.

*Nie obiecuję, ale...*                    [+/−]
I can't promise anything, but...

*Obiecuję coś zrobić, jeśli się da.*  [++/−]
I promise to do something if it's possible.

*Obiecuję (to zrobić).*               [++]
I promise (to do it).

*Dobrze, zrobię to (na pewno).*     [++(+)]
Ok, I'll do it.

*Dla ciebie/ pana/ pani  wszystko!* [+++]
(I could do) anything for you!

## 13.3.2.
## Offers of help and acknowledging them

When they see we are in a difficult situation, people offer help of their own accord. Here are the most frequent expressions used in offers of help:

*W czym mogę pomóc?*
What can I do for you?

*Czy mogę w czymś pomóc?*
Can I help you?

*Czy mogę jakoś (ci/ panu/ pani) pomóc?*
Could I help you in any way?

*Co mogę dla ciebie/ pana/ pani zrobić?*
What can I do for you?

*Czy mogę/ mam pomóc?*
Can/Should I help?

*Pomogę ci/ wam/ panu/ pani/ państwu.*
I'll help you.

The first two questions are offers of help addressed to customers in shops. The remaining ones are offers of help in the form of questions. Only the last sentence is a decision to give help.

This is how we can react to offers of help:

*Dziękuję bardzo, nie trzeba.*
No, thank you, I can manage.

*Jeśli możesz. / Jeśli pan może.*
If you could, that would be very kind of you.

*To bardzo miło! Dziękuję.*
That's very nice of you. Thank you.

### 13.3.3.
### Promises without requesting help

It is possible to offer help without being requested to do so. Here are three situations that illustrate making such promises:

**A.**

*– Chcesz poznać panią doktor, naprawdę?*
Do you really want to meet doctor X?

*– Bardzo mi na tym zależy!*
Yes, I do, very much.

*– Ja znam ją bardzo dobrze. Przy okazji przedstawię cię.*
I know her very well. I'll introduce you to her when the opportunity occurs.

*– Obiecujesz?*
You promise?

*– Z przyjemnością.*
With pleasure.

**B.**

*– Chcesz przeczytać ostatnią książkę Kapuścińskiego?*
*Chętnie ci pożyczę, bo kupiłem ją wczoraj.*
Do you want to read the latest book by Kapuściński?
I'd be happy to lend it to you, as I bought it yesterday.

*– Dziękuję bardzo. Pamiętaj, jestem pierwsza w kolejce.*
Thank you very much. Remember I am first on the list.

**C.**

*– Nie masz kopii wiersza Szymborskiej? Dam ci potem, mam dwie.*
You don't have a copy of Szymborska's poem? I'll give you one later, I have two.

*– Dziękuję ci.*
Thank you.

## 13.4. *Powiedz to poprawnie!*

### EXERCISES IN GRAMMAR

**13.4.1.**

**Use the nominative plural following the model:**

**Example:**

*To jest Polak i Polka.* ***To są Polacy.***

To jest Francuz i Francuzka. . . . . . . . . . . . . . . . . . . . . . . . . . . . . . . . . .

To jest Niemiec i Niemka. . . . . . . . . . . . . . . . . . . . . . . . . . . . . . . . . . . .

To jest Rosjanin i Rosjanka. . . . . . . . . . . . . . . . . . . . . . . . . . . . . . . . . .

To jest Słowak i Słowaczka. . . . . . . . . . . . . . . . . . . . . . . . . . . . . . . . . .

To jest Ukrainiec i Ukrainka. . . . . . . . . . . . . . . . . . . . . . . . . . . . . . . . .

To jest Białorusin i Białorusinka. . . . . . . . . . . . . . . . . . . . . . . . . . . . .

To jest Litwin i Litwinka. . . . . . . . . . . . . . . . . . . . . . . . . . . . . . . . . . . .

To jest Czech i Czeszka. . . . . . . . . . . . . . . . . . . . . . . . . . . . . . . . . . . . .

To jest Amerykanin i Amerykanka. . . . . . . . . . . . . . . . . . . . . . . . . . . .

To jest Australijczyk i Australijka. . . . . . . . . . . . . . . . . . . . . . . . . . . .

To jest Brazylijczyk i Brazylijka. . . . . . . . . . . . . . . . . . . . . . . . . . . . . .

To jest Anglik i Angielka. . . . . . . . . . . . . . . . . . . . . . . . . . . . . . . . . . . .

**13.4.2.**

**Use the nominative plural of personal nouns and adjectives:**

**Example:**

*To jest mój uczeń.* ***To są moi uczniowie.***

To jest dobry student. . . . . . . . . . . . . . . . . . . . . . . . . . . . . . . . . . . . . . .

To jest inteligentny chłopiec. . . . . . . . . . . . . . . . . . . . . . . . . . . . . . . . .

To jest najlepszy kolega. . . . . . . . . . . . . . . . . . . . . . . . . . . . . . . . . . . .

To jest bliski przyjaciel. . . . . . . . . . . . . . . . . . . . . . . . . . . . . . . . . . . . .

To jest starszy pan. . . . . . . . . . . . . . . . . . . . . . . . . . . . . . . . . . . . . . . . .

To jest ulubiony syn. . . . . . . . . . . . . . . . . . . . . . . . . . . . . . . . . . . . . . . .

To jest ambitny profesor. . . . . . . . . . . . . . . . . . . . . . . . . . . . . . . . . . . .

To jest sympatyczny inżynier. . . . . . . . . . . . . . . . . . . . . . . . . . . . . . . .

To jest miły gość. . . . . . . . . . . . . . . . . . . . . . . . . . . . . . . . . . . . . . . . . .

To jest wesoły sąsiad. . . . . . . . . . . . . . . . . . . . . . . . . . . . . . . . . . . . . . .

**13.4.3.**
**Answer the questions following the model:**

**Example:**
*Nie wiem, czy on mnie lubi. Wiem, że on cię lubi.*

Nie wiem, czy on lubi muzykę poważną.
Wiem, . . . . . . . . . . . . . . . . . . . . . . . . . . . . . . . . . . . . . . . . .
Nie wiem, czy ona mnie kocha.
Wiem, . . . . . . . . . . . . . . . . . . . . . . . . . . . . . . . . . . . . . . . . .
Nie wiem, czy film podobał mu się.
Wiem, . . . . . . . . . . . . . . . . . . . . . . . . . . . . . . . . . . . . . . . . .
Nie wiem, czy oni nas akceptują.
Wiem, . . . . . . . . . . . . . . . . . . . . . . . . . . . . . . . . . . . . . . . . .
Nie wiem, czy oni was lubią.
Wiem, . . . . . . . . . . . . . . . . . . . . . . . . . . . . . . . . . . . . . . . . .
Nie wiem, czy chcesz spróbować.
Wiem, . . . . . . . . . . . . . . . . . . . . . . . . . . . . . . . . . . . . . . . . .

## 13.5. *Muszę to zrozumieć!*

### COMPREHENSION EXERCISES

**13.5.1.**
**Check whether you understand the text 13.1.1.:**

|  | *prawda* | *fałsz* | *brak informacji* |
|---|---|---|---|
| *Michel pisze zadanie o tym, jacy są Polacy.* |  |  |  |
| *Michel zastanawiał się, jacy są Polacy, kiedy był we Francji.* |  |  |  |
| *Michel wie, że ludzie w Polsce są gościnni i spontaniczni.* |  |  |  |
| *Michel ma kontakty tylko ze studentami i profesorami.* |  |  |  |
| *Michel nie czuje się jeszcze Polakiem.* |  |  |  |
| *Michel chce zostać i pracować w Polsce.* |  |  |  |

**13.5.2.**

You will hear a short dialog twice. Choose the correct answer by circling the appropriate letter A, B or C.

A. John zgadza się ze Stevem, że polscy studenci są różni.
B. John nie zgadza się ze Stevem.
C. John nie ma zdania o polskich studentach.

**13.5.3.**

Read the text below twice and choose the correct answer by circling the appropriate letter A, B or C.

Sondaż – Europejski barometr „Rzeczpospolitej"

# W UNII NAM SIĘ PODOBA

*Poparcie dla Unii w ciągu roku wyraźnie wzrosło.*
*Dziś trzech na czterech Polaków opowiada się za integracją*

### ANDRZEJ STANKIEWICZ

Na kilka tygodni przed rozszerzeniem zwolenników Unii było 61 procent. Zmiana nastrojów w ciągu roku członkostwa jest bardzo widoczna. Kiedy w lutym 2004 zadaliśmy takie same pytania, integracji sprzeciwiało się 28 procent badanych. Dziś niechętnych Unii jest 18 proc. Polaków.

Poprawiła się także ocena osobistych korzyści związanych z integracją. Rok temu niespełna połowa (45 proc.) badanych oczekiwała, że sytuacja ich i ich rodzin poprawi się po przystąpieniu Polski do Unii. W tej chwili sądzi tak 68 proc. Polaków. Odsetek sceptyków zmalał w tym czasie niemal dwukrotnie (z 31 do 17 proc.).

### Nie boimy się przyszłości

(...) Jesteśmy optymistami wobec przyszłości Polski w Unii Europejskiej. Rok temu niewiele ponad połowa (53 proc.) badanych uznała, że członkostwo będzie dobre dla Polski. Dziś myśli tak 3/4 badanych.

Kto jest największym euroentuzjastą? To żadna niespodzianka – głównie młodzi. Im badani starsi, tym mniejsze poparcie dla Unii. Wśród osób poniżej 24 roku życia zwolenników integracji jest niemal 90 proc., wśród badanych, którzy skończyli 60 lat – 57 proc. Podobnie jest z wykształceniem – im wyższe, tym większe wsparcie dla integracji. Członkostwo w Unii Europejskiej popiera 87 proc. Polaków po studiach i 63 proc po podstawówkach.

LEKCJA 13

**Euroentuzjaści w miastach I na wsiach**

Najbardziej proeuropejscy są mieszkańcy dużych miast, powyżej 200 tys. Ośmiu na dziesięciu Polaków, którzy w nich żyją, popiera członkostwo Polski w UE. Nastroje na wsiach nie są jednak dużo gorsze, integrację popiera 70 proc. ich mieszkańców, sprzeciwia się 24 proc.

Przypomnijmy, że rolnicy i mieszkańcy wsi byli najbardziej sceptyczni wobec Unii Europejskiej, często nawet się jej obawiali.

(...) – Poparcie dla Unii Europejskiej ma w polskim społeczeństwie głębokie podstawy. Ludzie widzą, że nie sprawdziły się negatywne zapowiedzi sprzed rozszerzenia – komentuje dla „Rzeczpospolitej" prof. Andrzej Rychard, politolog z Polskiej Akademii Nauk. – W dodatku byliśmy świadkami wielu pozytywnych zaskoczeń – np. poprawa sytuacji na wsi. Nie ma się zatem co dziwić tak znacznemu wzrostowi poparcia dla integracji. (...)

*komentarz >A2*

**Badanie przeprowadziła** Pracownia Badań Społecznych 22 kwietnia na 500-osobowej reprezentatywnej próbie dorosłych Polaków.

## Czy popiera Pan (i) członkostwo w UE?
*w proc.*

**przed rozszerzeniem**

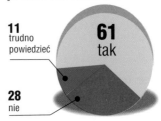

11
trudno
powiedzieć

61
tak

28
nie

**po rozszerzeniu**

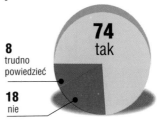

8
trudno
powiedzieć

74
tak

18
nie

ŹRÓDŁO: PBS

---

**A.**

Ten tekst informuje o:

A) Unii Europejskiej.

B) Polsce w Unii Europejskiej.

C) opiniach Polaków o Polsce w Unii Europejskiej.

Najwięcej entuzjazmu dla integracji Polski z Unią Europejską mają ludzie:

A) starsi.

B) w średnim wieku.

C) młodzi.

Członkostwo Polski w Unii Europejskiej popiera 87% ludzi:

A) po szkołach podstawowych.

B) po studiach.

C) po liceach.

Bardzo proeuropejscy są mieszkańcy:

A) miasteczek.

B) dużych miast.

C) wsi.

**B.**

Na podstawie tekstu proszę zrobić listę Polaków, którzy są euroentuzja-stami lub eurosceptykami.

| Euroentuzjaści to | Eurosceptycy to |
|---|---|
| . . . . . . . . . . . . . . . . . . . . . . . | . . . . . . . . . . . . . . . . . . . . . . . |
| . . . . . . . . . . . . . . . . . . . . . . . | . . . . . . . . . . . . . . . . . . . . . . . |
| . . . . . . . . . . . . . . . . . . . . . . . | . . . . . . . . . . . . . . . . . . . . . . . |
| . . . . . . . . . . . . . . . . . . . . . . . | . . . . . . . . . . . . . . . . . . . . . . . |

**13.5.4.**

**Listen to the text twice. Choose the correct answer by circling the appropriate letter A, B or C.**

Michel wie, że Polacy są:

A) dobrzy.

B) różni.

C) źli.

Kiedy Michel przyjechał do Polski, czuł się:

A) Francuzem.

B) Polakiem.

C) Francuzem polskiego pochodzenia.

Po roku w Polsce Michel czuje się:

A) Francuzem.

B) Polakiem.

C) Francuzem polskiego pochodzenia.

## 13.6. *Czy umiesz to powiedzieć?*

### COMMUNICATIVE ACTIVITIES

#### 13.6.1.

**Your group is preparing a party to celebrate the end of your Polish course. You are the group leader who is responsible for organizing the meeting and you need to ask your friends for help:**

A) Prosisz kolegę o zrobienie zakupów i ustalasz z nim, co trzeba kupić na to spotkanie.

B) Koleżankę, która ma talent plastyczny, prosisz o przygotowanie zaproszeń dla waszych gości. Razem ustalacie tekst zaproszenia.

C) W czasie spotkania chcecie przedstawić kilka scenek pokazujących wasze problemy z językiem polskim – na zajęciach językowych i poza klasą. Prosisz kilku kolegów o przygotowanie takich scenek.

D) Kolegę, który ma odpowiedni sprzęt, prosisz o przygotowanie oprawy muzycznej waszej imprezy. Ustalasz z nim, jakie polskie piosenki zostaną zagrane.

E) Koleżankę, która ma talent literacki, prosisz o przygotowanie tekstu satyrycznego po polsku, prezentującego wszystkich studentów z waszej grupy.

#### 13.6.2.

**You ask a friend for help in the following situations:**

a) Masz dużo bagażu i chciałbyś, żeby kolega, który ma samochód, odwiózł cię na lotnisko:

. . . . . . . . . . . . . . . . . . . . . . . . . . . . . . . . . . . . . . . . . . . . . . . . . . . .
. . . . . . . . . . . . . . . . . . . . . . . . . . . . . . . . . . . . . . . . . . . . . . . . . . . .
. . . . . . . . . . . . . . . . . . . . . . . . . . . . . . . . . . . . . . . . . . . . . . . . . . . .

b) Napisałeś/ łaś tekst na imprezę kończącą zajęcia z języka polskiego. Ponieważ ma to być niespodzianka dla lektora języka polskiego, prosisz znajomego Polaka/ Polkę o sprawdzenie tekstu:

. . . . . . . . . . . . . . . . . . . . . . . . . . . . . . . . . . . . . . . . . . . . . . . . . . . .
. . . . . . . . . . . . . . . . . . . . . . . . . . . . . . . . . . . . . . . . . . . . . . . . . . . .
. . . . . . . . . . . . . . . . . . . . . . . . . . . . . . . . . . . . . . . . . . . . . . . . . . . .

c) Wyjeżdżasz na weekend i nie masz z kim zostawić swojego psa. Prosisz kolegę, by zaopiekował się nim:

. . . . . . . . . . . . . . . . . . . . . . . . . . . . . . . . . . . . . . . . . . . . . . . . . . . . .
. . . . . . . . . . . . . . . . . . . . . . . . . . . . . . . . . . . . . . . . . . . . . . . . . . . . .
. . . . . . . . . . . . . . . . . . . . . . . . . . . . . . . . . . . . . . . . . . . . . . . . . . . . .

d) Chcesz kupić prezent z Polski dla swojego chłopca/ dziewczyny. Prosisz kolegę/ koleżankę o pomoc w zakupach:

. . . . . . . . . . . . . . . . . . . . . . . . . . . . . . . . . . . . . . . . . . . . . . . . . . . . .
. . . . . . . . . . . . . . . . . . . . . . . . . . . . . . . . . . . . . . . . . . . . . . . . . . . . .
. . . . . . . . . . . . . . . . . . . . . . . . . . . . . . . . . . . . . . . . . . . . . . . . . . . . .

### 13.6.3.
**Give negative answers to the requests of help in 13.6.2.**

a) . . . . . . . . . . . . . . . . . . . . . . . . . . . . . . . . . . . . . . . . . . . . . . . .
b) . . . . . . . . . . . . . . . . . . . . . . . . . . . . . . . . . . . . . . . . . . . . . . . .
c) . . . . . . . . . . . . . . . . . . . . . . . . . . . . . . . . . . . . . . . . . . . . . . . .
d) . . . . . . . . . . . . . . . . . . . . . . . . . . . . . . . . . . . . . . . . . . . . . . . .

### 13.6.4.
**Give positive answers to the requests of help in 13.6.2.**

a) . . . . . . . . . . . . . . . . . . . . . . . . . . . . . . . . . . . . . . . . . . . . . . . .
b) . . . . . . . . . . . . . . . . . . . . . . . . . . . . . . . . . . . . . . . . . . . . . . . .
c) . . . . . . . . . . . . . . . . . . . . . . . . . . . . . . . . . . . . . . . . . . . . . . . .
d) . . . . . . . . . . . . . . . . . . . . . . . . . . . . . . . . . . . . . . . . . . . . . . . .

### 13.6.5.
**You know that your group is preparing a party at the end of your Polish course and that one friend is responsible for organizing it, and you offer him/her help (see13.6.1.):**

a) . . . . . . . . . . . . . . . . . . . . . . . . . . . . . . . . . . . . . . . . . . . . . . . .
b) . . . . . . . . . . . . . . . . . . . . . . . . . . . . . . . . . . . . . . . . . . . . . . . .
c) . . . . . . . . . . . . . . . . . . . . . . . . . . . . . . . . . . . . . . . . . . . . . . . .
d) . . . . . . . . . . . . . . . . . . . . . . . . . . . . . . . . . . . . . . . . . . . . . . . .
e) . . . . . . . . . . . . . . . . . . . . . . . . . . . . . . . . . . . . . . . . . . . . . . . .

**13.6.6.**

**The article in 13.5.3 shows that the attitudes of Poles to the European Union vary considerably. Using the photographs press cuttings provided (see p. 257), present your opinion on the topic. The following questions will help you:**

1. Co przedstawiają ilustracje?
2. Jak zinterpretuje Pan/i centralny element dokumentu?
3. Jakie nowe możliwości dało Polakom wstąpienie do Unii Europejskiej?
4. Czy Pana/ Pani zdaniem warto studiować/ pracować poza granicami swojego kraju?
5. Proszę zaproponować tytuł dla tego dokumentu.

## FRANCJA

**Egzaminy wstępne:** uniwersytety publiczne przyjmują bez egzaminu (z wyjątkiem wydziałów medycznych i farmaceutycznych); na uczelniach prywatnych często trzeba zd... przejść r...

**Opłaty**: ...cznych (wpisowe... euro); w... koszt stu... w *Ecole*... czesne z... plus wpis... 

**Język:** u... czy kand... z języka... być os... maturalny... certyfikat...

www.edu...

## NIEMCY

**Egzaminy wstępne:**. na większość kierunków nie ma egzaminów wstępnych. Zdawać je trzeba tylko do szkół artystycznych i sportowych. Z kolei na bardziej obleganych kierunkach (praw... architektura, psychologi... medyczne) obowi... świadectw... T... ś... k...

**Liczba ofert pracy w poszczególnych krajach Unii Europejskiej w systemie EURES**

(Europejskie Służby Zatrudnienia)

| | |
|---|---|
| Wielka Brytania – 16 810 | Hiszpania – 187 |
| Irlandia – 1 219 | Austria – 73 |
| Belgia – 707 | Grecja – 66 |
| Holandia – 507 | Szwecja – 45 |
| Włochy – 402 | Finlandia – 34 |
| Francja – 301 | Luksemburg – 28 |
| Niemcy – 359 | Dania – 13 |
| | Portugalia – 3 |

*Stan z lipca 2004

Canterbury

# Lekcja 14

## A. Spotkajmy się gdzieś w Europie

June. The end of the academic year. Examination time. Agnieszka and Ewa are talking in a cafe in the Main Market Square. First they can see Robert, then Michel and Peter, who are joining them. Robert is ordering wine to drink to Ewa's examination in Brazilian history and Peter's certificate examination in Polish. Peter has passed the examination for C2 level and received a very good mark. It is his great success.

The friends are talking about the holidays, where they are going and what they will do. Agnieszka's idea is that they could meet somewhere in Europe. Peter is inviting them to Berlin in July. Agnieszka and Michel surely are going to come. Ewa can't because she is going to work, and Robert is going to London. Being there, he would like to visit Ireland, as he has been dreaming of it for a long time.

## B. Co będzie potem?

Peter and Michel are finishing  one-year studies at Jagiellonian University. What place will these studies in Poland have in their lives?

Many students are leaving Poland, but Peter is staying on. He is going to study Russian language and culture. It is his decision to study what he is interested in and what he began studying in Germany. He wants to do it in Poland. This way he will get to know two Slavic cultures well.

Michel will stay in Poland too. He says it's only for a year, because he has got an interesting job offer from the French Institute. He wants to be here to get to know his new family better, and the Polish language and culture too. To get to know Poland better.

His friends say Michel is very much interested in Poland, but even more in Agnieszka. Especially when he found out that Robert was going to England. Now it is his turn to take care of Agnieszka.

Londyn

# Lekcja 14

## 14.1. Spotkajmy się gdzieś w Europie

**14.1.1.** Taras kawiarni na krakowskim rynku. Jest ładna, wiosenna pogoda. Przy stoliku siedzą Agnieszka i Ewa.

Ewa: Patrz, idzie Robert. Gdzie on tak leci?

Agnieszka: Czy ja wiem?... Ciągle coś załatwia. [*do Roberta*] Robert!

Robert: O, wy tu!? Cześć! Zamiast kuć do egzaminów, plotkujecie.

Ewa: Daj spokój, nie można ciągle kuć. Należy mi się chwila odpoczynku, bo właśnie zdałam historię Brazylii.

Agnieszka: Słuchaj, była jak zwykle świetna. Kolejna piątka do indeksu.

Ewa: No, nie przesadzaj! Ale poszło mi nieźle.

Robert: Gratuluję ci. To może oblejemy ten sukces, co? Kelner, trzy lampki wina!

Agnieszka: Zamów lepiej pięć. Idą Michel i Peter. [*do Michela*] Cześć, Michel! Siadajcie i gratulujcie Ewie. Właśnie oblewamy jej egzamin.

### Vocabulary

**brakować, brakuje** +G Imperf. *not be enough; run short, be in short supply* → **brakuje mu odwagi, żeby** *he hasn't got the courage to*

**czemu nie?** *why not?*

**dziać się, dzieje się** Imperf. *to happen, occur, take place*

**indeks** *credit book*

**kolejny** Adj. *next; another*

**kuć, kuję, -esz** + Ac. Imperf. *to cram, to plod, to grind away*

**lampka** *glass, wineglass* → **lampka wina** *glass of wine*

**lecieć, lecę, -isz** Imperf. *to run, to speed on*

**mieć coś z głowy** *to be rid of sth*

**należeć się, należy się** +Ac. +D Imperf. *to be owed, due*

**nieźle** Adv. *fairly well*

**oblewać, oblewam, -sz** +Ac. Imperf. *to celebrate (by drinking)* → **trzeba to oblać** *we must drink to it.*

**odwaga** *courage*

**odpadać, odpadam, -sz** Imperf. *to drop out* → **ktoś odpada** *somebody is out*

Michel: Cześć! Egzamin Ewy? Ewa, moje gratulacje!

Peter: A, to jest jeszcze jedna okazja...

Agnieszka
i Ewa: Jaka? Jaka?

Michel: Peter zdał egzamin certyfikatowy z polskiego. Na piątkę.

Ewa: Brawo, Peter!

Agnieszka: Brawo, gratulacje! [do Michela] A ty nie zdawałeś?

Michel: Jednak nie. Zastanawiałem się, ale brakło mi odwagi. Na początku roku straciłem kilka tygodni, potem dużo nadrobiłem, ale nie wszystko.

Peter: Szkoda, mówiłem ci już. Bo egzamin wcale nie był taki trudny.

Michel: No tak, szkoda... Następnym razem będę zdawał i zdam. Obiecuję to sobie i wam!

Agnieszka: Pamiętaj, trzymam cię za słowo!

Michel: Wiecie, a my właśnie rozmawialiśmy o wakacjach...

Robert: [do Michela]Wyjeżdżasz zaraz po egzaminach?

Michel: Nie zaraz, nie zaraz! Ale to właściwie Peter mówił o swoich planach.

Ewa: Peter, w które góry się wybierasz? W Alpy, Pireneje?... A może w Himaleje?

Peter: No nie, wcale nie! Chciałbym lepiej poznać Tatry i Beskidy. Nie znam dobrze polskich gór...

Agnieszka: Słuchajcie, spotkajmy się gdzieś w Europie!

Peter: No właśnie, spotkajmy się! Zapraszam Michela do Berlina, ale on nie może się zdecydować. A może wy?

Michel: Zaraz „nie może"...

Ewa: Ja odpadam. Po piętnastym czerwca zaczynam pracę i wakacje mam z głowy. Niestety!

## Vocabulary

piątka (grade, mark) A
plotkować, **plotkuję, -esz** Imperf. *to gossip*
przesadzać, **przesadzam, -sz** Imperf. *to exaggerate*
świetny Adj. *excellent, magnificent*
trzymać kogoś za słowo *to hold somebody to sb's word*

tyle *this many, this much*
wakacje pl. *vacation, holidays; summer vacation*
wersja *version*
wpaść, **wpadnę, -esz** Perf. *to call on*
załatwiać, **załatwiam, -sz** + Ac. Imperf. *to take care of sth, to fix sth*
zmiana *change*

Robert: Żałuję bardzo, ale ja też. Kończę załatwiać staż w Londynie, oddaję profesorowi pierwszą wersję pracy i wyjeżdżam. [*do Agnieszki*] A ty masz być na szkole letniej w Barcelonie, nie?

Agnieszka: Tak, masz rację. Mam kurs w Barcelonie, ale dopiero w sierpniu. Lipiec mam wolny.

Peter: [*do Agnieszki*] No to zapraszam cię do Berlina.

Michel: Jeśli Agnieszka będzie w Berlinie, to ja też mógłbym wpaść. [*do Agnieszki*] Wybierzesz się do Berlina, naprawdę?

Ewa: Wybierze się, wybierze, znam ją dobrze.

Agnieszka: Jeśli Peter zaprasza, to czemu nie? W Berlinie tyle się teraz dzieje, tyle tam zmian!... Chciałabym je zobaczyć, to normalne, nie?

Peter: No to czekam!

Robert: [*z wyrzutem*] Beze mnie?

Agnieszka: No tak, prawda, że bez ciebie, ale ty przecież masz staż. [*do Michela*] Chętnie też poznałabym Lille, ale jeśli ty nie zapraszasz...

Michel: Bardzo chciałem, tylko nie było okazji... Wiecie, po spotkaniu w Berlinie moglibyśmy się wybrać do Lille, co? Zapraszam was serdecznie!

LEKCJA 14

## WAKACJE: CAMPING I PLAŻA

1. las, 2. pole namiotowe, 3. namiot, 4. plecak, 5. materac, 6. śpiwór, 7. plaża, 8. kosz, 9. parasol, 10. okulary słoneczne, 11. kąpielówki, 12. kostium kąpielowy, 13. leżak, 14. koc, 15. parawan, 16. piasek, 17. muszelka, 18. woda, 19. fale

## 14.2. Gramatyka jest ważna

### GRAMMATICAL COMMENTARY

**14.2.1.**

**Spatial relations expressed by verb prefixes**

Explaining the spatial meaning of verbs we will consider the verbs of motion (see A1: 7.2.5; 10.2.2.) bear in mind, however, that the rules apply to other verbs as well.

- **do-**

corresponds with the preposition *do* (+ Gen.) and indicates the movement towards an object, or bringing the action to an end, e.g.: *Proszę dojść do Wisły. Wieczorem dojedziesz do Krakowa.*

- **na-**

corresponds with the preposition *na* (+Acc.) and indicates directing the action or movement towards an object, e.g.: *Najechałem na kamień.* The prefix *na-* followed by the pronoun *się* carries the meaning of being fully satisfied and content with the action, e.g.: *Najeździłem się po świecie do woli.*

- **od-, ode-**

corresponds with the preposition *od* (+ Gen.) and indicates directing the action from an object (to the side), e.g.: *Ona odeszła ode mnie. Proszę odjechać samochodem na bok.* Here, the prefix *od-* stands in opposition to the prefix *pod-*.

- **po-**

indicates either the beginning of movement or brevity of the action described by the adverb *trochę*, e.g.: *Robert właśnie pojechał do miasta. Pochodziłem trochę po lesie, a teraz muszę się uczyć.* The verbs with the prefix *po-* are perfective and do not have the imperfective aspect.

- **pod-, pode-**

corresponds with the preposition *pod* (+Acc.) and indicates that the action is directed towards or under an object, *e.g.: Proszę podejść do mnie. Proszę podjechać pod szkołę.*

- **prze-**

corresponds with the preposition *przez* (+ Acc.) and indicates that either the action is performed across, through the middle or near something, or is repeated, e.g.: *Proszę przejść przez rynek. Przejechał przez całe miasto. Przejechał koło domu. Musisz przejść to jeszcze raz.*

- **przy-**

indicates that the movement has reached its destination, e.g.: *Michel przyszedł do mnie. Peter przyjechał do hotelu z Wojtkiem.*

- **w-, we-**

indicates that the movement is directed inwards, towards the center of an object, e.g.: *Proszę wejść do środka* (speaking to a person standing at the door). *Proszę wjechać do garażu.* As we can see, verbs which take this prefix take the preposition *do* (+ Gen.).
The opposite meaning is conveyed by the prefix *wy-*.

- **wy-**

denotes the movement from the center, outside, e. g.: *Proszę wyjść z pokoju. Musisz wyjechać z Krakowa!* As we can see, verbs with the prefix *wy-* take the preposition *z* (+ Gen.).

- **z-, ze-, s-**

correspond with the preposition *z(e)* (+ Gen.) and indicate either the movement downwards, or from different directions towards the center, e. g.: *Proszę zejść na dół. Proszę zjechać do kawiarni na parterze. Wszystkie Amerykanki zjechały się do Krakowa.*

- **za-**

corresponds with the preposition *za* (+ Acc.) and denotes the movement behind an object, e.g.: *Słońce zaszło za las. Proszę zajechać za hotel.*

Pay attention to the meanings of prefixes, for it will enable you both to understand and to use various verbs formed from one common root (e.g. from the verb *jechać* we may form such verbs as: *dojechać, najechać, odjechać, pojechać, podjechać, przejechać, przyjechać, wjechać, wyjechać, zjechać, zajechać*).

## 14.2.2.
## Declension of Polish names and surnames

Both Polish names and surnames are declined according to paradigms typical of common nouns. The basic criterion to choose the inflectional pattern for names and surnames is their last sound. Names and surnames ending in a consonant and the vowel *-a* or *-o* in the singular are declined like nouns. For instance:

**Paweł,** *Pawła, Pawłowi, z Pawłem, o Pawle*
**Piotr,** *Piotra, Piotrowi, z Piotrem, o Piotrze*
**Przemek,** *Przemka, Przemkowi, z Przemkiem, o Przemku*
**Staś,** *Stasia, Stasiowi, ze Stasiem, o Stasiu*
**Tadzio,** *Tadzia, Tadziowi, z Tadziem, o Tadziu*
**Anna,** *Anny, Annie, z Anną, o Annie*
**Ewusia,** *Ewusi, Ewusi, z Ewusią, o Ewusi*
**Ewunia,** *Ewuni, Ewuni, z Ewunią, o Ewuni*

**Mickiewicz,** *Mickiewicza, z Mickiewiczem, o Mickiewiczu*
**Nowak,** *Nowaka, z Nawakiem, o Nowaku*
**Pawlak,** *Pawlaka, z Pawlakiem, o Pawlaku*
**Turek,** *Turka, z Turkiem, o Turku*
**Miodunka,** *Miodunki, Miodunce, z Miodunką, o Miodunce*
**Wojtyła,** *Wojtyły, Wojtyle, z Wojtyłą, o Wojtyle*
**Żwirko,** *Żwirki, Żwirce, ze Żwirką, o Żwirce*

Note that male surnames which end in the vowels *-a* or *-o* are inflected like feminine nouns.

Names and surnames which end in *-i, -y, -a, -e* in the nominative singular are inflected like adjectives in the particular gender. For example:

**Marceli,** *Marcelego, Marcelemu, z Marcelim, o Marcelim*
**Kowalski,** *Kowalskiego, Kowalskiemu, z Kowalskim, o Kowalskim*
**Kwaśniewski,** *Kwaśniewskiego, Kwaśniewskiemu, z Kwaśniewskim*
**Kowalska,** *Kowalskiej, z Kowalską, o Kowalskiej*
**Szymborska,** *Szymborskiej, z Szymborską, o Szymborskiej,*
**Linde,** *Lindego, Lindemu, z Lindem, o Lindem*

As can be seen, female surnames which are formed from male surnames ending in *-ski, -cki, -dzki* adopt the form *-ska, -cka, -dzka* in the nominative and that are inflected like feminine adjectives.

Female surnames were traditionally derived from other male surnames by means of the suffix *-owa* and they were inflected like feminine adjectives, e.g. *Mazurowa, Mazurowej, z Mazurową, o Mazurowej; Nowakowa, Nowakowej, z Nowakową, o Nowakowej*. Nowadays female surnames show a stronger and stronger tendency to retain the same form as male surnames, e.g. *Mrs Mazur, Mrs Nowak*. Female surnames which are identical with male surnames are not inflected. For example:

*Idę na spotkanie z panią Mazur.*
*Byłem wczoraj u pani Mazur.*
*Kilka dni temu dostałem list od pani Mazur.*

Note that female surnames in this context behave like professional titles of women. For example:

*Jutro będzie spotkanie z panią minister.*
*To jest ważna informacja od pani dyrektor.*

### 14.2.3.
### Subjectless expressions such as *mówi się*

In Polish constructions that consist of the verb in the $3^{rd}$ person singular in the present tense and the pronoun *się* are quite popular. For example:

*Teraz dużo pisze się o konstytucji europejskiej.*

These constructions are used by the speaker if he or she knows many journalists who write about the constitution, but does not want to enumerate any names and so uses a sentence without the subject. The above sentence can be treated as semantically equivalent to the sentence with the subject:

*Teraz dziennikarze piszą dużo o konstytucji europejskiej.*

The constructions such as *mówi się, pisze się* are used quite frequently, because they give speakers considerable freedom, for example not to mention the subject if it is well known or even though the speaker knows the subject. Compare the following sentences referring to the dialog in Lesson 14:

*W czerwcu dużo mówi się o egzaminach.*
*W czerwcu zwykle mówi się o wakacjach.*

*W czerwcu zwykle planuje się wakacje.*
*Na uniwersytecie mówi się o egzaminach certyfikatowych z języka polskiego.*

It is a well known fact that it is students that are talking about exams and holidays, that students and professors are planning their holidays then. Foreign students are talking about Polish certificate examinations and exams in other foreign languages.

Note that another popular expression of this type appeared in Lesson 13:

*Nie wiem, co się da zrobić.*
*Zobaczę, co się da zrobić.*
*Spróbuję coś zrobić, jeśli się da.*

It is frequently used in the question about a possibility to fix or arrange something, for example:

*Da się to jakoś załatwić?*
*Proszę mi powiedzieć, da się czy się nie da tego załatwić?*

In the past tense this construction looks as follows:

*Rok temu dużo pisało się o nowych państwach w Unii Europejskiej.*

In the future tense:

*W jesieni będzie się pisało o nowym polskim prezydencie.*

Note that in the past only the form in the $3^{rd}$ person neuter singular is used.

### 14.2.4.
### Declension of nouns such as *Amerykanin* in the plural

Masculine nouns in the singular, such as *Amerykanin, Rosjanin, franciszkanin,* are inflected in a regular manner. In the plural the suffix *-anin* loses the last two letters *-in,* which means that plural forms are as follows: *Amerykanie, Amerykanów, Amerykanom, etc.*

Here are other examples with nouns of that type:

*Rosjanie szybko uczą się języka polskiego, bo jest on dla nich łatwy.*
*Na kursie języka polskiego najwięcej jest Amerykanów.*
*W kościele franciszkanów w Krakowie są piękne malowidła Stanisława Wyspiańskiego.*

# 14.3. Jak to powiedzieć?

## COMMUNICATIVE COMMENTARY

### 14.3.1.
**Expressing necessity**

There are situations when we must decide which things need to be done and which ones we do not need to do. Here are some useful expressions that are used in such situations:

| | |
|---|---|
| *Co mam/ muszę zrobić?* | *Musi pan/ pani to podpisać.* |
| *Co trzeba zrobić?* | *Musisz wypełnić ten formularz.* |
| *Czy muszę tam iść?* | *Nie musisz, możesz poczekać tu.* |
| | *Nie musi pan/ pani.* |
| | *Musisz. To konieczne.* |
| *Kiedy muszę to zrobić?* | *Trzeba to zrobić dzisiaj.* |
| | *Teraz. Zaraz.* |
| | *To (bardzo) pilne.* |
| *Czy to ważne?* | *To (bardzo) ważne.* |
| | *To dla mnie/ nas (bardzo) ważne.* |
| | *Nie, to nie jest bardzo ważne.* |
| *Czy to konieczne?* | *Tak, to (absolutnie) konieczne.* |
| | *Nie, to nie (jest) konieczne.* |

### 14.3.2.
**Małe polskie miasta**

W Polsce warto zwiedzać nie tylko wielkie miasta. Także małe miasta i miasteczka są bardzo interesujące, mają swój klimat i wiele rzeczy do zobaczenia. Oto kilka z nich:

**Kazimierz Dolny** – Małe miasto nad Wisłą, bardzo popularne w czasie wakacji. Piękny rynek z renesansowymi kamienicami. Festiwal filmowy „Wysokie temperatury filmowe" na początku sierpnia.

269

**Kazimierz** – Teraz modna dzielnica Krakowa, kiedyś stare miasto żydowskie koło Krakowa. Warto odwiedzić synagogi, muzea i restauracje żydowskie. W lipcu organizuje się tu bardzo popularny festiwal kultury żydowskiej.

**Krynica Zdrój** – Miasto w górach na południu Polski, blisko granicy ze Słowacją. Jedno z największych polskich uzdrowisk, znane z wód mineralnych. Centrum sportów zimowych. W sierpniu organizuje się tu festiwal muzyki operowej i operetkowej imienia Jana Kiepury.

**Sopot** – Miasto nad Bałtykiem, między Gdańskiem a Gdynią. Bardzo popularne w czasie wakacji letnich centrum turystyki i uzdrowisko. Piękna Opera Leśna, gdzie organizuje się wiele festiwali, między innymi międzynarodowy festiwal piosenki w sierpniu.

**Zakopane** – Miasto w Tatrach, najwyższej części polskich Karpat. Popularne przez cały rok, ale szczególnie popularne w zimie. Polacy nazywają je zimową stolicą Polski. Centrum sportów zimowych oraz kultury górali polskich i europejskich (festiwal „Tatrzańska Jesień" w sierpniu).

## 14.4. *Powiedz to poprawnie!*

### EXERCISES IN GRAMMAR

**14.4.1.**

**Say in which European countries the following languages are used. In your sentences use the expression** *mówi się.*

Po angielsku. . . . . . . . . . . . w . . . . . . . . . . . . . . . . . . . . . . . .

. . . . . . . . . . . . . . . . . . . . . . . . . . . . . . . . . . . . . . . . . . . . . . .

Po francusku . . . . . . . . . . . w . . . . . . . . . . . . . . . . . . . . . . . .

. . . . . . . . . . . . . . . . . . . . . . . . . . . . . . . . . . . . . . . . . . . . . . .

Po niemiecku. . . . . . . . . . . w . . . . . . . . . . . . . . . . . . . . . . . .

. . . . . . . . . . . . . . . . . . . . . . . . . . . . . . . . . . . . . . . . . . . . . . .

Po włosku . . . . . . . . . . . . . w . . . . . . . . . . . . . . . . . . . . . . . .

. . . . . . . . . . . . . . . . . . . . . . . . . . . . . . . . . . . . . . . . . . . . . . .

Po rosyjsku . . . . . . . . . . . . w . . . . . . . . . . . . . . . . . . . . . . . .

. . . . . . . . . . . . . . . . . . . . . . . . . . . . . . . . . . . . . . . . . . . . . . .

**14.4.2.**

**Change the sentences below as in the example.**

**Example:**
*W czerwcu studenci mówią dużo o egzaminach końcowych.*
*W czerwcu dużo mówi się o egzaminach końcowych.*

W maju dziennikarze piszą często o egzaminach maturalnych.

. . . . . . . . . . . . . . . . . . . . . . . . . . . . . . . . . . . . . . . . . . . . . . .

W instytucie cudzoziemcy i ich lektorzy organizują spotkanie na zakończenie roku akademickiego.

. . . . . . . . . . . . . . . . . . . . . . . . . . . . . . . . . . . . . . . . . . . . . . .

Dzisiaj Peter i jego koledzy planują wyjazd do Berlina w lipcu.

. . . . . . . . . . . . . . . . . . . . . . . . . . . . . . . . . . . . . . . . . . . . . . .

Na zajęciach Michel i jego koleżanki dyskutują o studiach za granicą.

. . . . . . . . . . . . . . . . . . . . . . . . . . . . . . . . . . . . . . . . . . . . . . .

Po egzaminie Peter i jego koledzy analizują testy certyfikatowe z języka polskiego.

. . . . . . . . . . . . . . . . . . . . . . . . . . . . . . . . . . . . . . . . . . . . . . .

Przed wyjazdem na wakacje studenci rezerwują bilety lotnicze.

. . . . . . . . . . . . . . . . . . . . . . . . . . . . . . . . . . . . . . . . . . . . . . .

**14.4.3.**

**Change the sentences from 14.4.2 using the past tense as in the example given below.**

**Example:**

*W czerwcu studenci mówili dużo o egzaminach końcowych.*

*W czerwcu mówiło się dużo o egzaminach końcowych.*

. . . . . . . . . . . . . . . . . . . . . . . . . . . . . . . . . . . . . . . . . . . . . . . . .
. . . . . . . . . . . . . . . . . . . . . . . . . . . . . . . . . . . . . . . . . . . . . . . . .
. . . . . . . . . . . . . . . . . . . . . . . . . . . . . . . . . . . . . . . . . . . . . . . . .
. . . . . . . . . . . . . . . . . . . . . . . . . . . . . . . . . . . . . . . . . . . . . . . . .
. . . . . . . . . . . . . . . . . . . . . . . . . . . . . . . . . . . . . . . . . . . . . . . . .
. . . . . . . . . . . . . . . . . . . . . . . . . . . . . . . . . . . . . . . . . . . . . . . . .

**14.4.4.**

**Complete the text below with the appropriate forms of the word *Amerykanin*.**

Na początku w naszej grupie był tylko jeden . . . . . . . . . . . . . . Po dwóch tygodniach do grupy przyszło jeszcze trzech . . . . . . . . . . . . . . Wszyscy ci . . . . . . . . . . . . . byli bardzo sympatyczni i naprawdę chcieli nauczyć się polskiego. Najlepszym z . . . . . . . . . . . . . . był Jeff, ale on znał trochę język polski przed przyjazdem, bo jako dziecko rozmawiał po polsku z babcią. Od grudnia rozmawiałam z tymi . . . . . . . . . . . . . . tylko po polsku, chociaż znam dobrze angielski. Pewnie dlatego na końcu roku i ja, i . . . . . . . . . . . . . . zdaliśmy dobrze egzaminy końcowe. Najlepszy z . . . . . . . . . . . . . . . . . . . ., Jeff, zdał też egzamin certyfikatowy z języka polskiego na poziomie B2.

**14.4.5.**

**Complete the text about Zakopane with words appropriate for the context.**

Zakopane to . . . . . . . . . . . . . . w Tatrach, . . . . . . . . . . . . . . części polskich Karpat. Jest ono . . . . . . . . . . . . . . przez cały rok, a . . . . . . . . . . . . . . popularne w . . . . . . . . . . . . . . . . . Polacy nazywają je zimową . . . . . . . . . . . . . . . Polski. Zakopane to . . . . . . . . . . . . . . sportów zimowych oraz . . . . . . . . . . . . . . . . . . . górali polskich i europejskich (. . . . . . . . . . . . . . „Tatrzańska . . . . . . . . . . . . . .” w sierpniu).

**14.4.6.**

**Consider the meanings of words related to the word _góra_ and give their English equivalents.**

góra . . . . . . . . . . . . . . . . . . . . . . .
górski . . . . . . . . . . . . . . . . . . . . .
góral . . . . . . . . . . . . . . . . . . . . . .
góralka . . . . . . . . . . . . . . . . . . . .
góralski . . . . . . . . . . . . . . . . . . . .

**14.4.7.**

**Complete the text about Krynica Zdrój with appropriate letters.**

Krynica Zdr_j to miasto na poł_dni_ Polski, blisko granicy ze Słowacją. Jedno z największych polskich _zdrowisk, znane z w_d mineralnych. Centr_m sport_w zimowych. W sierpni_ organiz_je się t_ festiwal m_zyki operowej i operetkowej imienia Jana Kiep_ry.

**14.4.8.**

**Consider the meanings of words related to the word _zdrowy_ and give their English equivalents.**

zdrowy . . . . . . . . . . . . . . . . . . . . .
zdrowie . . . . . . . . . . . . . . . . . . . . .
zdrowieć . . . . . . . . . . . . . . . . . . . .
wyzdrowieć . . . . . . . . . . . . . . . . . .
uzdrowisko . . . . . . . . . . . . . . . . . .

**14.4.9.**

**Provide the meanings of verbs formed from the verb _jechać_ and make sentences with them. Explain the functions of prefixes which are used in these verbs.**

jechać . . . . . . . . . . . . . . . . . . . . . .
odjechać . . . . . . . . . . . . . . . . . . . .
przejechać . . . . . . . . . . . . . . . . . . .
przyjechać . . . . . . . . . . . . . . . . . . .
wjechać . . . . . . . . . . . . . . . . . . . . .
wyjechać . . . . . . . . . . . . . . . . . . . .

## 14.5. *Muszę to zrozumieć!*

### COMPREHENSION EXERCISES

**14.5.1.**

**Check whether you understand the dialogue 14.1.1. :**

| | prawda | fałsz | brak informacji |
|---|---|---|---|
| Ewa i Agnieszka siedzą w kawiarni na krakowskim rynku. | | | |
| Ewa nie zdała dzisiaj historii Brazylii. | | | |
| Robert załatwia bilety na samolot do Londynu. | | | |
| Michel zdał egzamin certyfikatowy z języka polskiego. | | | |
| Peter chce lepiej poznać Tatry i Beskidy. | | | |
| Peter zaprasza kolegów do Berlina i do Lille. | | | |
| Ewa będzie pracować przez całe wakacje. | | | |
| Agnieszka pojedzie do Berlina i do Lille. | | | |

**14.5.2.**

**You will hear a short dialog twice. Choose the correct answer by circling the appropriate letter A, B or C.**

Część gramatyczną egzaminu Peter napisał:

A) bardzo dobrze.

B) źle.

C) dobrze, ale z kilkoma błędami.

Tekst mówiony Peter zrozumiał:

A) dość dobrze.

B) bardzo dobrze.

C) słabo.

**14.5.3.**

**Read the text below twice and choose the correct answer by circling the appropriate letter A, B or C.**

# POLSKI NIE TYLKO DLA POLAKÓW

*Certyfikaty językowe można uzyskać nie tylko z angielskiego, niemieckiego czy francuskiego, ale także z polskiego. W Berlinie przeprowadzono właśnie pierwszy poza granicami Polski egzamin certyfikacyjny z języka polskiego.*

Egzamin przeprowadzony 28–29 października w Berlinie to już czwarta sesja egzaminacyjna sprawdzająca znajomość polskiego, ale pierwsza, która odbyła się poza granicami Polski.

Zorganizowano go we współpracy z niemieckim Kollegium für Polonische Sprache und Kulltur. Przystąpiły do niego 22 osoby. Kandydaci mogli zdawać egzamin na trzech poziomach: podstawowym B 1 (15 osób), średnio zaawansowanym B2 (4 osoby) i zaawansowanym C2 (3 osoby).

Egzaminowani mają największy problem z pisaniem. I nie chodzi wyłącznie o ortografię, ale także o słownictwo, budowę tekstu oraz właściwe zastosowanie poszczególnych wyrazów.

Prawdopodobnie wkrótce podobne egzaminy odbędą się w Wielkiej Brytanii, Hiszpanii i Francji.

Do tej pory do tego egzaminu podeszły 84 osoby z 21 państw, najwięcej z Niemiec i Ukrainy. Były to głównie kobiety w wieku od 20 do 40 lat. Certyfikat otrzymało 68 osób.

### Co nowego?

Choć egzaminy z języka polskiego dla obcokrajowców przeprowadzano już od dawna, jednak były to zwykłe testy osiągnięć, które sprawdzały opanowanie określonej części programu. – Ten egzamin jest inny, bo sprawdza biegłość w posługiwaniu się językiem obcym. Nie interesuje nas, czy ktoś nauczył się polskiego, bo chodził na kursy, czy dlatego, że oglądał polską telewizję. My sprawdzamy, czy ktoś potrafi się językiem posługiwać – tłumaczy dr Waldemar Martyniuk, członek Państwowej Komisji Poświadczania Znajomości Języka Polskiego jako Obcego. Egzamin został przygotowany zgodnie z wytycznymi Rady Europy w zakresie nauczania i sprawdzania znajomości języka.

Gazeta Wyborcza, 3 XI 2004
(dodatek „Europa. Praca i studia", s. 2)

**A.**

Ten tekst informuje o certyfikatach językowych z:

A) angielskiego.

B) niemieckiego.

C) polskiego.

Egzamin certyfikatowy w Berlinie był egzaminem:

A) pierwszym.

B) czwartym.

C) trzecim.

W Berlinie najwięcej osób pisało egzamin na poziomie:

A) B1.

B) B2.

C) C2.

Dla egzaminowanych najtrudniejsze jest:

A) polskie słownictwo.

B) używanie  polskich wyrazów.

C) pisanie po polsku.

**B.**

Czy chciałbyś kiedyś zdawać egzamin certyfikatowy z języka polskiego?
Kiedy? Dlaczego? Proszę uzasadnić swoją opinię.

. . . . . . . . . . . . . . . . . . . . . . . . . . . . . . . . . . . . . . . . . . . . . . . . . .

. . . . . . . . . . . . . . . . . . . . . . . . . . . . . . . . . . . . . . . . . . . . . . . . . .

. . . . . . . . . . . . . . . . . . . . . . . . . . . . . . . . . . . . . . . . . . . . . . . . . .

**14.5.4.**

**Listen to the text twice. Choose the correct answer by circling the appropriate letter A, B or C.**

Peter będzie studiował w Polsce język i literaturę

A) polską.

B) niemiecką.

C) rosyjską.

Michel ma ciekawą propozycje pracy w Instytucie

A) Belgijskim.

B) Francuskim.

C) Szwjcarskim.

Koledzy mówią, że Michel bardzo interesuje się

A) Polakami.

B) Polkami.

C) Agnieszką.

## 14.6. *Czy umiesz to powiedzieć?*

### COMMUNICATIVE AND CULTURAL ACTIVITIES

**14.6.1.**

Foreigners who are learning Polish often come to Poland to develop their knowledge of Polish. They are foreign tourists who visit our country. It is worth thinking about how large is the number of tourists visiting Poland in comparison with the number of tourists in other European countries.

Here is a table with the information on the number of tourists in some European countries in 1995 and 2005:

| | | **1995** | **2005** |
|---|---|---|---|
| | Estonia | 2 111 tys. | 156,1 tys. |
| | Francja | 60 033 tys. | 219,6 tys. |
| | Grecja | 10 130 tys. | 28,8 tys. |
| | Hiszpania | 34 950 tys. | 72,6 tys. |
| | Irlandia | 4 818 tys. | 39,7 tys. |
| | Litwa | 211 tys. | 1 344,2 tys. |
| | Niemcy | 14 847 tys. | 37 436 tys. |
| | Polska | 82 244 tys. | 84 515 tys. |
| | Czechy | 3 381 tys. | 7 855,4 tys. |

| | | | |
|---|---|---|---|
| | Słowacja | 903 tys. | 3 378 tys. |
| | Szwajcaria | 6 946 tys. | 42,4 tys. |
| | Węgry | 20 690 tys. | 248,7 tys. |
| | Wielka Brytania | 23 537 tys. | 345,1 tys. |
| | Włochy | 55 706 tys. | 247 tys. |

Here is what the weekly "Polityka" wrote in 1995 in the article entitled "Witajcie w Polsce":

W 1995 roku przyjechało do Polski 82,2 mln cudzoziemców. Liczba ta obejmuje 63 mln przyjazdów na parę godzin na nadgraniczny bazar, jak i 19,2 mln osób, które spędziły w Polsce co najmniej jedną noc i zgodnie z definicją Światowej Organizacji Turystyki uznane zostały za turystów. Tym samym Polska awansowała na 9 miejsce w świecie pod względem liczby turystów zagranicznych.

Teatr uliczny na Rynku Głównym w Krakowie

**Przyjazdy cudzoziemców do Polski w 1995 (w tys.)**

| | |
|---|---|
| Razem wszystkie kraje | 82 243,6 |
| Niemcy | 47 172,2 |
| Kraje b. ZSRR | 12 500,3 |
| Czechy | 15 102,1 |
| Słowacja | 4 351,2 |
| Austria | 372,1 |
| Belgia | 164,3 |
| Dania | 170,4 |
| Francja | 321,2 |
| Holandia | 358,9 |
| Rumunia | 181,1 |
| Szwecja | 197,7 |
| USA | 201,5 |
| W. Brytania | 191,8 |
| Węgry | 195,9 |
| Włochy | 171,9 |
| Pozostałe kraje | 591,0 |

Źródło: GUS

**Cele pobytu w Polsce (w % badanych turystów, 2005 rok)**

| | |
|---|---|
| Zakupy | 7,0 |
| Tranzyt | 13,0 |
| Odwiedziny u krewnych, znajomych | 18,0 |
| Typowa turystyka | 25,0 |
| Zawodowe lub służbowe | 27,0 |

Źródło: Badania Instytutu Turystyki

W 1975 r. Polskę odwiedziło 9,3 mln cudzoziemców, którzy oficjalnie wydali 154 miliony dolarów. Dwadzieścia lat później przyjechało ich już 82,2 mln i zostawiło 6,4 miliarda dolarów...!

Największe zainteresowanie dalej budzi „złoty trójkąt" polskiej turystyki, tj. trasa Kraków – Częstochowa – Oświęcim.

(M. Henzler, *Witajcie w Polsce*, „Polityka" nr 18, 4 maja 1996)

Using the data provided, answer the following questions:

a) Proszę wymienić 10 krajów europejskich z największą liczbą przyjazdów turystów w roku 2005.

b) Które z tych krajów są krajami tradycyjnie odwiedzanymi przez turystów? Dlaczego?

c) Które z krajów stały się popularne wśród turystów w latach 1995–2005? Dlaczego?

d) W których krajach Europy Centralnej i Wschodniej nastąpił największy wzrost przyjazdów turystów? Dlaczego?

e) Które polskie miasta najbardziej interesują turystów zagranicznych? Dlaczego?

f) Z których krajów przyjeżdża do Polski najwięcej turystów? Dlaczego?

g) Jakie są najczęstsze cele przyjazdu do Polski?

## 14.6.2.
**Say which of the small Polish towns presented in Lesson 16 are situated in the north, and which ones in the south of Poland.**

Na północy Polski . . . . . . . . . . . . . . . . . . . . . . . . . . . . . . . . . . . . . . . .
. . . . . . . . . . . . . . . . . . . . . . . . . . . . . . . . . . . . . . . . . . . . . . . . . . . . . .
Na południu Polski . . . . . . . . . . . . . . . . . . . . . . . . . . . . . . . . . . . . . . .
. . . . . . . . . . . . . . . . . . . . . . . . . . . . . . . . . . . . . . . . . . . . . . . . . . . . . .

## 14.6.3.
**Say which of the small Polish towns lie on the Vistula river.**

Nad Wisłą . . . . . . . . . . . . . . . . . . . . . . . . . . . . . . . . . . . . . . . . . . . . . .
. . . . . . . . . . . . . . . . . . . . . . . . . . . . . . . . . . . . . . . . . . . . . . . . . . . . . .

## 14.6.4.
**Discuss with other people in your group whether Michel made a good decision not taking the Polish certificate examination together with Peter. Compile arguments for and against his decision.**

ARGUMENTY ZA                    ARGUMENTY PRZECIW
Michel zrobił dobrze            Michel zrobił źle

. . . . . . . . . . . . . . . . . . . . .        . . . . . . . . . . . . . . . . . . . . . . . .
. . . . . . . . . . . . . . . . . . . . .        . . . . . . . . . . . . . . . . . . . . . . . .
. . . . . . . . . . . . . . . . . . . . .        . . . . . . . . . . . . . . . . . . . . . . . .
. . . . . . . . . . . . . . . . . . . . .        . . . . . . . . . . . . . . . . . . . . . . . .

**14.6.5.**

Take the role of Peter and prepare a short speech to foreigners in which you will try to convince them to take the Polish certificate examinations.

. . . . . . . . . . . . . . . . . . . . . . . . . . . . . . . . . . . . . . . . . . . . . . . . .
. . . . . . . . . . . . . . . . . . . . . . . . . . . . . . . . . . . . . . . . . . . . . . . . .
. . . . . . . . . . . . . . . . . . . . . . . . . . . . . . . . . . . . . . . . . . . . . . . . .
. . . . . . . . . . . . . . . . . . . . . . . . . . . . . . . . . . . . . . . . . . . . . . . . .
. . . . . . . . . . . . . . . . . . . . . . . . . . . . . . . . . . . . . . . . . . . . . . . . .
. . . . . . . . . . . . . . . . . . . . . . . . . . . . . . . . . . . . . . . . . . . . . . . . .

**14.6.6.**

Take the role of Michel and prepare a short text in which you will encourage foreigners to come to Poland to study the Polish language and culture.

. . . . . . . . . . . . . . . . . . . . . . . . . . . . . . . . . . . . . . . . . . . . . . . . .
. . . . . . . . . . . . . . . . . . . . . . . . . . . . . . . . . . . . . . . . . . . . . . . . .
. . . . . . . . . . . . . . . . . . . . . . . . . . . . . . . . . . . . . . . . . . . . . . . . .
. . . . . . . . . . . . . . . . . . . . . . . . . . . . . . . . . . . . . . . . . . . . . . . . .
. . . . . . . . . . . . . . . . . . . . . . . . . . . . . . . . . . . . . . . . . . . . . . . . .
. . . . . . . . . . . . . . . . . . . . . . . . . . . . . . . . . . . . . . . . . . . . . . . . .

**14.6.7.**

Using the data on the number of foreign students in some European countries, answer the following questions.

[w roku 2001/02]

| | | | |
|---|---|---|---|
| Belgia | 40,4 tys. | Portugalia | 15,7 tys. |
| Finlandia | 6,8 tys. | Czechy | 9,8 tys. |
| Francja | 138 tys. | Słowacja | 1,6 tys. |
| Hiszpania | 40,7 tys. | Szwecja | 28,7 tys. |
| Irlandia | 9,2 tys. | Węgry | 11,8 tys. |
| Niemcy | 0,3 tys. | Wielka Brytania | 227 tys. |
| Norwegia | 9,5 tys. | Włochy | 28,4 tys. |
| Polska | 7,4 tys. | | |

a) W których krajach europejskich studiuje najwięcej cudzoziemców? Dlaczego?

b) W których krajach Europy Środkowej i Wschodniej studiuje najwięcej cudzoziemców? Dlaczego?
c) Jak myślisz, od czego zależy zainteresowanie studiami w danym kraju?

**14.6.8.**
**Projekt**
This course-book presents some of the places in Poland that foreigners should be familiar with. It is a well known fact that Poles also like to travel and they like visiting new places. Prepare a presentation about one town in your country, which you think is so attractive that Poles should see it. Remember that your presentation should be attractive enough to encourage visitors to come to your country. After all presentations your group will decide which offer is the most attractive.

**Poznaj mój kraj**

...........................................................
...........................................................
...........................................................
...........................................................
...........................................................
...........................................................
...........................................................
...........................................................
...........................................................
...........................................................
...........................................................
...........................................................
...........................................................
...........................................................
...........................................................
...........................................................
...........................................................
...........................................................
...........................................................
...........................................................

. . . . . . . . . . . . . . . . . . . . . . . . . . . . . . . . . . . . . . . . . . . . . . .
. . . . . . . . . . . . . . . . . . . . . . . . . . . . . . . . . . . . . . . . . . . . . . .
. . . . . . . . . . . . . . . . . . . . . . . . . . . . . . . . . . . . . . . . . . . . . . .
. . . . . . . . . . . . . . . . . . . . . . . . . . . . . . . . . . . . . . . . . . . . . . .
. . . . . . . . . . . . . . . . . . . . . . . . . . . . . . . . . . . . . . . . . . . . . . .
. . . . . . . . . . . . . . . . . . . . . . . . . . . . . . . . . . . . . . . . . . . . . . .
. . . . . . . . . . . . . . . . . . . . . . . . . . . . . . . . . . . . . . . . . . . . . . .
. . . . . . . . . . . . . . . . . . . . . . . . . . . . . . . . . . . . . . . . . . . . . . .
. . . . . . . . . . . . . . . . . . . . . . . . . . . . . . . . . . . . . . . . . . . . . . .
. . . . . . . . . . . . . . . . . . . . . . . . . . . . . . . . . . . . . . . . . . . . . . .
. . . . . . . . . . . . . . . . . . . . . . . . . . . . . . . . . . . . . . . . . . . . . . .
. . . . . . . . . . . . . . . . . . . . . . . . . . . . . . . . . . . . . . . . . . . . . . .
. . . . . . . . . . . . . . . . . . . . . . . . . . . . . . . . . . . . . . . . . . . . . . .
. . . . . . . . . . . . . . . . . . . . . . . . . . . . . . . . . . . . . . . . . . . . . . .

podpis

Lublana

# Polish-English Dictionary

In the Polish-English dictionary, you will find all words appearing in the glossaries for the individual lessons, as well as in the tables illustrating thematic vocabulary. The dictionary does not repeat grammatical information given in the individual units.

To facilitate differentiation between adjectives and adverbs, these have been provided with appropriate labels, e.g. *ładny, ładna, ładne* Adj.; *ładnie* Adv. Verbs have been given together with their semantic patterns and an indication of whether the verb is perfective or imperfective, e.g. *prosić* + Acc. *o* + Acc. Imperf. Beside the nominative of nouns and pronouns whose stem changes, the genitive form, containing the altered stem, is given, e.g. *on, jego; ojciec, ojca.* In the case of nouns having completely different stems in the singular and the plural, both forms have been given, e.g. *rok,* pl. *lata.*

## A

**a** *and (indicates contrast)*
**adidasy** pl. *sneakers*
**aerobik** *aerobics*
**akademik** *dormitory*
**akceptować** + Ac., akceptuję, -esz Imperf. *to accept*
**albo** *or*
**ale** *but*
**ależ skąd!** *not at all!*
**ambitny** Adj. *ambitious*
**atak** *attack*
**autobus** *bus*
**autobusowy** Adj. *bus*

## B

**babcia** *grandmother*
**babunia** *grandma*
**badać** + Ac., badam, -asz, -ają Imperf. *1. to examine, 2. to investigate*
**baleron** *smoked ham*
**bałagan** *mess*
**banan** *banana*
**bardzo** Adv. *very*

**bawić się** + I, w + Ac., bawię, -isz Imperf. *1. to play, 2. to have fun, to have a good time*
**befsztyk** *beefsteak*
**beret** *beret*
**bez** + G *without*
**bezpośredni** Adj. *direct*
**bezrobotny** Adj. *unemployed*
**biblioteka** *library*
**biceps** *biceps*
**biedny** Adj. *poor*
**biegać,** biegam, -asz, -ają Imperf. *1. to run, 2. to jog*
**biegle** Adv. *fluently*
**bielizna** *bed linen; underwear*
**bigos** *Polish dish made of sauerkraut, sausage and mushrooms*
**bilet** *ticket*
**biodro,** pl. biodra *hip*
**biuro** *office*
**biustonosz** *bra*
**biznesmen** *businessman*
**bliski** Adj. *close, near*

285

**blisko** Adv. *near, closely*

**bluzka** *blouse*

**błyskawica** *lightning*

**bo** *because, for*

**Boże Narodzenie** *Christmas*

**bogaty** Adj. *wealthy, rich*

**boisko** *sports field, sports ground*

**boleć,** only boli, bolą Imperf. *to ache, to hurt*

**brać** + Ac., biorę, bierzesz Imperf. *1. to take, 2. to buy*

**brakować,** brakuje +G Imperf. *not be enough; run short, be in short supply~ brakuje mu odwagi, żeby ~ he hasn't got the courage to*

**brat** *brather*

**brew,** brwi, pl. brwi *eyebrow*

**broda** *1. chin, 2. beard*

**brudny** Adj. *dirty, filthy*

**brzoza** *birch*

**brzuch** *belly*

**brzydki** Adj. *ugly*

**budowa** *build, physique*

**budynek,** budynku *building*

**bulion** *clear soup, consomme*

**bułka** *1. roll, 2. bun*

**burza** *storm, thunderstorm*

**but,** pl. buty *shoe, boot*

**butelka** *bottle*

**być,** jestem, -eś, są Imperf. *to be*

**bywać,** bywam, -asz, -ają Imperf. *to be present sometimes, to frequent*

**C**

**cały** Adj. *whole*

**cebula** *onion*

**cecha** *feature, characteristic*

**cel** *aim, goal, purpose*

**cena** *price*

**chcieć** + G or + Infin., chcę, -esz Imperf. *to want*

**chętnie** Adv. *willingly, with pleasure*

**chirurg** *surgeon*

**chleb** *bread*

**chłop** *1. peasant, 2. fellow*

**chłopak** *1. boy, 2. boyfriend*

**chłopczyk** *little boy*

**chłopiec,** chłopca *1. boy, 2. boyfriend*

**chmura** *cloud*

**chociaż** *although*

**chodzić** na + Ac. or + Infin., chodzę, -isz Imperf. ~ chodzić na spacer ~ *to walk,* ~ *to go for a walk,* ~ chodzić spać ~ *to go to bed*

**choroba** *illness, disease*

**chorować** na + Ac., choruję, -esz Imperf. *to be ill, to be sick*

**chory** Adj. *1. ill, sick [man], 2. sore [throat], 3. bad [tooth]*

**chudy** Adj. *lean*

**chwila** *moment, while*

**chyba** *probably, surely*

**ciągle** Adv. *continually*

**ciało** *body*

**ciastko** *pastry, cookie, cake*

**ciasto** *cake*

**ciężki** Adj. *heavy, weighty*

**ciężko** Adv. *heavily, hard*

**ciekawy** Adj. *1. curious, 2. interesting*

**cieszyć się** z + G, cieszę, -ysz Imperf. *to be glad, to be happy*

**ciocia** *aunt, auntie*

**co,** czego *what,* ~ co to za różnica? ~ *what difference is that?*

**codzienny** Adj. *everyday*

**coś,** czegoś *something*

**córka** *daughter*

**cudownie** Adv. *wonderful*

**cytryna** *lemon*

**człowiek,** pl. ludzie *human being; man*

**czajnik** *kettle*

**czapka** *cap*

**czarujący** Adj. *charming*

**czas** *time*

**czasami** *sometimes*

**czasem** *sometimes*

**czekać** na + Ac., czekam, -asz Imperf. *to wait for*

**czemu nie?** *why not?*

**cześć!** *hi!*

**czerwiec,** czerwca *June*

**czerwony** Adj. *red*

**często** Adv. *often*

**czoło** *forehead*

**czosnek,** czosnku *garlic*

**czuć** (się), czuję, -esz Imperf. *to feel*

**czy** conj. *starting yes and no questions; if*

**czysty** Adj. *1. clean (hand), 2. clear (air), 3. pure (wool)*

**czytać** + D + Ac. + o + L, czytam, -asz, -ają Imperf. *to read*

**ćwiczenie** *exercise, drill*


**D**

**dać** + Ac. + D, dam, -asz, dadzą Perf. *to give*

**damski** Adj. *lady's, female*

**dawać** + Ac. + D, daję, -esz Imperf. *to give*

**dążenie** *aspiration, pursuit*

**dąb,** dębu *oak*

**decyzja** *decision,* ~ podjąć decyzję ~ *to make a decision*

**deka** *10 grammes*

**denerować się** + I, denerwuję, -esz Imperf. *to be nervous, to be irritated*

**dentysta** m *dentist*

**deser** *dessert*

**deszcz** *rain*

**dla** + G *for*

**dlaczego** *why*

**dlatego** *that is why, because*

**dłoń** f *palm*

**długo** Adv. *for a long time*

**do** *to*

**do widzenia** *good bye*

**dobry,** lepszy Adj. *good*

**dobrze** Adv. *well*

**dochodzić** do + G, dochodzę, -isz Imperf. *to reach, to arrive (letter)*

**dodatkowy** Adj. *additional*

**dojeżdżać** do + G + I, dojeżdżam, -asz Imperf. *to approach, to commute, to reach*

**dojechać** do G + I, dojadę, dojedziesz Perf. *to approach, to commute, to reach*

**dojść** do + G, dojdę, dojdziesz Perf. *to reach, to arrive (letter)*

**dokładnie** Adv. *exactly, precisely*

**doktor** *doctor, physician*

**dolegać,** only dolega, dolegają, dolegało itd. Imperf. *to bother, to give trouble, to pain*

**dom** *house, home*

**doświadczenie** *experience*

**dostać** + Ac. od + G; dostanę, -esz Perf. *to get, to receive*

**dotąd** *up to here, up to now, so far*

**dowcipny** Adj. *witty*

**dowiedzieć** *się* + G o + L, dowiem, -esz, dowiedzą Perf. *to learn about sth, to find sth out; to inquire*

**dramat** *drama*

**dres** *tracksuit*

**drogi** Adj. *dear*

**drzewo** *tree*

**drzwi** pl. *door*

**dużo** *much, many, a lot of*

**duży** *big, large, great*

**dworzec,** dworca *station, bus station, railroad station*

**dyplomowy** Adj. *diploma,* ~ praca dyplomowa ~ *thesis*

**dyrektor** *director*

**dyrygować** + I, dyryguję, -esz Imperf. *to direct*

**dyskoteka** *disco(theque)*

**dziać się**, dzieje się Imperf. *to happen, to occur, to take place*

**dziadek,** dziadka *grandfather*

**dziadkowie** pl. *grandfather and grandmother*

**dziadziuś** *grandpa*

**dziecko**, pl. dzieci *child*

**dziennik** *daily newspaper*

**dziennikarz** *journalist*

**dzień,** dnia *day*

**dziewczyna** *1. girl, 2. girlfriend*

**dziewczynka** *little girl*

**dziękować** + D + za + Ac., dziękuję, -esz Imperf. *to thank for*

**dzisiaj** *today*

**dziś** *today*

**dzwonek,** dzwonka *bell*

**dzwonić** do + G, dzwonię, -isz Imperf. *to call, to ring up*
**dżem** *jam*
**dżinsy** pl. *jeans*

**E**
**edukacja** *education*
**egzamin** *examination, exam*
**ekonomia** *economics*
**ekonomista** m *economist*
**ekspedientka** *saleswoman, salesclerk*
**elektryk** *elektrician*
**etat** *permanent post* ~ na pełny etat ~ *full-time* ~ na pół etatu ~ *part-time* ~ wolny etat ~ *job vacancy*

**F**
**fajnie** Adv. *great, good*
**fasolka** *beens (in tomato sauce)*
**faks**, faksu *fax*
**filharmonia** *concert hall*
**filiżanka** *cup*
**film** *film, moving picture, movie*
**filmowy** Adj. *film*
**firma** *firm, business, company*
**fotel** *armchair*
**fotografia** *photo*
**Francuz** *Frenchman*
**frytki**, frytek pl. *French fries*
**fryzjer** *hairdresser, barber*

**G**
**gabinet** *1. office, study, 2. cabinet*
**galareta** *jelly*
**gardło** *throat*
**garnek**, garnka *pot*
**garnitur** *suit*
**gaz** *gas*
**gdyby** *if*
**gdzie** *where*
**gdzieś** *somewhere*
**gęś** *goose*
**gimnastyka** *gymnastics, exercises*
**głodny** Adj. *hungry*
**głowa** *1. head, 2. brain, mind*
**gmina** *commune, municipality*

**godzina** *hour*
**golf** *polo-necked sweter, turtle-necked sweter*
**gościnny** Adj. *hospitable*
**gorączka** *fever*
**góra** *mountain*
**górnik** *miner*
**gospodyni** *1. hostess, 2. landlady, 3. farmer's wife*
**gotować** + Ac. w + L, gotuję, -esz Imperf. *to cook, to boil*
**goździk** *carnation, pink*
**grać** w + Ac., gram, -asz, -ają Imperf. *to play*
**granica** *border, boundry, limits* ~ wyjechać za granicę ~ *to go abroad*
**gruby** Adj. *1. fat (man), 2. thick (book)*
**grudzień**, grudnia *December*
**grupa** *group*
**grusza** *pear tree*
**gruszka** *pear*
**grypa** *flu, influenza*

**H**
**halo** *hallo*
**handel,** handlu *trade, commerce*
**herbata** *tea*
**hierarchia** *hierarchy*
**historia** *history*
**historyk** *historian*
**hiszpański** Adj. *Spanish*
**hotel** *hotel*

**I**
**i** *and*
**ile** *how much, how many*
**imię,** imienia *first name, Christian name*
**impreza** *1. event, 2. party*
**indeks** *credit book*
**inżynier** *engineer*
**informacja** *information*
**instytut** *institute*
**inteligencja** *1. intelligence, 2. intelligentsia*
**inteligentny** Adj. *intelligent*
**interesować** + Ac., interesuję, -esz Imperf. *to interest*

**interesować się** +I, interesować, -esz Imperf. *to be interested in*

**intersujący** Adj. *interesting*

**iść,** idę, idziesz Imperf. *to go (on foot)*

# J

**ja**, mnie *I*

**jabłko** *apple*

**jabłoń** *apple tree*

**jadalnia** *dining room*

**jajko** *egg*

**jak** *how, like, as*

**jaki,** jaka, jakie *what...like, what, which*

**jakiś,** jakaś, jakieś *a, some, any*

**jako** *as*

**jarzyna** *vegetable*

**jasny** *bright, light, clear;* ~ to jasne! ~ *that much is clear*

**jazz** or dżez *jazz*

**jazzowy** or dżezowy Adj. *jazz*

**jechać** + I, jadę, jedziesz Imperf. *to go (by means of a vehicle), to go, to ride, to drive*

**jednak** *however, but, yet, still*

**jedzenie** *eating, food*

**jeść** + Ac. + I.; jem, jesz, jedzą Imperf. *to eat*

**jeśli** *if*

**jesień** *autumn, fall*

**jeszcze** *still, yet*

**jeździć** + I; jeżdżę, jeździsz Imperf. *1. to go (by means of a vehicle), 2. to travel 3. to run*

**język** *1. tongue, 2. language*

**już** *already*

# K

**kaczka** *duck*

**kalafior** *cauliflower*

**kalarepa** *kohlrabi*

**kanapka** *snack, sandwich*

**kandydatura** *candidature*

**kapelusz** *hat*

**kariera** *career*

**kark** *nape of the neck*

**karp** *carp*

**karta** *1. card, 2. menu*

**kaszleć**, kaszlę, -esz Imperf. *to cough*

**katar** *runny nose, cold*

**kawa** *coffee*

**kawałek**, kawałka *piece, bit*

**kawiarnia** *cafe*

**kazać** + D + Infin., każę, -esz Imperf. *to order*

**każdy**, każda, każde *1. every, each, 2. everybody*

**kelner** *waiter*

**kiełbasa** *sausage*

**kiedy** *when*

**kiedyś** *sometime, once, at one time*

**kieliszek**, kieliszka *glass (of wine)*

**kierowca** *driver*

**kierownik** *manager*

**kilka**, kilku *some, a few, several*

**kino** *1. cinema, movie theater, 2. the movies*

**klient** *customer, client*

**klub** *club*

**kłopot** *trouble, embarassment*

**kobieta** *woman*

**kochać** + Ac., kocham, -asz, -ają Imperf. *to love*

**kochać się** w + L, kocham, -asz, -ają Imperf. *to be in love with sb*

**kochać się** z + I, kocham, -asz, -ają Imperf. *to make love to sb*

**kochanie** *darling*

**kolacja** *supper, dinner*

**kolano** *knee*

**koleżanka** *colleague (female)*

**kolega**, pl. koledzy m *colleague (male), friend (male)*

**kolegium**, pl. kolegia *college*

**kolejny** Adj. *next; another*

**koło** + G *near, next to*

**komedia** *comedy*

**kompozycja** *composition*

**komunikacja** *1. transportation, transit, 2. communication*

**koncentrować się** na + I., koncentruję, -esz Imperf. *to concentrate on*

**koncert** *concert*

**konduktor** *conductor, ticket inspector*

**konkretny** Adj. *real, concrete*

**konserwa** *can, canned food*

**kontakt** *contact*

**kontaktować** + Ac. z + 1, kontaktuję, -esz Imperf. *to contact*

**kontrola** *control*

**koń** *horse*

**kończyć** + Ac. or Infin., kończę, -ysz Imperf. *to end, to finish*

**kościół,** kościoła *church, Church*

**korzeń** *root*

**kostka** *bar*

**kosz** *basket*

**kosztować,** only kosztuje, kosztują Imperf. *to cost*

**koszula** *shirt*

**koszykówka** *basketball*

**kot** *cat*

**kotlet** schabowy *chop, pork chop*

**krawat** *tie*

**kredens** *cupboard*

**kręgosłup** *spine, backbone*

**krocze** *crotch*

**kroić** + Ac. + I, kroję, kroisz Imperf. *to cut, to slice*

**krowa** *cow*

**krzesło** *chair*

**książka** *book*

**ksiądz,** księdza, pl. księża *priest*

**księgarnia** *bookstore*

**kto,** kogo *who*

**ktoś,** kogoś *somebody, someone*

**który,** która, które *which*

**kucharz** *cook, chef*

**kuchnia** *1. kitchen, 2. cuisine, cooking*

**kuć** + Ac. Imperf. *to cram, to plod, to grind away*

**kultura** *culture*

**kupić** + Ac. + D, kupię, -isz Perf *to buy*

**kupować** + Ac. + D, kupuję, -esz Imperf. *to buy*

**kura** *hen*

**kurs** *course, studies program*

**kurtka** *jacket*

**kwiat** *1. flower, 2. plant*

**L**

**lampka** *1. lamp, bedside lamp; 2. glass, wine glass*

**las** *forest, wood*

**latarnia** *street lamp, lantern*

**lato** *summer*

**leżeć,** leżę, -ysz Imperf. *to lie*

**lekceważyć** + Ac., lekceważę, -ysz *to disregard, to scorn*

**lekcja** *lesson*

**lektorat** *(foreign language) class*

**lepiej** Adv. *better*

**lew,** lwa *lion*

**liceum,** pl. licea *secondary school, high school*

**liść** *leaf*

**list** *letter*

**lista** *list, register*

**listopad** *November*

**literatura** *literature*

**lody,** pl. lodów *ice-cream*

**lotnisko** *airport*

**lubić** + Ac., lubię, -isz Imperf. *to like*

**ludzie** pl. *people*

**lustro** *mirror*

**Ł**

**ładny** Adj. *pretty, cute*

**łatwo** Adv. *easily*

**łazienka** *bathroom*

**łączyć** + Ac. z + I, łączę, -ysz Imperf. *to join, to link, to conect*

**łodyga** *stem, stalk*

**łokieć,** łokcia *elbow*

**łóżko** *bed*

**łydka** *calf*

**łyżeczka** *teaspoon*

**łyżka** *spoon*

**M**

**magnetowid** *video (cassette recorder)*

**majtki** pl. *panties*

**malarz** *painter*

**mało** Adv. *little*

**mama** *mummy, mammy*

**mamusia** *mummy*

**mapa** *map*

**marchewka** f. *carrot*

**martwić się** + I, martwię, -isz Imperf. *to worry about sb, sth*

**marynarka** *jacket*

**marzenie** *dream, daydream*

**masło** *butter*

**matka** *mother*

**mąż**, męża *husband*

**męski** Adj. *men's, masculin*

**mężczyzna** *man*

**miasto** *city, town*

**mieć** + Ac. mam, -sz, mają Imperf. *to have*

**mieć coś z głowy** *to be rid of sth*

**między** + I a + I *between*

**miesiąc** *month*

**miesięcznik** *monthly*

**mięso** *meat*

**mieszkać** w + L, mieszkam, -asz, -ają Imperf. *to live, to stay*

**mieszkanie** *appartment*

**miło** Adv. *agreably, nicely, pleasantly*

**miłość** f. *love*

**miły** Adj. *nice*

**mineralny** Adj. *mineral*

**minuta** *minute*

**mleko** *milk*

**młody** Adj. *1. young, 2. new*

**możliwość** f *possibility*

**możliwy** Adj. *possible*

**można** + Infin. [można było, można będzie] irregular verb *one can, it is possible*

**móc** + Infin., mogę, możesz Imperf. *to be able to, can*

**mój**, moja, moje *my, mine*

**motywacja** *motivation*

**mówić** + D + Ac. + o + L, mówię, -isz Imperf. *to speak, to say, to tell*

**murarz** *bricklayer*

**musieć** + Infin., muszę, musisz Imperf. *must, to have to*

**muzyka** *music*

**my**, nas *we*

**myć się** + I, myję, -esz Imperf. *to wash (one self), to have a wash*

**myśleć** o + L, myślę, -isz Imperf. *to think*

**mysz** f *mouse*

**N**

**na** + Ac. or L *for, on, at, in*

**na pewno** + Adv. *certainly, for sure*

**nad** + I *over, above; on,* ~ nad morzem ~ *by the see*

**nadrobić** + Ac., nadrobię, -isz Perf. *to make up for*

**nadzieja** *hope*

**najpierw** *first (of all), in the first place*

**należeć się**, należy się +Ac. + D Imperf. *to be owed, due*

**napisać** + Ac. + I, napiszę, -esz Perf. *to write*

**naprawdę** *truly, really, indeed*

**narzeczona** *fiancé*

**narzeczony** *fiancé*

**nasz,** nasza, nasze *our, ours*

**naszyjnik** *necklace*

**natychmiast** *at once, immediately*

**nauczyć** + G + Ac., nauczę, -ysz Perf. *to teach*

**nauczyć się** + G, nauczę, -ysz Perf. *to learn*

**nauczyciel** *teacher*

**nawet** *even*

**nazwać** + Ac., nazwę, -esz Perf. *to call, to name*

**nazywać** + Ac, nazywam, -asz, -ają Imperf. *to call, to name*

**nic,** niczego *nothing*

**nie** *no, not*

**niebieski** Adj. *blue*

**niebo** *1. sky, 2. heaven*

**niedziela** *Sunday*

**niegospodarny** Adj. *uneconomical, wasteful*

**niemiecki** Adj. *German*

**niemożliwy** Adj. *impossible*

**niespodzianka** *surprise*

**niestety** *unfortunately*

**nieśmiały** Adj. *shy, timid*

**nietolerancyjny** Adj. *intolerant*

**nieustanny** Adj. *incessant, continuous*

**nieznany** Adj. *unknown*

**nieźle** Adv. *fairly well*

**nigdy** *never, not... ever*

**niski** Adj. *1. short (man), 2. low*

**no** *well, so, now, then*

**nóż**, noża *knife*

**noga** *leg*

**nos** *nose*

**nowy** Adj. *new*

## O

**obcy** Adj. *foreign, strange*

**obiad** *1. lunch, 2. dinner*

**obiecywać** + Ac. + D, obiecuję, -esz Imperf. *to promise*

**oblewać**, oblewam, -sz +Ac. Imperf. *to celebrate (by drinking)* ~ trzeba to oblać *we must drink to it*

**obraz** *painting, picture*

**ocalać** + Ac. od + G, ocalam, -asz, -ają Imperf. *to save*

**ocalić** + Ac. od + G, ocalę, -isz Perf. *to save* ~ ocalić od zapomnienia ~ *to save sth from oblivion*

**ochota** *desire, willingness*

**oczko** *eye* ~ być oczkiem w głowie ~ *to be the apple in sb's eye*

**oczywiście** *of course, sure*

**odkryć** + Ac., odkryję, -esz Perf. *to disco-ver*

**odmawiać** + D + G, odmawiam, -asz, -ają Imperf. *to refuse*

**odpadać**, odpadam, -sz Imperf. *to drop out* ~ ktoś odpada ~ *somebody is out*

**odpocząć**, odpocznę, -esz Perf. *to rest, to take a rest*

**odpoczywać**, odpoczywam, -asz, -ają Imperf. *to rest, to take a rest*

**odpowiedź** f *answer, reply*

**odprowadzać** + Ac., odprowadzam, -asz, -ają Imperf. *to accompany, to escort*

**odprowadzić** + Ac., odprowadzę, -isz Perf. *to accompany, to escort*

**odrabiać** + Ac., odrabiam, -asz, -ają Imperf. *to catch up on* ~ odrabiać zadanie ~ *to do homework*

**odwaga** *courage*

**odwiedzić** + Ac., odwiedzę, -isz Perf. *to visit, to come to see*

**odwieźć** + Ac. + I; odwiozę, -esz Perf. *1. to take, 2. to give somebody a ride*

**odzież** f *clothing, wear*

**oferta** *offer*

**oficer** *officer*

**oglądać** telewizję *to watch TV*

**ogórek**, ogórka *cucumber*

**ogród**, ogrodu *garden*

**ojciec**, ojca *father*

**okazja** *occasion, opportunity*

**okno** *window*

**oko**, pl. oczy *eye*

**około** *about, near*

**okolica** *neighbourhood*

**okropny** Adj. *horrible, terrible, awful*

**omówienie** *discussion, report*

**on**, jego *he*

**ona**, jej *she*

**opłata** *charge, fee*

**opad**, pl. opady *fall, drop, precipitation*

**opieka** *care, protection*

**opiekować się** + I, opiekuję, -esz Imperf *to take care of sb, to look after sb*

**opinia** *1. opinion, view, 2. reputation, 3. re-commendation*

**opowiadać** + Ac. + D, opowiadam, -asz, -ają Imperf. *to tell*

**opowiedzieć** + Ac. + D., opowiem, -esz, opowiedzą Perf. *to tell*

**orzeł**, orła *eagle*

**orzechowy** Adj. *nut*

**ostatni** Adj. *last*

**ostrożny** Adj. *careful, cautious*

**oszczędzać** + G or + Ac., oszczędzam, -asz, -ają Imperf. *to save, to spare*

**oszczędzić** + G or + Ac., oszczędzę, -isz Perf. *to save, to spare*

**oto**, ~ oto jestem ~ *here I am*, ~ oto mój dom ~ *that's my house*

**otwarty** Adj. *open*

**otwierać** + Ac. + D, otwieram, -asz, -ają Imperf. *to open*

**otworzyć** + Ac. + D, otworzę, -ysz Perf. *to open*

**owoc** *fruit*

**ożenić** + Ac. z + I, ożenię, -isz Perf. *to marry*

**ożenić się** z + I, ożenię, -isz Perf. *to get married (about a man)*

**P**

**pa** *bye*

**padać,** only pada, padało Imperf. *it rains, it snows*

**palec,** palca, pl. palce *1. finger, 2. toe*

**pamiętać** + Ac., pamiętam, -asz, -ają Imperf. *to remember, to keep in mind*

**pan,** pl. panowie *1. Mister, sir, 2. you (formal)*

**pani,** pl. panie *1. Madam, Mrs., 2. you (formal)*

**pański** Adj. *your, yours (formal)*

**państwo** *1. Mr. and Mrs., Ladies and Gentlemen, 2. you (formal) 3. state*

**pas** *1. waist, 2. belt*

**paszport** *passport*

**patelnia** *frying pan*

**paznokieć,** paznokcia *1. fingernail, 2. toenail*

**pensja** *salary*

**pepsi cola** *pepsi cola*

**pewien,** pewny Adj. *sure*

**pewnie** Adv. *certainly, for sure*

**pewno** Adv. *certainly, for sure*

**pewny** Adj. *sure*

**pępek,** pępka *navel*

**piątek,** piątku *Friday*

**piątka** *(grade, mark) A*

**picie** *drinking, drink*

**pić** + Ac., piję, -esz Imperf. *to drink*

**piec** *stove, oven*

**pieczarkowy** Adj. *mushroom*

**pielęgniarka** *nurse*

**pieniądze,** pl. pieniędzy *money*

**pierś,** piersi *1. chest, 2. breast*

**pies,** psa *dog*

**pieśń** f *song*

**pietruszka** *parsley*

**piękny** Adj. *beautiful*

**pięta** *heel*

**pilny** Adj. *diligent, hardworking*

**piłka** *ball,* ~ piłka nożna ~ *football*

**ping-pong** *ping-pong*

**piosenka** *(pop)song*

**pisać** + Ac. + I, piszę, -esz Imperf. *to write*

**pisarz** *writer*

**piwo** *beer*

**plan** *plan*

**plecy** *back*

**plotkować,** plotkuję, -esz Imperf. *to gossip*

**płacić** za + Ac., płacę, -isz Imperf. *to pay*

**płaszcz** *coat*

**pływać** (+ I), pływam, -asz, -ają Imperf. *1. to swim [man], 2. to sail [ship]*

**po** *to, up to, for, on*

**pobyt** *stay*

**południe** *1. noon, 2. south, the South,* ~ po południu~ *in the afternoon*

**po prostu** *simply*

**pocałunek,** pocałunku *kiss*

**pochodzenie** *origin, descent*

**pociąg** *train*

**poczekać** na + Ac., poczekam, -asz, -ają Perf. *to wait for*

**podchodzić** do + G, podchodzę, -isz Imperf. *to come near*

**podczas** + G *during*

**podejmować** + Ac., podejmuję, -esz Imperf. *to take, to take up, to take (a decision)*

**podjąć** + Ac., podejmę, -esz Perf. *to take, to take up, to take (a decision)*

**podkoszulek,** podkoszulka *undershirt*

**podniecony** Adj. *excited*

**podobać się,** only podoba, podobają Imperf. *to like* ~ koncert ci się podobał? ~ *did you like the concert?,* ~ to podoba mi się ~ *I like it*

**podobny** Adj. *similar, alike*

**podręcznik** *textbook*

**podróż** f *travel, trip*

**poezja** *poetry*

**pogoda** *1. weather, 2. sunny weather*

**pojechać** + I, pojadę, pojedziesz Perf. *to go*

**pojutrze** *the day after tomorrow*

**pokój,** pokoju *1. room, 2. peace*

**pokroić** + Ac. + I, pokroję, pokroisz Perf. *to cut, to slice*

**Polak** *Polish man, Pole*

**polecać** + Ac. + D, polecam, -asz Imperf. *to recommend*

**polecić** + Ac. + D, polecę, -isz Perf. *to recommend*

**policja** *police*

**policjant** *policeman, police officer*

**policzek,** policzka *cheek*

**polityka** *politics*

**Polka** *Polish woman, Pole*

**polonijny** Adj. *Polonia, foreigners of Polish origin*

**Polska** *Poland*

**polski** Adj. *Polish*

**pomagać** + D w + L, pomagam, -asz, -ają Imperf. *to help, to aid*

**pomarańcza** *orange*

**pomidor** *tomato*

**pomnik** *monument*

**pomoc** f *help*

**pomóc** + D w + L or Infin., pomogę, pomożesz Perf. *to help, to aid*

**pomysł** *idea*

**poniedziałek,** poniedziałku *Monday*

**pończocha** *stocking*

**pośladek,** pośladka *buttock*

**pora** *time* ~ pora roku ~ *season*

**porozmawiać** z +I, o + L, porozmawiam, -asz, -ają Perf. *to talk with sb, to have a talk, to chat*

**posłuchać** + G, posłucham, -asz, -ają *1. to listen to (for a while), 2. to obey*

**pospieszny** Adj. *hurried, haste,* ~ pociąg pospieszny ~ *fast train*

**postanawiać** + Ac., postanawiam, -asz, -ają Imperf. *to decide, to resolve*

**postanowić** + Ac., postanowię, -isz *to decide, to resolve*

**poszukać** + G, poszukam, -asz, -ają Perf. *to search for, to look for*

**poszukiwać** + G, poszukuję, -esz Imperf. *to search for, to look for*

**potem** *later, next, then, afterwards*

**potrzebować** + G potrzebuję, -esz Imperf. *to need*

**poważny** Adj. *1. serious, 2. classical [music]*

**powiedzieć** + Ac. + D, powiem, -esz, powiedzą Perf. *to speak, to say, to tell*

**powietrze** *air*

**powrót,** powrotu *return*

**powstać,** powstanę, -esz Perf. *to stand up, to rise*

**powstawać,** powstaję, -esz Imperf. *to stand up, to rise*

**poza tym** *besides*

**pozdrawiać** + Ac., pozdrawiam, -asz, -ają Imperf. *to greet, to give sb kind regards*

**pozdrowić** + Ac., pozdrowię, -isz Perf. *to greet, to give sb kind regards*

**poznać** + Ac., poznam, -asz, -ają Perf. *to get to know, to meet, to become acquainted with*

**poznawać** + Ac., poznaję, -esz Imperf. *to recognize*

**pożegnać** + Ac., pożegnam, -asz, -ają *to say goodbye to sb*

**pożegnać się** z + I, pożegnam, -asz Perf. *to say goodbye to sb*

**pożegnanie** *farewell, leave-taking*

**pójść,** pójdę, pójdziesz Perf. *to go (on foot)*

**półka** *shelf*

**półroczny** Adj. *1. half-yearly, 2. six-month*

**później** Adv. *later*

**późno** Adv. *late*

**prababcia** *great-grandmother*

**praca** *work, job,* ~ praca fizyczna ~ *manual work*

**pracować,** pracuję, -esz Imperf. *to work*

**pracownik** *worker, employee*

**pradziadek,** pradziadka *great-grandfather*

**pradziadkowie** *great-grandfather and great-grandmother*

**pralka** *washing machine*

**prasa** *press*

**prawda** *truth*

**prawdziwy** Adj. *true*

**prawie** *almost, nearly*

**prawnuczka** *great-granddaughter*

**prawnuk** *great-grandson*

**prąd** *current, electricity*

**problem** *problem*

**profesor** *professor*

**program** *program*

**promień,** promienia *ray*

**propozycja** *proposal*

**prosić** + Ac. o + Ac., proszę, prosisz *to ask*

**proszę!** *please!*

**próbować** + G or + Ac. or Infin., próbuję, -esz Imperf. *to test, to try (to do sth)*

**prysznic** *shower*

**prywatka** *party*

**prywatny** Adj. *private*

**przebyty** Adj. *passed, crossed*

**przecież** *after all, yet, still*

**przeciw** + D *against*

**przeczytać** + Ac., przeczytam, -asz, -ają Perf. *to read*

**przed** + I *1. before, 2. in front of*

**przedeptany** Adj. *trampled on*

**przedramię,** przedramienia *forearm*

**przedstawić** + D + Ac., przedstawię, -isz Perf. *to introduce*

**przedtem** *before*

**przejść** + Ac., przejdę, przejdziesz Perf. *to go through, to pass by, to cross*

**przekazać** + Ac. + D, przekażę, -esz Perf. *to transfer, to give a message, to pass on*

**przekazywać** + Ac. + D, przekazuję, -esz Imperf. *to transfer, to give a message, to pass on*

**przepraszać** + Ac. za + Ac., przepraszam, -asz Imperf. *to be sorry*

**przepraszam!** *excuse me!*

**przesada** *exaggeration*

**przesadzać,** przesadzam, -sz Imperf. *to exaggerate*

**przesiadać** (się) z + G na + Ac., przesiadam, -asz, -ają Imperf. *to change (trains)*

**przesiąść** (się) z + G na + Ac., przesiądę, -esz *to change (trains)*

**przeszkadzać** + D w + L, przeszkadzam, -asz, -ają Imperf. *to disturb*

**przeszkolenie** *training, reeducation*

**przez** + Ac. *through, across*

**przeziębiać się,** przeziębiam, -asz, -ają *to catch cold*

**przeziębić się,** przeziębię, -isz Perf. *to catch cold*

**przeziębiony** Adj. *to have a cold,* ~ jestem przeziębiony ~ *I have a cold*

**przychodnia** *out-patient clinic, community helth center*

**przyjaciel** *friend (male)*

**przyjaciółka** *friend (female)*

**przyjaźnić się** z + I, przyjaźnię, -isz Imperf. *to be friends*

**przyjaźń** *friendship*

**przyjąć** + Ac., przyjmę, -esz Perf. *1. to engage, 2. to admit*

**przyjemność** f *pleasure*

**przyjęcie** *reception, party*

**przyjść,** przyjdę, przyjdziesz Perf. *to come, to arrive*

**przykład** *example,* ~ na przykład ~ *for example*

**przykro** Adv. *sorry,* ~ przykro mi ~ *I am sorry*

**przynajmniej** *at least*

**przyroda** *nature*

**przystawka** *hors d'oevre, appetizer*

**przystojny** Adj. *good-looking, handsome*

**pstrąg** *trout*

**ptak** *bird*

**pyszny** Adj., *excellent, delicious*

**pytać** + Ac. o + Ac., pytam, -asz, -ają Imperf. *to ask*

## R

**raczej** *rather*

**rada** *1. (a piece of) advice, 2. council*

**radio** *radio*

**radzić** + D + Ac., radzę, radzisz Imperf. *to advise*

**ramię,** ramienia *1. arm, 2. shoulder*

**rano** Adv. *in the morning*

**raz** *1. time, 2. once,* ~ w takim razie ~ *in that case* ~ jeszcze raz~ *one more time*

**razem** [z + I] *together*

**recepcja** *reception desk*

**recepcjonista** *receptionist*

**recepta** *prescription*

**regał** *bookshelf*

**requiem** Lat. *requiem (a piece of music)*

**restauracja** *restaurant*

**rezygnować** z + G, rezygnuję, -esz Imperf. *to give sth up, to resign from [one's post]*

**ręcznik** *towel*

**ręka,** pl. ręce *hand*

**rękawiczka,** rękawiczki *glove(s)*

**robić** + Ac. + L, robię, -isz Imperf. *to do, to make,* ~ robić zakupy ~ *to shop*

**robotnica** *(female) worker*

**robotnik** *worker*

**rodzeństwo** *brothers and sisters, siblings*

**rodzice** pl. *parents*

**rodzić** (się), rodzę, -isz Imperf. *1. to give birth to, to bear, 2. to be born*

**rodzina** *family*

**rogalik** *croissant*

**rok,** pl. lata *year*

**rolnictwo** *agriculture*

**rolnik** *farmer*

**rondel,** rondla *saucepan*

**rosnąć,** rosnę, rośniesz Imperf. *1. to grow, to grow up, 2. to rise*

**roślina** *plant*

**rosyjski** Adj. *Russian*

**rozbierać** + Ac., rozbieram, -asz, -ają Imperf. *1. to undress, 2. to take apart*

**rozbierać się,** rozbieram, -asz, -ają Imperf. *to take off one's clothes*

**rozkrajany** Adj. *sliced*

**rozmawiać** z + I, o + L, rozmawiam, -asz Imperf. *to talk*

**rozmowa** *conversation*

**rozrywka** *entertainment*

**rozstanie** *parting, separation*

**rozumieć** + Ac., rozumiem, -esz, -eją Imperf. *to understand*

**również** *also, too, as well*

**równocześnie** Adv. *at the same time, simultaneously*

**róża** *rose*

**różnica** *difference*

**różnie** Adv. *differently*

**różny** Adj. *different, distinct*

**rtęć** *mercury*

**ryba** *fish*

**ryż** *rice*

**rzeczywiście** Adv. *really*


**S**

**sałata** *1. lettuce, 2. salad*

**sam,** sama, samo *alone*

**samochód** *car*

**samodzielny** Adj. *independent, self-reliant*

**sąsiadka** *neighbour (female)*

**schody** pl. *stairs*

**sekretariat** *1. secretarial staff, 2. secretary's office*

**sekretarka** *secretary*

**sens** *sense, meaning,* ~ to nie ma sensu ~ *it doesn't make sense*

**ser** *cheese,* ~ ser biały or żółty ~ *cottage cheese or hard cheese*

**serce** *heart*

**serdecznie** Adv. *cordially*

**serdeczny** Adj. *cordial, warm, hearty* ~ serdeczny przyjaciel ~ *bosom friend*

**sernik** *cheesecake*

**siadać** na + L, siadam, -asz, -ają Imperf. *to sit down, to take a sit*

**siatkówka** *volleyball*

**się** *oneself*

**siostra** *sister*

**skąd** *where from*

**składać życzenia,** składam, -asz, -ają Imperf. *to wish*

**skakać,** skaczę, -esz Imperf. *to jump*

**skala** *1. scale, 2. range*

**skarpeta,** skarpetka *sock*

**sklep** *shop, store*

**skoncentrować** się na + I, skoncentruję, -esz Perf. *to concentrate on*

**skontaktować** + Ac. z + I, skontaktuję, -esz Perf. *to contact*

**skończyć** + Ac. or Infin., skończę, -ysz Perf. *to end, to finish* slipy pl. *briefs*

słabo Adv. *weakly, poorly*

słodki Adj. *sweet*

słoń *elephant*

słońce *sun, sunshine*

słowiański Adj. *Slavic*

słowo *word*

służba *service,* ~ służba zdrowia ~ *health service*

słuchać + G, słucham, -asz, -ają Imperf. *to listen*

słychać *to be heard,* ~ co słychać? ~ *whats up? (US), how are things? (Brit.)*

sobota *Saturday*

solidarny *solidary*

sosna *pine*

spacerowć, spaceruję, -esz Imperf. *to take a walk, to walk*

spać, śpię, -isz Imperf. *to sleep, to be asleep*

specjalnie Adv. *especially*

specjalny Adj. *special*

spędzać + Ac., spędzam, -asz, -ają Imperf. *to spend*

spędzić + Ac., spędzę, -isz Perf. *to spend*

spieszyć się, spieszę, -ysz Imperf. *to hurry, to be in a hurry*

spodnie pl. *pants*

spożywczy Adj. *consumable, grocery (store)*

spodziewać się + G od + G, spodziewam, -asz, -ają Imperf. *to expect, to be expecting sb/sth*

spontaniczny Adj. *spontaneous*

sport *sport(s)*

spotkać + Ac., spotkam, -asz, -ają Perf. *to meet*

spotkać się z + I, spotkam, -asz Perf. *to meet*

spotkanie *meeting, appointment*

spotykać + Ac., spotykam, -asz, -ają Imperf. *to meet*

spódnica *skirt*

sprawa *affair, matter*

sprawdzać + Ac., sprawdzam, -asz, -ają Imperf. *to verify, to check*

sprawdzić + Ac., sprawdzę, -isz Perf. *to verify, to check*

spróbować + G or Infin., spróbuję, -esz Perf. *to test, to try (to do sth)*

sprzątaczka *cleaning lady*

sprzedawczyni *saleswoman, salesclerk*

stąd *from here*

stać się *to happen,* ~ co się stało? ~ *whats wrong? what is the matter?*

stary Adj. *old*

starzeć się, starzeję, -esz Imperf. *1. to age (about a man), 2. to go stale*

stereotypowy Adj. *stereotyped*

stopa *foot*

stół, stołu *table*

stracić + Ac., stracę, -isz Perf. *to lose*

strasznie Adv. *terribly, awfully*

studencki Adj. *student*

student *student (male)*

studentka *student (female)*

studia pl. *study, studies*

studiować + Ac., studiuję, -esz Imperf. *to study*

styczeń, stycznia *January*

sukienka *dress*

surówka z + G. *salad*

sweter, swetra *sweter*

swój, swoja, swoje *one's; pronoun replacing my, your, his etc.*

sympatyczny Adj. *likable*

syn *son*

sypialnia *bedroom*

sytuacja *situation*

szacunek, szacunku *respect, esteem*

szafa *wardrobe*

szafka *cupboard, wall cupboard, kitchen cupboard*

szalik *scarf*

szanowny Adj. *respectable, honourable*

szansa *chance*

szczery *sincere, genuine*

szczęście *1. good luck, 2. happiness,* ~ na szczęście ~ *fortunately*

szczęśliwy Adj. *1. happy, 2. lucky*

szczupły Adj. *1. slim (man), 2. slender*

szafka nocna *bedside table*

szklanka *glass*

szkoła *school*

**szkoda,** jaka szkoda! *what a pity!*

**sznycel,** sznycla *schnitzel, rissole*

**szpital** *hospital*

**sztuka** *1. art, 2. play*

**szukać** + G, szukam, -asz, -ają Imperf. *to look for*

**szyja** *neck*

**szynka** *ham*

## Ś

**ścieżka** *path, footpath*

**ślicznie** Adv. *lovely*

**śliwa** *plum tree*

**śliwka** *plum*

**śniadanie** *breakfast*

**śnieg** *snow*

**śpiewany** Adj. *sung*

**świat** *world*

**świeca** *candle*

**świerk** *spruce*

**świetny** Adj. *excellent, magnificent*

**święto,** pl. święta *holiday*

**świnia** *pig*

## T

**taboret** *stool*

**tak** *yes*

**taksówkarz** *taxi driver*

**talerz** *plate*

**talerzyk** *saucer*

**tam** *(over) there*

**tani** Adj. *cheap*

**taniec,** tańca *dancig, dance*

**tańczyć** + Ac. z + I, tańczę, -ysz Imperf. *to dance*

**tapczan** *sofa bed*

**targ** *market*

**tata** *dad*

**tatuś,** tatusia *dad*

**teatr** *theater*

**tekst** *text*

**telefon** *telephone, phone*

**telewizor** *TV set*

**temperatura** *1. temperature, 2. fever*

**temu** ~ trzy lata temu ~ *three years ago,* ~ tydzień temu ~ *one week ago*

**ten,** ta, to *this, that*

**tenis** *tennis,* ~ grać w tenisa ~ *to play tennis*

**tenisówki** pl. *tennis shoes*

**teraz** *now*

**termometr** *thermometer*

**test** *test*

**też** *also, too*

**tęcza** *rainbow*

**tłusty** Adj. *fat, greasy*

**to** *it*

**tort** *cream cake (Brit.), layer cake (US)*

**tragedia** *tragedy*

**tramwaj** *tram (Brit.), streetcar (US)*

**trenować** + Ac., trenuję, -esz Imperf. *1. to train, to coach, 2. to be practicing in the gym*

**trochę** *a little, a bit*

**troskliwy** Adj. *careful, caring, loving*

**trud** *hardship, difficulty, pains*

**trudno** Adv. *hard, with difficulty*

**trudny** Adj. *difficult, hard*

**trzeba** + Infin., irregular verb *it is necessary to/ that*

**trzymać,** trzymam, -sz Imperf. *to keep, to hold,* ~ trzymać kogoś za słowo ~ *to hold somebody to sb's word*

**tu** *here*

**tulipan** *tulip*

**tułów,** tułowia *trunk*

**twarz** *face*

**twój,** twoja, twoje *your, yours (informal)*

**ty,** ciebie *you (informal)*

**tydzień,** tygodnia *week*

**tygodnik** *weekly*

**tygrys** *tiger*

**tyle** *this many, this much*

**tylko** *only*

**tymczasem** *1. meanwhile, 2. for the meantime*

**tytuł** *title*

## U

**u** + G *at, with,* ~ u mnie ~ *at my place*

**ubierać się w** + Ac.,ubieram, -asz, -ają Imperf. *to get dressed*

**ubrać się w** + Ac., ubiorę, ubierzesz Perf. *to get dressed*

**ucho**, l. pl. uszy or 2. pl. ucha   *1. ear, 2. handle*

**uczeń**, ucznia *schoolboy, pupil, student*

**uczyć** + G, uczę, -ysz Imperf.  *to teach*

**uczyć się** + G, uczę, -ysz Imperf.  *to learn, to study*

**udać się** + D + Infin., only uda się, udało się Perf.  *to be successful in making sth up, to be a success*

**udo** *thigh*

**ulubiony** Adj. *favourite*

**umawiać (się) na** + Ac., umawiam, -asz, -ają Imperf.  *to make an appointment*

**umiarkowany** Adj. *moderate, temperate*

**umieć** + Ac. or + Infin., umiem, -esz, umieją Imperf.  *1. to know, 2. to know how,* ~ umieć po polsku ~ *to know Polish*

**umierać** (na + Ac.), umieram, -asz Imperf. *to die, to die of*

**umówić** (się) na + Ac., umówię, -isz Perf. *to make an appointment*

**umrzeć** (na + Ac.), umrę, umrzesz Perf. *to die, to die of*

**umywalka** *washbasin*

**uniwersytet** *university*

**upór**, uporu *obstinacy, stubborness*

**urodzić** (się), urodzę, -isz Perf.  *1. to give birth to, to bear, 2. to be born*

**urosnąć**, urosnę, urośniesz Perf.  *1. to grow, to grow up, 2. to rise*

**urzędniczka** *clerk, office worker (female)*

**urzędnik** *clerk, office worker (male)*

**usługa**, pl. usługi  *1. favor, 2. services.*

**usta** pl.  *mouth*

**uszczęśliwiać** + Ac., uszczęśliwiam, -asz, -ają Imperf.  *to make sb happy*

**uszczęśliwić** + Ac., uszczęśliwię, -isz Perf. *to make sb happy*

**uważać** (na + Ac.), uważam, -asz, -ają Imperf.  *1 . to think, 2. to mind sb, sth*

**uważnie** Adv.  *attentively*

**uwielbiać** + Ac., uwielbiam, -asz, -ają Imperf.  *to adore, to worship*

**W**

**w** (+Ac., or + L)  *in, at, on*

**wakacje** pl.  *vacation, holidays; summer vacation*

**wanna** *bathtub*

**warga** *lip*

**warto** + Infin., irregular verb  *it is worth*

**wartościowy** Adj.  *valuable*

**wazon** *vase*

**ważny** Adj.  *important*

**wcale** *at all,* ~ wcale nie ~ *not at all*

**wchodzić do** + G, wchodzę, -isz Imperf. *to come in, to enter*

**wciąż** *still*

**wejść do** + G, wejdę, wejdziesz Perf.  *to enter, to come in*

**wersja** *version*

**wesoły** Adj.  *cheerful,* ~ wesołych świąt! ~ *Merry Christmas!*

**wiadomość** f  *news, a piece of information*

**wiatr** *wind*

**widelec**, widelca  *fork*

**widzieć** + Ac., widzę, -isz Imperf.  *to see*

**wieczór**, wieczora  *evening*

**wiedeński**, po wiedeńsku  *Vienna style*

**wiedzieć** + Ac., wiem, wiesz, wiedzą Imperf.  *to know about sb, sth*

**wiele**, wielu  *many, much*

**wiersz**  *verse, poetry*

**wierzyć w** + Ac., wierzę, -ysz Imperf.  *to believe*

**wieszak**  *peg, coat rack, coat hanger*

**więc**  *now, so, well*

**wigilia**  *Christmas Eve*

**wino**  *wine*

**wiosna**  *spring*

**wiszący** Adj.  *hanging, hanged*

**wizyta**  *visit, appointment*

**wizytówka**  *(business) card*

**właściwie** Adv.  *exactly*

**właśnie**  *just, exactly*

**włos**, pl. włosy  *hair*

**wmawiać** + Ac. + D, wmawiam, -asz, -ają Imperf.  *to make sb believe sth*

**wnuczek**  *grandson*

**wnuczka**  *granddaughter*

**wnuk** *grandson*

**woda** *water*

**w ogóle** *in general*

**wojna** *war*

**wojsko** *armed forces, army, military service*

**woleć** + Ac. or Infin., wolę, -isz Imperf. *to prefer, to like better*

**wolne** *free time, day off, vacation*

**wolność** f *freedom*

**wołowy** Adj. *beef*

**wódka** *vodka*

**wpaść**, wpadnę, -esz Perf. *to call on*

**wracać** z + G do + G na + Ac., wracam, -asz, -ają Imperf. *to come back, to return*

**wreszcie** *at last*

**wróbel**, wróbla *sparrow*

**wrócić** do + G na Ac., wrócę, -isz Perf. *to come back, to return*

**wspaniale** Adv. *magnificently*

**wspominać** Ac. (+ D), wspominam, -asz, -ają Imperf. *1. to remember, 2. to mention*

**wspomnieć** + Ac. (+ D), wspomnę, -isz Perf. *1. to remember, 2. to mention*

**wspólny** Adj. *common*

**współczesny** Adj. *contemporary*

**wstawać**, wstaję, -esz Imperf. *to get up, to rise*

**wszyscy**, wszystkie *all (of us, of you), everybody, everyone*

**wszystko** *all, everything*

**wtedy** *then*

**wtorek**, wtorku *Tuesday*

**wujek**, wujka *uncle*

**wybierać się** do + G, wybieram, -asz Imperf. *1. to go to, 2. to go away*

**wyborczy** Adj. *electoral*

**wychodzić** do + G, wychodzę, -isz *to go out, to go away* ~ wychodzić za mąż za + Ac. ~ *to marry, to get married (about a woman)*

**wychować** + Ac., wychowam, -asz, -ają Perf. *to bring up*

**wychowywać** + Ac., wychowuję, -esz Imperf. *to bring up*

**wyjątkowy** Adj. *exceptional*

**wyjazd** *departure*

**wyjechać** do + G, wyjadę, wyjedziesz Perf. *to go out, to go away*

**wyjeżdżać** do + G, wyjeżdżam, -asz, -ają Imperf. *to go out, to go away*

**wyjść do** + G, wyjdę, wyjdziesz Perf. *to go out, to go away,* ~ wyjść za mąż za + Ac. ~ *to marry, to get married (about a woman)*

**wykład** *lecture*

**wyobrażać sobie** + Ac., wyobrażam, -asz, -ają Imperf. *to imagine, to figure out, to represent*

**wyobrazić sobie** + Ac., wyobrażę, wyobrazisz Perf. *to imagine, to figure out, to represent*

**wyraz** *word,* ~ wyrazy szacunku ~ *kind regards, compliments*

**wysoki** Adj. *1. tall (man), 2. high*

**wyzdrowieć**, wyzdrowieję, -esz Perf. *to get better*

**wziąć** + Ac., wezmę, weźmiesz Perf. *1. to take, 2. to buy*

**wzruszony** Adj. *moved*

**Z**

**z** 1. + G or 2. + I *1. from, to, 2. with*

**za** + Ac. *for*

**za** + Adj. *too,* ~ za słodki ~ *too sweet*

**zaakceptować** + Ac., zaakceptuję, -esz Perf. *to accept*

**zachmurzenie** *clouds*

**zachód**, zachodu *West*

**zachorować** na + Ac., zachoruję, -esz Perf. *to be taken ill, to fall ill*

**zacząć** + Ac., zacznę, zaczniesz Perf. *to begin, to start*

**zadanie** *homework, exercise, task*

**zadzwonić** do + G, zadzwonię, -isz Perf. *to call, to ring up*

**zagraniczny** Adj. *foreign*

**zainteresowanie** *interest*

**zajęcia** pl. *1. classes, 2. timetable*

**zajęty** Adj. *1. busy (about a man), 2. taken, occupied*

**zakochać się** w + L, zakocham, -asz, -ają Perf. *to fall in love with sb*

**zakonnica** *nun*

**zakonnik** *friar*

**zakup**, pl. zakupy *purchase, shopping*

**zaległość** *backlog* ~ mieć zaległości ~ *to be behind with sth*

**załatwiać**, załatwiam, -sz + Ac. Imperf. *to take care of sth, to fix sth*

**zamknięty** Adj. *closed*

**zamówić** + Ac. , zamówię, -isz Perf. *to order*

**zaopiekować się** + I, zaopiekuję, -esz Perf. *to take care of sb, to look after sb*

**zapamiętać** + Ac., zapamiętam, -asz, -ają Perf. *to remember, to keep in mind*

**zapłacić** za + Ac., zapłacę, -isz Perf. *to pay*

**zapominać** + Ac. (or o + L), zapominam, -asz, -ają Imperf. *1. to forget, 2. to leave behind*

**zapomnieć** + Ac. (or o + L), zapomnę, -isz Perf. *1. to forget, 2. to leave behind*

**zapomnienie** *oblivion*

**zapraszać** + Ac. na + Ac. zapraszam, -asz, -ają Imperf. *to invite*

**zaprzyjaźnić się** z + I, zaprzyjaźnię, -isz Perf. *to become friends*

**zapytać** + Ac. o + Ac., zapytam, -asz, -ają Perf. *to ask*

**zarabiać** + Ac., zarabiam, -asz, -ają Imperf. *to earn, to make money*

**zaraz** *at once, directly*

**zarobić** + Ac., zarobię, -isz Perf. *to earn, to make money*

**zaskakujący** Adj. *surprising*

**zaskoczony** Adj. *surprised*

**zastanawiać się** nad + I, zastanawiam, -asz, -ają Imperf. *to think, to think sth over, to think about to*

**zastanowić się** nad + I, zastanowię, -isz Perf. *to think, to think sth over, to think about to*

**zawieźć** + D + Ac., zawiozę, zawieziesz Perf. *to carry, to convey*

**zawód**, zawodu *1. profession, 2. disappointment*

**zawsze** *always, ever*

**ząb**, zęba, pl. zęby *tooth*

**zbadać** + Ac., zbadam, -asz Perf. *1. to examine, 2. to investigate*

**zbierać** + Ac., zbieram, -asz, -ają Imperf. *to collect, to gather*

**zbliżać się**, zbliżam, -asz, -ają Imperf. *to approach, to near*

**zbliżyć się**, zbliżę, -ysz Perf. *to approach, to near*

**zbudowany** dobrze or źle Adj. *athletic (or not)*

**zbyteczny** Adj. *superfluous, unnecessary*

**zdać** + Ac., zdam, -asz, zdadzą Perf. *to pass,* ~ zdać egzamin ~ *to pass an exam*

**zdanie** *1. opinion, view, 2. sentence,* ~ moim zdaniem ~ *in my opinion*

**zdawać** + Ac., zdaję, -esz Imperf. *to pass,* ~ zdawać egzamin ~ *to pass an exam*

**zdolny** Adj. *able, clever, talented*

**zdrowy** Adj. *healthy*

**ze** *see* z

**zebrać** + Ac., zbiorę, zbierzesz Perf. *to collect, to gather*

**zebranie** *meeting*

**zgadzać się** z + I, zgadzam, -asz, -ają Imperf. *to agree, to consent*

**zgłaszać** + Ac. + D, zgłaszam, -asz, -ają Imperf. *to propose, to extend, to submit*

**zgłosić** + Ac. + D, zgłoszę, zgłosisz Perf. *to propose, to extend, to submit*

**zgłosić się** do + G, Perf. *to report (to sb), to apply*

**zielony** Adj. *green*

**ziemia** *earth, soil, ground*

**ziemniak** *potato*

**zima** *winter*

**zimno** *cold*

**zimny** Adj. *cold*

**złożyć życzenia**, złożę, -ysz Perf. *to wish*

**zmartwienie** *worry, trouble*

**zmartwiony** Adj. *worried, troubled*

**zmęczony** Adj. *tired*

**zmiana** *change*

**znać** + Ac., znam, -asz, -ają Imperf. *to know (a person or a place, city etc.)*

**znaczyć**, znaczę, -ysz Imperf. *to mean*

**znad** + G *from above, from*

**znajdować** + Ac., znajduję, -esz Imperf. *to find out*

**znajoma** *a woman (I know)*

**znajomość** f *knowledge (of sth), the know-how*

**znajomy** *acquaintence*

**znaleźć** + Ac., znajdę, znajdziesz Perf. *to find*

**znów,** znowu *again*

**zobaczyć** + Ac., zobaczę, -ysz Perf. *to see*

**zostać** 1. na + Ac.or 2. L, zostanę, zostaniesz Perf. *l. to stay for, 2. to become*

**zresztą** *in any case, anyway, after all*

**zrobić** + Ac., zrobię, -isz Perf. *to do, to make*

**zupa** *soup*

**zwierzę,** zwierzęcia *animal*

**zwykle** Adv. *usually*

**zza** + G *from behind*

**źle**, gorzej Adv. *wrongly, badly, poorly*

**źródło** *source*

# Ż

**żaden,** żadna, żadne *no, none, neither*

**żakiet** *jacket*

**żałować** + G, żałuję, -esz Imperf. *1. to regret sth, 2. to feel sorry for sb*

**żartować** z + G, żartuję, -esz Imperf. *to joke, to make fun of sb*

**żeby** *in order to*

**żenić** Ac. z + I, żenię, -isz Imperf. *to marry*

**żenić** się z + I, żenię, -isz Imperf. *to get married (about a man)*

**żołnierz** *soldier*

**żona** *wife*

**życie** *life*

**życzenie** *wish, desire*

**życzyć** + D + G, życzę, -ysz Imperf. *to wish*

**żyć**, żyję, -esz Imperf. *to live, to be alive*

# LANGUAGE PROFICIENCY TEST

## for Level A2

# TEST ZNAJOMOŚCI JĘZYKA DLA POZIOMU A1:

I. Rozumienie ze słuchu . . . . . . . 30 punktów [min. 18 p.]

II. Rozumienie tekstów . . . . . . . . . 30 punktów [min. 18 p.]

III. Poprawność gramatyczna . . . . . 30 punktów [min. 18 p.]

IV. Pisanie . . . . . . . . . . . . . . . . . 30 punktów [min. 18 p.]

V. Mówienie . . . . . . . . . . . . . . . . 30 punktów [min. 18 p.]

## O C E N A

0–89 punktów . . . . . . . . . . . . . . . . . . . . . niedostateczny

90–110 punktów . . . . . . . . . . . . . . . . . . . . dostateczny

111–125 punktów . . . . . . . . . . . . . . . . . . . . . . . dobry

126–140 punktów . . . . . . . . . . . . . . . . . . . . bardzo dobry

141–150 punktów . . . . . . . . . . . . . . . . . . . . . celujący

# TEST A2

## PART ONE: Listening Comprehension
### Część I: Rozumienie ze słuchu

**1.**

**Listen to the radio program on the reasons why foreigners are learning Polish. In the list given below mark five reasons mentioned in the program. You will listen to the program twice.**

[10 punktów]

Dlaczego cudzoziemcy uczą się języka polskiego?
   a) Rodzina w Polsce
   b) Polskie pochodzenie
   c) Zainteresowanie kulturą polską
   d) Partner Polak / partnerka Polka
   e) Przyjaciele i znajomi w Polsce
   f) Kariera zawodowa
   g) Studia w Polsce
   h) Praca w Polsce

**2.**

**Michel is going to visit his family in Radomyśl near Mielec. He wants to book a room in a youth hostel in Mielec. He is calling the hostel and he hears the recorded message. Listen to the message and complete the text below. You will hear the recording twice.**

[10 punktów]

Tu schronisko młodzieżowe w Mielcu czynne od 1 . . . . . . . . . . . . . do 30 września. Rezerwacja telefoniczna pod numerem 017 211 11 12 codziennie od godziny . . . . . . . . do . . . . . . . Koszt noclegu od 15 zł za . . . . . . . . . . . . . trzyosobowy do . . . . . . zł za pokój jednoosobowy. Rezerwacja internetowa pod adresem . . . . . . . . . . . . . . . . . .@mielec.pl Więcej . . . . . . . . . . . . . . na stronie internetowej www. . . . . . . . . . . . . . . . . . . . . . pl Dziękujemy i . . . . . . . . . . . . . . . do Mielca.

**3.**

Listen to four short interviews with the characters from the course-book *Cześć, jak się masz. Część II: Spotkajmy się w Europie* on how they spend their free time. Mark with an X what Agnieszka, Robert, Michel and Peter do in their free time. Some of them provide more than one answer. You will listen to the recording only once.

[10 punktów]

|          | Sport | Muzyka | Książki | Podróże | Internet | Kino | Przyjaciele |
|----------|-------|--------|---------|---------|----------|------|-------------|
| Agnieszka |       |        |         |         |          |      |             |
| Robert   |       |        |         |         |          |      |             |
| Michel   |       |        |         |         |          |      |             |
| Peter    |       |        |         |         |          |      |             |

## PART TWO: Reading Comprehension
### Część II: Rozumienie tekstów

**1.**

Read the text twice and answer the questions below. Choose the correct answer by circling the appropriate letter A, B or C.

[15 punktów]

**Dyrektor Instytutu Ekonomii Zarządzania UJ**

# Z MIŁOŚCI DO PIENIĄDZA

*Skąd duże zainteresowanie zarządzaniem?*

Zbigniew Nęcki: Moda na marketing i zarządzanie wynika z miłości do pieniądza. I nie ma co tego kryć czy potępiać, bo pieniądz jest bardzo przydatny w kapitalizmie. Przychodzą do nas ludzie zorientowani na osiągnięcia materialne. Widzą się w roli dyrektorów firm, fabryk i przedsiębiorstw. I chcą się do tego nowocześnie przygotować.

*Na specjalność zarządzanie w turystyce padł rekord: ponad 31 chętnych na jedno miejsce, najwięcej w Krakowie. Dlaczego?*

Mamy gigantyczne otwarcie na świat. Młodzi chcą podróżować, szybko rozwija się turystyka jako część gospodarki i ma olbrzymią przyszłość. Młodzi wiedzą, co robią i z wyczuciem lokują swoją energię w tym, co zapowiada się jako zawód pełen przygód, podróży, ale przynoszący zysk.

*Czemu wybierają uniwersytet, a nie uczelnie ekonomiczne?*

Ważny jest prestiż i pozycja na rynku pracy, jaki daje ukończenie Uniwersytetu Jagiellońskiego. Poza tym zarządzanie jest u nas bardziej nastawione na humanistykę oraz wątki ludzkie i społeczne, a mniej na czyste rachunki i praktykę, kojarzące się z akademiami ekonomicznymi. Kandydat wybierając UJ, liczy na bardziej uniwersalne wykształcenie i więcej wiedzy o człowieku, filozofii, psychologii, socjologii. Dziś przecież odchodzi się od zarządzania jako fabryki zysku, widząc w nim bardziej wspólnoty społeczne. Proponujemy też ciekawe specjalności, jak zarządzanie kulturą, zarządzanie w oświacie i w administracji publicznej.

*Rozmawiał Jerzy S.*

**Zarządzanie i marketing** **(liczba kandydatów na miejsce)**
uczelnie państwowe, studia dzienne

| | |
|---|---|
| Uniwersytet Jagielloński | **10,4** |
| Uniwersytet Śląski | **9,4** |
| Akademia Rolnicza w Krakowie | **7,8** |
| Politechnika Gdańska | **7,7** |
| Uniwersytet Opolski | **7,3** |

*Źródło: MENiS*

1) Studenci interesują się marketingiem i zarządzaniem, bo po studiach chcą:
   A) dużo zarabiać.
   B) mieć interesującą pracę.
   C) rządzić Polską.

2) Na 1 miejsce na zarządzanie w turystyce było w Krakowie:
   A) prawie 31 kandydatów.
   B) ponad 31 kandydatów.
   C) około 31 kandydatów.

3) Kandydaci interesują się studiowaniem turystyki, bo chcą:
   A) ciężko pracować.
   B) rozwijać się.
   C) podróżować.

4) Kandydaci wybierają studia na Uniwersytecie Jagiellońskim, bo ważny jest:
   A) prestiż uniwersytetu.
   B) tradycje uniwersytetu.
   C) wielkość uniwersytetu

5) Ten tekst mówi o:
   A) miłości do pieniędzy.
   B) rozwoju w turystyce.
   C) zainteresowaniu studiami z marketingu i zarządzania.

**2.**
**Read the passage *Z miłości do pieniądza* and decide whether the statements about the text which are given below are true or false.**

[5 punktów]

|  | Prawda | Fałsz |
|---|---|---|
| a) Profesor Nęcki krytykuje miłość do pieniędzy. | | |
| b) Po skończeniu studiów studenci mogą być dyrektorami firm i fabryk. | | |
| c) Najwięcej kandydatów na zarządzanie i marketing było na UJ. | | |
| d) Turystyka w Polsce nie rozwija się szybko. | | |
| e) Studia na uniwersytecie są bardziej ekonomiczne niż w akademii ekonomicznej. | | |

**3.**
**Read the following passages about various situations in which the characters in this coursebook are involved and next read the advertisements below. Match each situation with the appropriate advertisement by writing the letter A, B, C, D, E or F in the table below.**

[10 punktów]

| Sytuacja | 1 | 2 | 3 | 4 | 5 |
|---|---|---|---|---|---|
| Ogłoszenie | | | | | |

## SYTUACJE:

1. Agnieszka chce obejrzeć film w wersji hiszpańskiej.
2. Michel szuka dwupokojowego mieszkania z kuchnią w centrum Krakowa.
3. Peter szuka pracy. Chce prowadzić kursy języka niemieckiego dla dzieci.
4. Michel jest przeziębiony. Szuka przychodni czynnej w sobotę.
5. Wojtek szuka taniego noclegu w Warszawie, ale nie w schronisku młodzieżowym.

## OGŁOSZENIA:

**A.**

> **Nocna pomoc lekarska.**
> Dyżurny internista i pediatra.
> Gabinet zabiegowy. Wizyty domowe.
> Czynne codziennie, również w weekendy, od 18 do 8 następnego dnia.
> Rejestracja telefoniczna: 786 99 67.

**B.**

> **Szkoła Języków Obcych „Lingua Nostra"**
> poszukuje lektorów języka angielskiego i niemieckiego.
> Oferujemy atrakcyjną, dobrze płatną pracę w młodym zespole.
> Wymagania: ukończone studia filologiczne.

**C.**

> **Tani nocleg w Warszawie!**
> Schronisko młodzieżowe w centrum miasta. Zapraszamy przez cały rok.
> Najtańszy nocleg ze śniadaniem już za 35 zł.

**D.**

> **Wieczór hiszpański w kinie RELAX.**
> W programie:
> – dwa filmy w oryginalnej wersji hiszpańskiej
> – przekąska hiszpańska
> – mała niespodzianka
> Zapraszamy, początek o godz. 20.00.

**E.**

> **Mieszkanie do wynajęcia.**
> Centrum Krakowa, 5 min. od Dworca Głównego PKP,
> nowe budownictwo, dwa pokoje z kuchnią, duży balkon,
> czynsz: 1000 zł + opłaty licznikowe.

**F.**

> **Rezerwacja noclegów**
> Okazja! Hotel „Wisła" blisko dworca Warszawa Centralna.
> Pokoje jednoosobowe ze śniadaniem już od 150 zł za noc.

**G.**

> **Szkoła Języków Obcych dla Dzieci**
> Poszukuje lektorów języka niemieckiego i japońskiego.
> Dobra płaca, małe grupy, dzieci od lat 6–10.

## PART THREE: Accuracy
### Część III: Poprawność gramatyczna

**1.**

**Use each of the words given in brackets in the appropriate grammatical form.**

**Example:**
Polska weszła do Unii Europejskiej (Unia Europejska) w 2004 roku.

[10 punktów]

Po przystąpieniu . . . . . . . . . . (Polska) do Unii Europejskiej coraz więcej cudzoziemców interesuje się . . . . . . . . . . (Polska), . . . . . . . . . . (Polacy) i . . . . . . . . . . . . . . . . . . (język polski). Wielu cudzoziemców decyduje się zdawać egzamin certyfikatowy z . . . . . . . . . . . . . . . . . . . . . (język polski) jako obcego. Egzaminy takie organizuje od 2004 roku specjalna komisja z Ministerstwa . . . . . . . . . . . . . . . . . . . . (Edukacja Narodowa).

Dlaczego coraz więcej cudzoziemców uczy się tak trudnego – zdaniem samych Polaków – języka? Wielu z nich ma pochodzenie polskie i chce poznać język . . . . . . . . . . (rodzice) lub . . . . . . . . . . (dziadkowie). Dużo firm zagranicznych otwiera swoje filie w . . . . . . . . . (Polska). Ich pracownicy powinni znać język polski. Poza tym rośnie liczba . . . . . . . . . . . . . . . . . . . (młodzi ludzie), którzy chcą przez semestr lub . . . . . . . . (rok) studiować w . . . . . . . . . . . . . . . . . . . (nasz kraj). Oni też chcą poznać język polski. Czwartym powodem . . . . . . . . . (nauka) języka polskiego jest zainteresowanie . . . . . . . . . . . . . . . . . . (kultura polska).

**2.**

**Use each of the verbs from the sentences below in the imperative form as in the example.**

**Example:**

Dlaczego nie mówisz? Mów!

[5 punktów]

Dlaczego nie jesz? . . . . . . . . . . . . .
Dlaczego nie pijesz? . . . . . . . . . . .
Dlaczego nie czytasz? . . . . . . . . . .
Dlaczego nie piszesz? . . . . . . . . . . .
Dlaczego nie kupiłaś? . . . . . . . . .

**3.**

**Use the passage below to do the following tasks:**
a) use each of the verbs in brackets in the past tense;
b) complete the remaining blanks with prepositions and conjunctions from the list below:

ale do w z na po z przez w i

[10 punktów]

Peter . . . . . . . . . (przyjechać) . . . . . Polski . . . . Niemiec rok temu. . . . . . . . . (być) zainteresowany studiami z języka i kultury polskiej . . . . Uniwersytecie Jagiellońskim. Dużo . . . . . . . . . . . (pracować), bo . . . . . cały rok . . . . . . . . . (studiować) język polski i . . . . . . . . . (uczyć) języka niemieckiego . . . . . szkole języków obcych. Prawie nie . . . . . . . . . . (mieć) wolnego czasu. . . . . . czasie weekendów . . . . . . . . . (podróżować) chętnie . . . . Polsce, ponieważ . . . . . . . . . (chcieć) dobrze poznać góry . . . . . małe, . . . . . zabytkowe miasta. Ten rok . . . . . . . . . (zakończyć) dużym sukcesem, bo . . . . . . . . . (zdać) egzamin certyfikatowy . . . . języka polskiego.

**4.**

**Use each of the words in brackets in the appropriate form.**

**Example:**
Agnieszka jest wyższa (wysoki) niż Basia.

[5 punktów]

Peter rozmawia z Michelem o Agnieszce i Basi. Michel myśli, że Agnieszka jest . . . . . . . . . . . . . (ładny) i . . . . . . . . . . . . . (miły) od Basi, jest też . . . . . . . . . . . . . (bardzo) interesująca niż jej przyjaciółka. Peter zgadza się, że Agnieszka jest . . . . . . . . . . . . . . (piękny) od Basi, ale uważa, że Basia jest dla niego . . . . . . . . . . . . . . . . . . (serdeczny) niż Agnieszka.

## PART FOUR: Writing
### Część IV: Pisanie

**1.**

**Complete the hotel registration card below with the information about yourself.**

[5 punktów]

HOTEL „ZACISZE"
30-252 Kraków ul. Jodłowa 13
tel. 429-71-15, 429-96-32, fax 429-70-06

**NUMER POKOJU** . . . . . . . . . . . .

IMIĘ . . . . . . . . . . . . . . . . . . . . . . . . . . . . . . . . . .

NAZWISKO . . . . . . . . . . . . . . . . . . . . . . . . . . . . . .

ADRES ZAMIESZKANIA . . . . . . . . . . . . . . . . . . . . . . .

. . . . . . . . . . . . . . . . . . . . . . . . . . . . . . . . . . . . . . .

. . . . . . . . . . . . . . . . . . . . . . . . . . . . . . . . . . . . . .

NUMER DOWODU OSOBISTEGO . . . . . . . . . . . . . . . . . . .

DATA PRZYJAZDU . . . . . . . . . . . . . . . . . . . . . . . . . . .

DATA WYJAZDU . . . . . . . . . . . . . . . . . . . . . . . . . . . .

PODPIS . . . . . . . . . . . .

**2.**

You are on a trip to Poznań and you are writing a postcard to a friend who felt ill and could not come with you. You like Poznań very much, especially the market square in the Old Town. Write about 30 words.

[10 punktów]

. . . . . . . . . . . . . . . . . . . . . . . . . . . . . . . . . . . . . . . . . . . . . .
. . . . . . . . . . . . . . . . . . . . . . . . . . . . . . . . . . . . . . . . . . . . . .
. . . . . . . . . . . . . . . . . . . . . . . . . . . . . . . . . . . . . . . . . . . . . .
. . . . . . . . . . . . . . . . . . . . . . . . . . . . . . . . . . . . . . . . . . . . . .
. . . . . . . . . . . . . . . . . . . . . . . . . . . . . . . . . . . . . . . . . . . . . .
. . . . . . . . . . . . . . . . . . . . . . . . . . . . . . . . . . . . . . . . . . . . . .
. . . . . . . . . . . . . . . . . . . . . . . . . . . . . . . . . . . . . . . . . . . . . .

**3.**

At the end of your Polish course you are preparing a text about the members of your group. The text is going to be read out at the farewell party, to which you invite your Polish instructors. Write between 150 and 170 words.

[15 punktów]

. . . . . . . . . . . . . . . . . . . . . . . . . . . . . . . . . . . . . . . . . . . . . . .
. . . . . . . . . . . . . . . . . . . . . . . . . . . . . . . . . . . . . . . . . . . . . . .
. . . . . . . . . . . . . . . . . . . . . . . . . . . . . . . . . . . . . . . . . . . . . . .
. . . . . . . . . . . . . . . . . . . . . . . . . . . . . . . . . . . . . . . . . . . . . . .
. . . . . . . . . . . . . . . . . . . . . . . . . . . . . . . . . . . . . . . . . . . . . . .
. . . . . . . . . . . . . . . . . . . . . . . . . . . . . . . . . . . . . . . . . . . . . . .
. . . . . . . . . . . . . . . . . . . . . . . . . . . . . . . . . . . . . . . . . . . . . . .
. . . . . . . . . . . . . . . . . . . . . . . . . . . . . . . . . . . . . . . . . . . . . . .
. . . . . . . . . . . . . . . . . . . . . . . . . . . . . . . . . . . . . . . . . . . . . . .
. . . . . . . . . . . . . . . . . . . . . . . . . . . . . . . . . . . . . . . . . . . . . . .
. . . . . . . . . . . . . . . . . . . . . . . . . . . . . . . . . . . . . . . . . . . . . . .
. . . . . . . . . . . . . . . . . . . . . . . . . . . . . . . . . . . . . . . . . . . . . . .
. . . . . . . . . . . . . . . . . . . . . . . . . . . . . . . . . . . . . . . . . . . . . . .
. . . . . . . . . . . . . . . . . . . . . . . . . . . . . . . . . . . . . . . . . . . . . . .
. . . . . . . . . . . . . . . . . . . . . . . . . . . . . . . . . . . . . . . . . . . . . . .
. . . . . . . . . . . . . . . . . . . . . . . . . . . . . . . . . . . . . . . . . . . . . . .

NOTE: Tasks 2 and 3 are assessed according to the following criteria: task accomplishment (content, length, form, organization); grammatical accuracy; vocabulary, style; orthography and punctuation.

# PART FIVE: Speaking
## Część V: Mówienie

**1.**

**Którego z bohaterów podręcznika „Cześć, jak się masz?" lubisz najbardziej? Przedstaw go i powiedz, dlaczego go lubisz.**

[10 punktów]

**2.**

**Opowiedz o swojej najbliższej rodzinie (rodzice, bracia, siostry). Powiedz, co każdy z nich robi i czym się interesuje.**

[15 punktów]

**3.**

**Wymień największe polskie miasta. Powiedz, które z nich najbardziej cię interesuje i dlaczego.**

[5 punktów]

# Key to Language Proficiency Test
## Level A2

**Part one: Listening Comprehension**

1: A; B; C; G; H

2: kwietnia; 10; 15; pokój; 50; rezerwacja; informacji; tani nocleg (albo tani nocleg); zapraszamy

3: Agnieszka: sport; muzyka; kino

   Robert: przyjaciele; muzyka; Internet

   Michel: książki; Internet; podróże

   Peter: podróże

**Part two: Reading Comprehension**

1: 1A; 2B; 3C; 4A; 5C

2: A – fałsz; B – prawda; C – prawda; D – fałsz; E – fałsz

3: 1D; 2E; 3G; 4A; 5F

**Part three: Accuracy**

1: Polski, Polską, Polakami, językiem polskim, języka polskiego, Edukacji Narodowej, rodziców; dziadków, Polsce, młodych ludzi, rok, naszym kraju, nauki, kulturą polską

2: Jedz! Pij! Czytaj! Pisz! Kup!

3a: przyjechał, był, pracował, studiował, uczył, miał, podróżował, chciał, zakończył, zdał

3b: do, z, na, przez, w, w, po, i, ale, z.

4: ładniejsza, milsza, bardziej, piękniejsza, serdeczniejsza.

# CONTENTS

## LANGUAGE PROFICIENCY TEST
### for Level A2

  I:  Listening Comprehension

 II:  Reading Comprehension

III: Accuracy

IV: Writing

 V: Speaking